«ECLECTICA»

19de Jaargang - Nr. 79-80
Reeks monografieën uitgegeven door de
ECONOMISCHE HOGESCHOOL SINT-ALOYSIUS
Brussel

79-80

SCHMITTIANA – II

herausgegeben von

Prof. Dr. Piet Tommissen

1990

SCHMITTIANA – II

Verantwoordelijke uitgever:
K. DE ROOMS
V.Z.W. Economische Hogeschool Sint-Aloysius
Stormstraat 2 - 1000 Brussel

Vertrieb ausserhalb
Belgien, Holland und Luxemburg
durch VCH Verlagsgesellschaft mbH,
Postfach 101161, D-6940 Weinheim

ISBN 3-527-17715-9

Inhaltsverzeichnis

Zum Geleit

Zu meiner freudigen Ueberraschung war das Interesse an «Schmittiana I» so gross, dass noch im Erscheinungsjahr (1988) eine zweite Auflage gedruckt werden musste. Die orthographischen Fehler, die das Korrekturlesen überlebt hatten, und einige Stileigenheiten waren von den deutschen Lesern anscheinend als nicht sonderlich störend, der Inhalt des Bandes demgegenüber als wertvoll empfunden worden. Jedenfalls hat das überaus positive Echo mich dazu ermutigt, «Schmittiana II» ins Auge zu fassen, und zwar früher als ursprünglich geplant. Allerdings stellte sich bald heraus, dass die verfügbaren Unterlagen den Rahmen eines normalen Doppelbandes von etwa 130 Seiten sprengen würden. Aus diesem Grunde habe ich mich mit Herrn Diplomwirt Paul Minten, dem zuständigen Beauftragten der Hochschule für die administrative Seite der Schriftenreihe «Eclectica», ins Einvernehmen gesetzt, und wir haben uns kurzerhand dazu entschlossen, zwei Bände herauszubringen: «Schmittiana III» wird schon sechs Monate nach diesem Band zur Verfügung stehen.

«Schmittiana I» war mein Beitrag zur 100. Wiederkehr des Geburtstages von C.S.; ich wollte der Forschung einige nützliche Texte präsentieren. «Schmittiana II» hingegen geht nicht allein auf meine Initiative zurück. Mehrere C.S.-Kenner, besonders der inzwischen verstorbene Dr. Günther Krauss, ein unvergesslicher Freund, erklärten mir wiederholt ihren Wunsch nach einem zweiten Band und nahmen mir die letzten Bedenken. Darüber hinaus konnte ich bei dieser zweiten Ausgabe mit der Grosszügigkeit einiger Kollegen und Freunde rechnen. Besonderen Dank schulde ich Herrn Kollegen Joseph H. Kaiser, Freiburg; als Nachlassverwalter hat er ohne Zögern den Abdruck der C.S.-Texte und C.S.-Briefe genehmigt und auf diese Weise dem Bande einen erheblichen Mehrwert verschafft, um es in der Terminologie C.S.s zu formulieren. Herr Kollege Helmut Quaritsch, Speyer, wurde nicht müde, mich beim Korrekturlesen, der Beschaffung von Büchern usw. zu unterstützen. Als Zeichen meines Dankes sei ihm deswegen «Schmittiana II» gewidmet. Er wird es mir aber gewiss nicht verübeln, dass ich meine Dankbarkeit auch gegenüber seinem langjährigen Assistenten, Herrn Assessor Reinhart Peters, an dieser Stelle zum Ausdruck bringe: Er ermittelte für mich Einzelheiten, die in meinem Land unauffindbar waren und hat solchergestalt mein Vorhaben wesentlich gefördert.

Piet Tommissen

ANSCHRIFTEN DER MITARBEITER

1. Prof. Dr. Julien FREUND, 5 chemin de la Schrann, F-67220 / Villé (France)
2. Herr Günter MASCHKE, Rödelheimer Landstrasse 174, D-6000 / Frankfurt a.M. 90 (Bundesrepublik)
3. Prof. Dr. Piet TOMMISSEN, Reinaertlaan 5, B-1850 / Grimbergen (België).

CARL SCHMITT

Die Ordnung der Welt nach dem zweiten Weltkrieg. Vortrag von 1962 (Aus dem Spanischen übersetzt von Günter Maschke)

Mit Fug und Recht wird Günter MASCHKE zu den derzeit aktivsten und zugleich kenntnisreichsten C.S.-Forschern gerechnet. Nicht nur hat er einige vergriffene Bücher des Gelehrten neu verlegt, sondern darüber hinaus mehrere Studien in Sachen C.S. veröffentlicht, unter denen an erster Stelle das originelle Buch «Der Tod des Carl Schmitt. Apologie und Polemik» (Wien: Karolinger Verlag, 1987, 163 S.) genannt werden muss. Es ist mir ein aufrichtiges Bedürfnis, Herrn MASCHKE an dieser Stelle meinen Dank abzustatten, sowohl für seine grosszügige Unterstützung meiner bibliographischen Recherchen wie für die nachstehende Uebersetzung eines wichtigen C.S.-Vortrags. Freilich hätte seine Uebersetzung diesem Band nicht hinzugefügt werden können, ohne die Abdruckgenehmigung durch Herrn Kollegen Joseph H. KAISER, Freiburg; dafür danke ich ihm herzlich.

P.T.

*
* *

Am 21. März 1962 wurde C.S. zum Ehrenmitglied des Madrider «Instituto de Estudios Políticos» ernannt, dessen Direktor damals Manuel FRAGA IRIBARNE war. C.S. revanchierte sich für diese Ehrung mit dem hier erstmals in deutscher Sprache vorliegenden Vortrag. Er erschien unter dem Titel «El Orden del Mundo después la segunda Guerra Mundial» in der «Revista de Estudios Políticos», Nr. 122, März-April 1962, S. 19-36, parallel dazu als selbständige Broschüre, herausgegeben vom «Instituto de Estudios Políticos». C.S. konzipierte den Vortrag in deutscher Sprache und händigte mir 1982 eine leider sehr fragmentarische Photokopie aus, die nur ca. ein Drittel des gesamten Textes enthielt, für meine Uebersetzung (genauer: Rückübersetzung) aber verwendet wurde. In Zusammenarbeit mit seiner Tochter Anima SCHMITT DE OTERO hat C.S. den Text dann ins Spanische übertragen. Das mag einige Wiederholungen und kleinere Schwerfälligkeiten erklären, die zu glätten ich mich jedoch nicht befugt fühlte. C.S.s Anmerkungen, auf die mit (CS) hingewiesen wird, habe ich, leicht revidiert und ergänzt, übernommen; die eigenen Anmerkungen sind mit (GM) gekennzeichnet worden.

Günter Maschke

*
* *

Don Manuel FRAGA hat mein Werk auf eine meisterliche Art und Weise gedeutet, mit wissenschaftlicher Eindringlichkeit und mit vollkommenem intellektuellem Verständnis. Mit menschlicher Noblesse und Generosität hat er über meine Person und meine Fama gesprochen. Das berühmte Institut für Politische Studien von Madrid hat mich mit einer Auszeichnung geehrt, die bereits an sich groß und vortrefflich ist, und die noch bedeutender ist angesichts des geschichtlichen Augenblicks und der gegenwärtigen Situation. Ich danke dem Institut und seinem Direktor, don Manuel FRAGA, und ich nehme die große Ehre als Zeichen der Freundschaft und der aufrichtigen Verbundenheit an. Das mir überreichte Abzeichen werde ich stolz und seiner Bedeutung eingedenk tragen (1).

Ich danke auch all meinen spanischen Freunden, sowohl denen aus dem Institut als den anderen und bekräftige, was ich geschrieben habe und was Prof. FRAGA in seiner Rede zitiert hat: diese Ehrung durch das Institut für Politische Studien und dieses Zusammentreffen mit meinen spanischen Freunden ist ein Fest, unantastbar und an einem Orte der Zuflucht, in der Dämmerung meines Lebens.

Don Manuel FRAGA hat mich einen Zeugen der europäischen Krisis genannt, der nicht abseits von ihr, sondern in ihr leben wollte. Das trifft zu. Die Ergebnisse meines wissenschaftlichen Forschens habe ich, in einer chaotischen Zeit, mit vollem Bewußtsein auf die Waagschale der Geschichte gelegt. Eine bezeichnende Koinzidenz ist, daß der ehrliche Impuls der Forschung mich stets nach Spanien geführt hat. Ich sehe in diesem beinahe providentiellen Zusammentreffen einen Beweis mehr dafür, daß der Krieg der nationalen Befreiung in Spanien ein Prüfstein ist. Im heutigen weltweiten Kampf war Spanien die erste Nation, die aus eigener Kraft und auf eine solche Weise siegte, daß nunmehr alle nicht-kommunistischen Nationen sich, was diesen Aspekt angeht, gegenüber Spanien auszuweisen haben.

Es sind dreiunddreißig Jahre her, daß ich meinen ersten Vortrag in spanischer Sprache hielt, über DONOSO CORTES. Das war 1929 in Madrid, im damaligen Deutschen Institut (2).

Annährend zwei Jahrzehnte sind es, daß ich einen Vortrag im Institut für Politische Studien in Madrid hielt, zum Thema meines heutigen Vortrages: «Die Probleme des Raumes» (3).

Mein heutiger Vortrag bildet einen Teil eines Zyklus zum zentralen Problem des kalten Krieges. Das Thema des kalten Krieges hat viele Aspekte: politische, ideologische, juridische, ökonomische und militärische. Unter den letzteren treten die Probleme der Nuklearstrategie besonders hervor. All diese Aspekte sind auf verschiedene Weise in einer reichen, inzwischen kaum noch zu übersehenden Literatur behandelt worden. Hier finden sich auch wichtige Beiträge herausragender spanischer Autoren. Ich möchte besonders verschiedene Arbeiten meines geschätzten Kollegen FRAGA IRIBARNE erwähnen, veröffentlicht in der «Revista de Estudios Políticos», in der Festschrift für BARCIA TRELLES (1958) und in der Festschrift für LEGAZ Y LACAMBRA (1960) (4). Mit großem Gewinn habe ich sie bei der Ausarbeitung meines Versuches über die Situation der gegenwärtigen Welt benutzt.

Wir befinden uns in einem kritischen Moment des brüsken und radikalen Wandels. Unglücklicherweise bedeutet das heute, im Frühjahr 1962, nicht, daß wir dem Weltfrieden und einer definitiven Ordnung nahe sind; wahrscheinlich läßt sich nicht einmal ein Ende des kalten Krieges annehmen, sondern nur eine neue Phase jenes unglückseligen intermediairen Zustandes zwischen Krieg und Frieden.

1. Antikolonialismus, kosmische Raum-Nahme und industrielle Entwicklungshilfe

Im Fortgang unserer Überlegungen müssen wir natürlich von der UNO sprechen, der globalen Organisation, der die Aufgabe zukommt, den Frieden und die Weltordnung zu sichern. Doch wir sind uns bewußt, daß die UNO nichts anderes ist als der Reflex der bestehenden Ordnung und leider auch der Unordnung. Die UNO konstituiert nichts. Wie wir sehen, tut sie nichts anderes, als jede Wendung in der Entwicklung des kalten Krieges nachzuvollziehen. Niemand wird abstreiten, daß ihre Methoden und Verfahrensweisen einen gewissen Wert besitzen, doch die wirklichen Probleme und objektiven Phänomene lösen sich nicht mit normativen oder prozeßähnlichen Diskussionen. Als wirklich objektive Probleme der gegenwärtigen Weltlage drängen sich dem Betrachter drei neue Phänomene auf; es läßt sich sogar sagen, daß sie auf eine unerwartete Weise neu sind. So wie sie sich uns heute präsentieren, waren sie noch 1945, zum Ende des Zweiten Weltkrieges, unbekannt. Es handelt sich um den Anti-Kolonialismus, um die Eroberung des Raumes und um die industrielle Entwicklung der unterentwickelten Gebiete durch die entwickelten.

An sich sind diese drie Phänomene, getrennt voneinander betrachtet, vollständig heterogen; auf den ersten Blick besteht zwischen ihnen keine unmittelbare Beziehung. Die Reihenfolge – zuerst der Anti-Kolonialismus, danach das Problem des Raumes und an dritter Stelle die industrielle Entwicklung der Unterentwickelten – könnte arbiträr erscheinen. Im zweiten Abschnitt meines Vortrages werde ich ausführlicher über die industrielle Entwicklung der Unterentwickelten sprechen, denn hier sehe ich das zentrale und ganz und gar aktuelle Problem einer neuen Weltordnung. Es ist das große Problem, das sich mit dem Ausdruck *Nomos der Erde* bezeichnen läßt, um es auch terminologisch von anderen, weniger fundamentalen Fragen zu unterscheiden. Der Ausdruck *Nomos der Erde* hat den besonderen Sinn, die Aufmerksamkeit auf die konkrete Tatsache einer neuen Landnahme und auf die damit eingehende Teilung, Verteilung und Aufteilung der Erde zu lenken. Dabei muß man in Rechnung stellen, daß der immense Prozeß einer neuen Nahme und Verteilung der Erde in seiner konkreten Realität zu wesentlichen Wandlungen der Raumstruktur führt, einschließlich zu Änderungen des Raumbegriffs. Mit dem Terminus *Nomos* möchten wir den Raumaspekt des Problems einer neuen Weltordnung hervortreten lassen.

Verzeihen Sie diesen terminologischen Hinweis zum Worte *Nomos*. Ich hielt es für notwendig, an den räumlichen Aspekt des Themas «Ordnung der Welt» zu erinnern, damit unsere Betrachtung nicht in abstrakten Gemeinplätzen oder in normativistischen Fiktionen endet. Wie schon gesagt, werde ich auf das Thema der industriellen Entwicklung der Unterentwickelten zurückkommen, das Hauptproblem des Nomos der Erde in unserer Zeit. Was den Anti-Kolonialismus betrifft, so läßt er sich ganz allgemein als ideologischen Gegenstand behandeln und zu einem guten Teil ist er dies tatsächlich. Vor allem aber ist er Propaganda, um genauer zu sein, anti-europäische Propaganda. Seine Geschichte stellt sich uns dar als Geschichte von Propaganda-Kampagnen, die leider als inner-europäische Kampagnen begannen. Am Beginn steht die anti-spanische Propaganda Frankreichs und Englands, die *leyenda negra* des XVI. und XVII. Jahrhunderts; diese Propaganda nahm während der humanitaristischen Aufklärung des XVIII. Jahrhunderts zu, sie verallgemeinerte sich und zuletzt ist ganz Europa als Welt-Aggressor eingestuft und auf die Anklagebank gesetzt worden, so in der geschichtlichen Vision des Beraters der UNO, Arnold TOYNBEE (5). Es ist uns noch gegenwärtig, wie nach dem Ende des Zweiten Weltkrieges in wenigen Jahren die großen kolonialen Übersee-Reiche der europäischen Mächte England, Frankreich, Holland und Belgien zusammenbrachen, begleitet von einem Chor von Verwünschungen dieser von Europäern geschaffenen anti-europäischen Propaganda.

Aus diesem Grunde ist es notwendig, sich von den Nebeln dieser anti-europäischen Ideologie zu befreien und daran zu erinnern, daß alles, was als Völkerrecht bezeichnet werden kann, seit Jahrhunderten europäisches Völkerrecht ist. Vor allem ist daran zu erinnern, daß alle klassischen Begriffe des existenten Völkerrechts spezifisch europäisches Völkerrecht sind, *ius publicum Europaeum*. Es betrifft insbesondere die Begriffe von Krieg und Frieden, sowie zwei fundamentale begriffliche Unterscheidungen: an erster Stelle die Unterscheidung von Krieg und Frieden, d.h. die Verhinderung eines Zwischenzustandes, der so charakteristisch ist für den kalten Krieg, und an zweiter Stelle die begriffliche Trennung von Feind und Verbrecher, d.h. die Verhinderung der Diskriminierung und Kriminalisierung des Gegners, die so charakteristisch ist für den revolutionären Krieg, einen Krieg, der essentiell mit dem kalten Krieg verbunden ist. Einer der Wortführer der anti-europäischen Propaganda, der indische Politiker KRISHNA MENON, hat nach dem Übergriff auf die portugiesische Enklave Goa erklärt: «Bis heute war das Völkerrecht europäisch; wir schaffen ein anderes, nichteuropäisches Völkerrecht. Nach all unseren Erfahrungen können wir mit einer gewissen Neugier die Ideen über Krieg und Frieden erwarten, die dieses neue Völkerrecht schaffen wird».

Doch gerade wegen dieser anti-europäischen Haltung dürfen wir den Raumaspekt des Anti-Kolonialismus nicht vergessen. Es scheint, daß die von den nicht-europäischen Völkern unternommenen Eroberungen, Landnahmen und Suppressionen nicht mit dem Odium des Anti-Kolonialismus behaftet sind. Der nordamerikanische Vertreter in der UNO, Adlai STEVENSON, versucht mit großen Anstrengungen, die Idee vom sowjetischen Imperialismus zu verdeutlichen. Ähnliche Versuche zeigen auf, bis zu welchem Punkt sich heute alles Europäische in der Defensive befindet. Für das Verständnis des Anti-Kolonialismus ist Europa noch heute geographisch auf den Raum des alten Europa beschränkt. Der raumbezogene Charakter des Anti-Kolonialismus springt also in die Augen. An den ideologischen Charakter dieses Phänomens denkend, dürfen wir seinen räumlichen nicht ignorieren. Was noch von den klassischen Ideen des Völkerrechts überlebt, hat seinen Ursprung in einer rein europa-zentrischen Raumordnung. Der Anti-Kolonialismus ist ein Phänomen, das die Zerstörung dieser Raumordnung begleitet. Er ist einzig und allein rückwärts orientiert, zur Vergangenheit hin, und er hat als Ziel die Liquidierung eines bis heute gültigen Zustandes. Abgesehen von moralischen Postulaten und der Kriminalisierung der europäischen Nationen, hat er keine einzige Idee zu einer neuen Ordnung geschaffen. Grundsätzlich von einer räumlichen Idee bestimmt, wenn auch nur negativ, besitzt er nicht die Fähigkeit, auf positive Art und Weise den Beginn einer neuen Raumordnung zu fördern. Zudem wird sich dieser Raum unter einem anderen überraschenden und neuen Aspekt präsentieren: als Raum der industriellen Entwicklungshilfe. Zu diesem Problem werde ich noch sprechen.

Gerade wegen seiner negativen und destruktiven Tendenz schien es mir interessant, den räumlichen Aspekt des Anti-Kolonialismus hervorzuheben. Was ein anderes universales Phänomen betrifft, das auffällig in den Vordergrund gerückt ist, das Auftreten neuer kosmischer Räume, so ist dessen Raumaspekt evident. Hier scheint es sich sogar einzig und allein um ein räumliches Problem zu handeln. Wenn man heutzutage sagt, daß unsere Epoche das Jahrhundert des Raumes ist, und wenn man überall mit Beharrlichkeit oder mit Pathos vom «Raum» spricht, so denkt man zuerst an den kosmischen Raum und dessen Eroberung. Neue unermeßliche Räume öffnen sich und, wie es unvermeidlicherweise bei jeder menschlichen Tätigkeit geschieht, werden sie auf die eine oder andere Weise genommen und geteilt. Seit kurzem sprechen wir von einem Nomos der Erde; nun scheint sich das Problem ins Unendliche auszuweiten, sodaß es konsequent scheint, an einen Nomos des Kosmos zu denken. Verglichen mit den gigantischen Proportionen der Nahme und Teilung kosmischer Räume kommen uns nun alle vorhergegangenen historischen Ereignisse – Landnahmen, Meernahmen und selbst die Eroberung des Luftraumes – klein und bedeutungslos vor.

Wir befinden uns vor einem seltsamen Anti-Phänomen des anti-kolonialistischen Phänomens, von dem wir vorhin sprachen. Die anti-kolonialistische Ideologie verbleibt hienieden, auf unserem kleinen Planeten. Die Eroberung des Kosmos jedoch versetzt uns in neue, immense Räume, entzieht uns sogar der irdischen Schwerkraft, und es scheint, daß sie nicht einmal eines archimedischen Punktes bedarf. Der Anti-Kolonialismus ist nichts anderes als die Liquidierung einer historischen Vergangenheit auf Kosten der europäischen Nationen. Die Eroberung des Kosmos hingegen ist pure Zukunft und sie verwandelt dem Anschein nach die bis heute durchlebte Geschichte in ein unbedeutendes Vorspiel. Dennoch wäre es oberflächlich, die Relevanz des räumlichen Aspektes zu vergessen oder geringzuschätzen, unter dem die beiden Anti-Phänomene aufeinanderstoßen; bei dem gegenwärtigen Wettlauf in der großen kosmischen Raum-Nahme und der gigantischen Rivalität zwischen Ost und West, zwischen den Vereinigten Staaten und der Sowjetunion geht es vor allem und von Grund auf um das Problem der Beherrschung unserer Erde, um die politische Herrschaft auf unserem Planeten, wie klein er uns auch vom kosmischen Gesichtspunkt aus erscheinen möge. Nur wer die Erde beherrscht, wird die neuen kosmischen Räume beherrschen, die zugänglich werden dank der neuen technischen Mittel. Und umgekehrt: Jeder Schritt, der in der kosmischen Raum-Nahme getan wird, wird für die Macht, der er gelingt, ein Schritt zur Beherrschung der Erde sein. Die phantastische Propaganda, die für die Sputniks und die Astronauten organisiert wird, hat zum sehr konkreten politischen Zweck, die Bewohner dieser Erde zu beeindrucken und nicht die eventuellen Bewohner des Mondes und des Mars. Die Herrschaft über die Stratosphäre oder über den Kosmos wird ihre Rückwirkung auf die Strategie der Kriege haben, die auf Erden stattfinden. Auch hier wird der Krieg total. Aber er wird, ob kalt oder heiß, ein Krieg bleiben, den Menschen dieser Erde mit anderen Menschen derselben Erde ausfechten.

2. Der moderne kalte Krieg ist ein Teil des revolutionären Krieges

Wir haben folglich den Raumaspekt zu beachten, den die Phänomene des Anti-Kolonialismus und der Eroberung des Kosmos mit sich bringen. Beide sind mit den Fronten und den Geschicken des kalten Krieges verflochten. Bis in die Gegenwart hinein benutzt der Osten den Anti-Kolonialismus gegen den Westen und die neuen kosmischen Räume verwandeln sich zur Szene einer heftigen Rivalität zwischen Ost und West. All dies vermag kaum zu überraschen, haben wir uns doch an den kalten Krieg bis hin zu dem Punkt gewöhnt, daß er uns eine selbstverständliche Tatsache der gegenwärtigen Existenz der Menschheit zu sein scheint. Doch genau deshalb ist es nötig, daß wir nicht die konkrete Besonderheit des heutigen Genre des kalten Krieges aus dem Auge verlieren und daß wir seine Fragen und Probleme nicht auf allgemeine und abstrakte Ideen reduzieren. Es besteht hier eine besondere Gefahr zu abstrakter Generalisierung. Während aller Epochen der menschlichen Geschichte gab es intermediaire Zustände zwischen Krieg und Frieden, die sich in der moralischen oder juridischen Diskussion der gegenwärtigen Lage als Parallelen oder Ähnlichkeiten anführen lassen. Dadurch entsteht häuftig der Eindruck einer moralischen oder juridischen Einsicht und sogar der Eindruck, es bestünde eine klare Definition, obgleich man in Wirklichkeit auf diese Weise verhindert, daß das wirklich Konkrete und Gefährliche des gegenwärtigen kalten Krieges getroffen wird. Wir müssen uns dieser Gefahr der abstrakten Generalisierung sehr bewußt bleiben, um die verschiedenen Stadien in ihrer konkreten Besonderheit untersuchen zu können, die der moderne kalte Krieg seit dem Zweiten Weltkrieg bis heute durchlaufen hat.

Wie wir schon gesagt haben, stoßen wir in allen Epochen auf intermediaire Zustände zwischen Krieg und Frieden. Kurz gesagt: Den sogenannten *status mixtus* gibt es, seitdem es Krieg und Frieden auf der Erde gibt. So gesehen ist es möglich und völlig zulässig, vom kalten Krieg als einem generellen historischen Phänomen zu sprechen. García ARIAS hat entdeckt, daß der Terminus *kalter Krieg* bereits während des spanischen Mittelalters in einem Absatz des «Libro de los Estados» von don JUAN MANUEL erschien, in dem vom kalten Krieg gesagt wird: «Den, der ihn macht, bringt er weder Frieden noch Ehre» (6). Allgemein bekannt und oft zitiert ist die Wendung CICEROs: *Inter pacem et bellum nihil medium.* Hugo GROTIUS zitiert diese Formel in seinem Buche «De jure belli ac pacis» 1625 (7) und seitdem ist sie sprichwörtlich. Nun zeigen uns bereits diese beiden Beispiele, daß der intermediaire Zustand zwischen Krieg und Frieden abhängig ist von der Struktur des Krieges und des Friedens, die sich von Epoche zu Epoche ändert. Ein kalter Krieg zwischen feudalen Herren des christlichen Mittelalters oder zwischen christlichen und moslemischen Imperien ist etwas anderes als der kalte Krieg auf den CICERO sich bezieht. In seiner achten Philippika gegen MARK ANTONIUS hat CICERO einen Zustand während der römischen Republik vor Augen, der, genauer betrachtet, ein Bürgerkrieg ist. Ein *status mixtus* zwischen zwei Bürgerkriegen ist naturgemäß sehr verschieden von einem intermediairen Zustand zwischen zwei Kriegen, die, von Staat zu Staat, zwei solide begründete, impermeable Staaten führen. Als GROTIUS 1625 CICEROs Wendung benutzte, machte er aus ihr ein Dogma und bewirkte einen essentiellen Wandel ihrer Struktur. GROTIUS befand sich schon am Beginn des zwischenstaatlichen *ius publicum Europaeum* des klassischen Völkerrechts, dessen Struktur implizierte, daß der Krieg, im Sinne des Völkerrechts, ein Krieg zwischen Staaten war, genauer, zwischen souveränen Staaten einer europa-zentrischen Weltordnung, wie sie damals entstand. Der Bürgerkrieg hingegen entwikkelt sich innerhalb eines Staates.

Heutzutage spricht man viel über sogenannte «klassische Begriffe», sowohl im Völkerrecht als auch im Verfassungsrecht (8). Solche klassischen Begriffe geben heute oft die Basis zur Formierung juridischer oder moralischer Ideen ab, sei es bewußt oder unbewußt. Sie werden als geltend unterstellt, doch zur gleichen Zeit werden sie problematisiert und lösen sich auf. Auch hierin bildet sich der intermediaire Zustand der gegenwärtigen Welt ab. Es ist ein gefährlicher Zustand, weil er die Ursache vieler Störungen ist und den Mißbrauch von Worten und Ideen ermöglicht, die ein traditionelles Prestige besitzen, vor allem von Worten und Ideen wie Krieg, Frieden und Neutralität. Das «Klassische» des bis heute existenten Völkerrechts, das, wie wir schon sagten, ein essentiell europäisches Recht war, lag gerade in der Trennung und exakten Unterscheidung von Krieg und Frieden, von kriegführenden und neutralen Staaten, von Kombattanten und Nicht-Kombattanten, von Militär und Zivil; in all diesen präzisen Unterscheidungen, die schließlich ihre klassische Formulierung in den Normen der Haager Konferenz von 1907 fanden (9).

Die fundamentale Unterscheidung jedoch, welche die Basis abgibt für alle diese klassischen Begriffe des Völkerrechts und welche die Idee einer wirklichen Neutralität ermöglicht, ist eine Unterscheidung, die sich allem Anschein nach seit dem Zweiten Weltkrieg verlor: es ist die Unterscheidung zwischen Feind und Verbrecher. Gemäß dem klassischen Völkerrecht kämpft man mit einem Feind, ohne ihn zum Verbrecher zu erklären. Im Gegenteil, – er wurde als souverän und gleich respektiert und konsequenterweise ließ sich mit ihm ein ehrenvoller Frieden schließen, nachdem man ihn besiegt hatte.

Alles, was sich bis in die Gegenwart hinein als humanitärer Fortschritt in der Geschichte des Völkerrechts feiern lassen kann, basiert auf dieser klassischen Unterscheidung. Heute verstehen wir sehr gut, daß der französische Diplomat TALLEYRAND in einem berühmten Memorandum 1805 diese Unterscheidung mit soviel Enthusiasmus und so großem Pathos als den größten Fortschritt der Humanität feierte. Heute, in der Epoche des totalen Krieges, des Ausrottungskrieges, des von Partisanen geführten Krieges, verliert sich offenkundigerweise das Bewußtsein dieses Fortschritts, und ein Rückfall in die Barbarei scheint fast unabwendbar. Gemäß den berühmten Thesen von LENIN und MAO TSE-TUNG (10) ist nur der revolutionäre Krieg ein gerechter Krieg, d.h. ein Krieg, der die Zerstörung der sozialen

Ordnung im Lande des Gegners zum Ziele hat und die Ausrottung seiner herrschenden Schichten und der eine neue Verteilung von Macht und Eigentum durchführt, ohne die Unterscheidung von Angriffskrieg und Verteidigungskrieg zu berücksichtigen. Dieser revolutionäre Krieg hat kein anderes Interesse und keine andere Orientierung als seinen Endzweck: die soziale Subversion im anderen Lande. Alles übrige, eingeschlossen die Unterscheidung von Krieg und Frieden, ist für seine revolutionäre Kriegsführung nur eine taktische oder strategische Frage. Der Gebrauch militärischer oder nicht-militärischer Methoden ist eine Frage der Umstände und auf die gleiche Weise werden legale oder illegale Mittel benutzt, um die Macht zu erreichen. Das ist das erste fundamentale und bestimmende Prinzip des revolutionären Krieges. MAO TSE-TUNG hat in einer berühmten Abhandlung über diese moderne Spezies von Krieg die ihm zugrundeliegende quantitative und qualitative Beziehung von kriegerischen und friedlichen Mitteln geschätzt, d.h. seine Proportion von heißem und kaltem Krieg. Er meint, daß der heiße Krieg nur angewandt wird, wenn der kalte Krieg mit friedlichen Mitteln die Situation bereits reif gemacht hat für die militärische Invasion (11). Nur dann erscheint ein rotes Heer und okkupiert das Land. In Ziffern kalkuliert MAO TSE-TUNG die Proportion zwischen diesen beiden Arten von Krieg 10:1. Mit anderen Worten: Der revolutionäre Krieg ist zu neun Zehnteln kalter Krieg und nur zu einem, wenn auch entscheidendem Zehntel ist er heißer Krieg. Das ist eine Proportion, die wir beachten müssen, denken wir über den kalten Krieg nach. Denn die Feindschaft, welche die Essenz jedweden Krieges ausmacht, ist während der neun Zehntel des kalten Krieges nicht geringer als während des letzten Zehntels, während des sogenannten heißen Krieges.

Der revolutionäre Krieg bedient sich der klassischen Begriffe des Völkerrechts einzig und allein aus seinen revolutionären Zielen heraus, so wie er sich des klassischen Verfassungsrechts bedient und schließlich des Zivilrechts. Er verwandelt sie in Waffen und Instrumente seiner taktischen und strategischen Zwecke. Er instrumentalisiert sie und das beinhaltet, daß er sie in einem bestimmten Sinne relativiert und neutralisiert. Es ist eine Zerstörung von innen und etwas sehr Unterschiedliches von der Neutralität im Sinne juridischer Objektivität, an die der Jurist denken mag, hört er von Relativierung und Neutralisierung sprechen. Auch die Juristen der westlichen Welt neigen heute dazu, die klassischen Ideen zu relativieren. Insbesondere zerlegen sie den Begriff des Krieges gemäß den verschiedenen partikulären Regeln, deren Anwendung infrage steht. Auf diese Weise existiert ein Krieg im Sinne der Haager Konferenz, darüber hinaus ein anderer, sehr verschiedener Krieg im Sinne des Handelsrechts – z.B. der Klausel *cash and carry* – oder ein Krieg im Sinne gewisser Normen des Sicherheitsrechts, usw. (12). Das ist eine praktische, positivistische Lösung; sie besitzt ihre Vorteile für die Anwendung der verschiedenartigen Gesetze innerhalb eines kalten Krieges. Doch die Gefahr liegt darin, daß die Methode der juridisch-positivistischen Relativierung in vielen Fällen zum gleichen

Schlußergebnis gelangt wie die revolutionäre Methode der Relativierung, die, versteht sich, völlig andere Intentionen verfolgt. Die Aufmerksamkeit irrt vom Wege ab und hört auf, sich am zentralen Problem der Weltordnung auszurichten, das stets ein politisches Problem ist, und so wird ein Zwischenzustand legalisiert, dessen Legalität ohne große Anstrengung dem revolutionären Kriege zu Diensten steht.

Man muß diese Problematik der Ideen kennen, um die Situation der Welt in diesem Augenblick zutreffend zu deuten. Ein intermediairer Zustand zwischen Krieg und Frieden, in dem ein gegnerischer Mächtiger einen revolutionären Krieg beginnt, ist vollkommen verschieden von dem, was sich in vergangenen Jahrhunderten *status mixtus* nannte oder relativer und partieller Krieg. Nun hat ein neuer Zwischenzustand seit dem Ende des Ersten Weltkrieges eingesetzt. Das kollektive Sicherheitssystem des Genfer Völkerbundes und die Versuche zu einem Verbot des Angriffskrieges haben den klassischen Kriegsbegriff zerstört und ebenso den klassischen Begriff der juridisch-internationalen Neutralität. Das System der kollektiven Sicherheit war weder ein Ersatz für den Frieden, noch eine Garantie gegen den Krieg. Die Sowjetunion, 1935 in den Völkerbund aufgenommen, benutzte seine Institutionen und Verfahren, um ihre weltrevolutionären Ziele zu erreichen (13). Sie schaltete sich intensiv in die Diskussion über Abrüstung, Ächtung des Krieges und Definition des Angreifers ein und präsentierte die radikalsten Vorschläge. Man konnte ihr dies erlauben, weil der revolutionäre Krieg den sie führte, nur zu einem zehnten Teil militärischer Krieg war und sich überdies auf einer anderen Ebene als der Krieg der klassischen Völkerrechts entwickelte, der mit soviel Eifer geächtet wurde.

3. Die drei Stadien des kalten Krieges: monistisch, dualistisch und pluralistisch

Bereits vor dem Beginn des Zweiten Weltkrieges, genau gesagt am 26.4.1939, erklärte der englische Premierminister CHAMBERLAIN im Unterhaus, sich auf die Einführung der Wehrpflicht beziehend: «Es ist wahr, daß wir keinen Krieg haben, doch ebensowenig haben wir Frieden» (14). Während des Zweiten Weltkrieges richtete sich die juridische Diskussion auf die Idee der Neutralität. Diese Neutralität parzellierte sich durch neue Unterscheidungen, relativierte sich und löste sich von Mal zu Mal mehr auf, kam jedoch nie gänzlich von ihrem Bezugspunkt ab: von der klassischen Idee der juridisch-internationalen Neutralität. So entstanden intermediaire Phänomene wie die Nicht-Kriegführung und die Praxis der *measures short of war*. Die Vereinigten Staaten praktizierten diese Art von halber oder viertel Neutralität bis zu ihrem offenen Kriegseintritt, d.h., nach HITLERs Kriegserklärung von 1941. Aber immer wenn es ganze, halbe oder viertel Neutralität gibt, wird es auch ganzen, halben oder viertel Krieg geben. Dies war der Weg zu einem intermediären Zustand, der es nun nicht mehr zu unterscheiden erlaubte, wann der Frieden endete und wann der Krieg begann. Die Freundschaft, die ROOSEVELT und STALIN einte und der gemeinsame Kampf gegen HITLER verhinderte die kritische Einsicht, daß damals STALIN seinerseits gegenüber den Vereinigten Staaten eine Art intermediairen Zustand zwischen Krieg und Frieden praktizierte, der einen Teil seiner Strategie des revolutionären Krieges bildete.

So begann die erste Phase des modernen kalten Krieges. Wir können sie als monistische Phase qualifizieren, da sie auf der Idee beruhte, daß die politische Einheit der Welt jetzt, 1943, *au fond* bestand und daß es nur noch notwendig war, einige Hindernisse wie das Deutschland HITLERs zu beseitigen, um endlich den universalen Frieden und die neue Weltordnung zu verwirklichen. Seit 1942 wandelte sich die Allianz zwischen den Vereinigten Staaten und der Sowjetunion zur Grundlage eines ganzen Systems weltumspannender politischer Konstruktionen, die noch heute ihre Rückwirkung auf viele, wenig kritische Vorstellungen haben. Insbesondere wurde die neue Organisation des universalen Friedens, die UNO, auf dem problematischen Fundament einer Freundschaft zwischen ROOSEVELT und STALIN errichtet.

Im Grunde war diese erste Phase nichts als ein Vorspiel. Schon im Jahre 1947, zwei Jahre nach der Beendigung des Zweiten Weltkrieges, trat der kalte Krieg in seine zweite Phase. Um diese von der ersten zu unterscheiden, die, wenn auch nur im Sinne einer illusorischen Einheit, monistisch war, kam es nun zu einer betont dualistischen oder bi-polaren Struktur. Nunmehr ging es nicht mehr darum, ob ein Protagonist der mundialen Freundschaft eine Neutralität, auch wenn sie partiell war, in einem Krieg beachtete, den der andere Protagonist gegen eine dritte Macht führte; vielmehr entstand eine intensive Feindschaft zwischen den beiden Weltmächten, die sich bis heute voneinander isolieren und die die beiden starken Pfeiler der Weltorganisation der UNO bilden. Die Illusion einer Einheit der Welt zerbrach. STALIN änderte völlig seine Strategie des revolutionären Krieges. 1947 proklamierte sein Sprecher SCHDANOW die «Doktrin der zwei Lager», d.h. die völlige Aufteilung der gesamten Welt zwischen den Vereinigten Staaten und der Sowjetunion gemäß dem Freund/Feind-Kriterium; zwischen diesen beiden Lagern war eine authentische Neutralität nicht mehr möglich (15).

In diesem Moment verflüchtigten sich die Ideen der *One world* und des Weltstaates. Sie waren nicht mehr als ein ideologisches Phänomen gewesen, das das monistische Vorstadium begleitete und sie hatten nicht mehr Substanz besessen als dieses. Von der Idee der *One world* blieb nichts übrig als die alten progressistischen Utopien und technizistischen Phantasien. Die Einheit der Welt ist kein kybernetisches, sondern ein politisches Problem, das eine ernste, sogar tragische Aufgabe beinhaltet: die Überwindung der Feindschaft zwischen Menschen und Völkern, zwischen Klassen, Kulturen, Rassen und Religionen (16). In der dualistischen Phase tolerierten die beiden Großmächte die Neutralität anderer Staaten nur zu einem bestimmten Grade, während die feindschaftliche Beziehung der beiden Gegenspieler im Zeichen des Dualismus keine Neutralität, nicht einmal eine partielle Neutralität erlaubt, ohne daß sie aufhörte, Feindschaft zu sein und sich in einen anderen Zustand verwandelte. Die partielle Neutralität, die der amerikanische Franklin D. ROOSEVELT in den ersten Monaten des Zweiten Weltkrieges gegenüber HITLER einhielt, war folglich etwas anderes als die sogenannte Neutralität von heute zwischen den beiden feindlichen Blöcken in der dualistischen Phase des kalten Krieges (17). Der Dualismus vermag einen geringen Grad an Blockfreiheit zulassen, als marginales Phänomen oder als bedeutungslose Ausnahme. Doch wenn die Länder außerhalb der Blöcke aufgrund ihrer Zahl und ihrer Bedeutung eine dritte Front bilden, die eine unabhängige politische Macht darstellt, dann wird der kalte Krieg in seine dritte Phase treten.

Es scheint, daß wir gegenwärtig diesen Moment durchleben und daß das dualistisch-bipolare System der Welt durch eine pluralistisch-multipolare Struktur abgelöst wird. Dieser Augenblick verdient folglich eine besondere Analyse. Die Tatsache, daß die weltumspannende Organisation der UNO offenkundig eine Umwandlung erleidet, ist ein Symptom dafür, daß es zu einem kritischen Moment kommen wird. Diese Transformation macht einen Wandel der Weltordnung evident, vergleichbar dem vor zehn Jahren. Nach dem kurzen Vorspiel der monistischen Illusion zeichnete sich die dualistische Phase des kalten Krieges durch die Paralysierung des Sicherheitsrates der UNO aus, hervorgerufen durch das permanente Veto der Sowjetunion. Allein bis zum Februar 1957 griff die Sowjetunion 80 Mal zum Veto; seither sind es bereits mindestens 100 Vetos gewesen. Dabei muß man in Rechnung stellen, daß der Sicherheitsrat ursprünglich das Organ der Weltpolitik zur Garantierung des Friedens sein sollte. Und genau dieses Organ verwandelte sich in ein Szenarium des kalten Krieges, den die beiden Weltmächte sogar bis in dieses illustre Forum hinein weitergeführt haben. Im Jahre 1953 sahen sich die Vereinigten Staaten gezwungen, eine Resolution zu veranlassen, durch die die Prozedur geändert wurde: Jetzt war es statt des Sicherheitsrates die Generalversammlung, die mit Zweidrittel-Mehrheit die Entscheidungen zur Sicherheit des Weltfriedens fällte. Ob diese Änderung den ursprünglichen Charakter der Statuten entspricht, ist von keiner größeren Bedeutung; Tatsache ist, daß mit Hilfe dieses Übergangs vom Sicherheitsrat auf die Generalversammlung die UNO ausreichend gut funktioniert und daß die Sowjetunion dieses System praktisch toleriert.

Doch entstand in den letzten Jahren eine erstaunliche Zahl neuer afrikanischer und asiatischer Staaten, die ohne Bedingung in die UNO aufgenommen wurden. Der anti-europäische Anti-Kolonialismus ersetzte jedwede Legitimität oder Legalität. Mit dem Einbruch dieser neuen Mitglieder in die Plenarversammlung veränderte sich auch der Charakter dieses Organismus der UNO. Die Zweidrittel-Mehrheit lag jetzt nicht mehr mit Sicherheit in den Händen der Vereinigten Staaten. Ich erwähne nur die Namen von Algerien, Kongo und Goa, um daran zu erinnern, was dies praktisch bedeutet. Es entsteht eine neue, unwägbare Situation. Ein bekannter nordamerikanischer Publizist, Joseph G. HARSCH, machte sogar den Vorschlag, daß die beiden Rivalen des kalten Krieges auf irgendeine Weise zu einer Übereinkunft gelangen, um mindestens einen Rest an Stabilität aus dem drohenden Chaos zu retten, das durch den sogenannten Imperialismus der Farbigen hervorgerufen wird (18).

4. Der gegenwärtige Pluralismus der Räume industrieller Entwicklung

So folgt also dem dualistischen Stadium eine pluralistische Phase. Es wäre ein Irrtum, sie einfach als eine Erweiterung des Dualismus anzusehen und die tiefgreifende Umwandlung der Struktur des Raumes zu ignorieren, die sogar die Idee des Raumes selbst affiziert. Die Oberfläche der Erde bietet uns heute das Bild einer Menge von mehr als 100 Staaten, die beanspruchen souverän zu sein. Sie alle leben im Schatten des atomaren Gleichgewichts der beiden Weltmächte. Es gibt annähernd ein Dutzend, die sich der Wahl zwischen den beiden Welt-Blöcken entziehen. Kein einziger dieser Staaten vermag der Tendenz zum Großraum zu entgehen, es sei denn, er zöge es vor, der politischen Bedeutungslosigkeit anheim zu fallen. Noch führt die technische Entwicklung nicht zur politischen Einheit der Erde und der Menschheit. Doch es scheint, daß die Grenzen der zahlreichen einzelnen Staaten und ihrer inneren Märkte zu eng werden. Zwischen der bis heute utopischen Einheit der Welt und der überwundenen Epoche früherer räumlicher Dimensionen schiebt sich für einige Zeit das Stadium der Formierung von Großräumen.

Der Pluralismus der Räume, dem wir uns heute gegenüber sehen, ist in Wirklichkeit ein Pluralismus der Großräume. Doch *Großraum* bezeichnet etwas, das sehr unterschieden werden muß von einem Raum alten Stils, der lediglich erweitert wurde. Denken wir an den Raum, stellen wir uns zuerst zweidimensionale Räume vor. Der Staat im Sinne des Völkerrechts ist zuvörderst ein begrenztes Territorium, innerhalb dessen sich die nationale Gesetzgebung, die nationale Regierung und die nationale Justiz abspielen. Auch unsere traditionelle und klassische Idee vom Kriege und von den Schlachten hält uns in einem flächenhaften Denken fest. Wir stellen uns den Krieg als eine Reihe von Schlachten vor, die auf einem Schlachtfelde stattfinden, wo sie auch entschieden werden. Das ist eine barocke Idee, die den Krieg als ein Theater auffaßt. Demgegenüber müssen wir daran erinnern, daß, wie wir gesehen haben, der revolutionäre Krieg der aktuellen Situation nur zu einem Zehntel Krieg im sichtbaren Sinne ist. Sein größerer Teil spielt sich nicht auf einander vergleichbaren Flächen und auf offenen Schlachtfeldern ab, sondern in den multidimensionalen Räumen des kalten Krieges. Als Konsequenz läßt sich aus alledem die weit verbreitete Idee des Kontinentalblocks gewinnen (19), der so beschaffen ist wie es uns fürs erste die Worte *Raum* und *Großraum* suggerieren: als eine gut definierte Fläche und nicht als ein multipolares Konglomerat durchlässiger Volumen. Wir, die Europäer, stehen noch unter dem Eindruck der Auflösung der großen Übersee-Reiche der europäischen Mächte wie England, Frankreich, Holland und Belgien. Nicht einmal das englische *Commonwealth* hat es vermocht, sich als politische Einheit zu erhalten. Für uns ist es logisch, daß wir aus diesem Präzedenzfall den Schluß ziehen, daß die Existenz vereinigter, großer, kontinentaler, impermeabler Blöcke unausweichlich ist.

All dies erfaßt den Kern des Problems nicht genau, weil sich in diesem Augenblick die Anfänge zu einer neuen räumlichen Ordnung herausbilden. Es trifft zu, daß die Staaten des Ostblocks anscheinend einer starken kontinentalen Kohäsion folgen. Aber auch hier gibt es Kontinuitätsbrüche. Ein oft genanntes Beispiel ist Albanien, das den Bereich der sowjetischen Verteidigung verließ, um unmittelbar Kontakt mit dem viel weiter entfernten China aufzunehmen. Doch bleiben wir einstweilen im Westen, um die Besonderheit der Großräume, die uns interessieren, besser erkennen zu können. Das Beispiel der Vereinigten Staaten – der größten militärischen und ökonomischen Potenz und der ersten Atommacht – wird uns den modernen Pluralismus der Großräume erhellen. Demonstriert uns bereits das Beispiel der Vereinigten Staaten den Kontrast zur vorangegangenen Raumstruktur, die sich durch eine relativ bescheidene Fläche auszeichnete, so werden uns, unter dem Aspekt einer verwandelten Raumstruktur, die kleineren und mittleren Staaten der Erde noch mehr überraschen.

Wie es ausserordentlich einleuchtend ist, sind die Vereinigten Staaten zuvörderst ein begrenzter Raum im Sinne des klassichen Völkerrechts. Sie haben ihre bestimmten territoralen Grenzen, die jedes Kind in einem Atlas, anhand der farbigen Markierungen, finden kann. Die berühmte Drei-Meilen-Zone ließe sich hinzufügen oder die Länge der Meeresküsten und einiges mehr. Die Ansprüche, die in Bezug auf den Meeresgrund bestehen, deuten auf ein anderes, zu unterscheidendes Raummaß hin, dessen Problematik wir jetzt nicht vertiefen können. Doch ist für unser Thema die mehr als bekannte Tatsache von Interesse, daß die Vereinigten Staaten, dank der Praxis der Monroe-Doktrin, einen weiten geographischen Bezirk festlegten, die westliche Hemisphäre. Deren geographische Grenzen wurden in besonderen Fällen, während des Zweiten Weltkrieges, gründlich diskutiert; z.B. in der Frage der Grenzen des Pazifischen Ozeans oder im Grönland-Fall (20). Aber zum wirklichen politischen Raum der Vereinigten Staaten gehört nicht nur ihr Territorium im Sinne einer Sphäre staatlicher Kompetenz, wo ihre Gesetzgebung, Regierung, Verwaltung und Justiz gelten und auch nicht nur die Einflußsphäre der Monroe-Doktrin; die Vereinigten Staaten sind überdies der wichtigste Faktor in der Atlantischen Verteidigungsgemeinschaft, in der NATO, die 15 Staaten umfaßt, amerikanische und nicht-amerikanische. Außerdem nehmen die Vereinigten Staaten einen bedeutenden Platz im globalen Raum der UNO ein. Die Verteidigungszone der NATO ist keine *Region* im Sinne des Artikels 52 der UNO-Statuten, denn im Sicherheitsrat herrscht keine Einmütigkeit über ihren friedfertigen Charakter; basierend auf dem Artikel 51 der UNO-Statuten (21), der das Recht auf Selbstverteidigung anerkennt, ist die Verteidigungssphäre der NATO ein Teil des globalen Raumes der UNO. Und es ist besser, nicht von dem Raum zu sprechen, der aus der Tatsache erwächst, daß die Vereinigten Staaten eine Atom-Macht sind, die NATO aber nicht.

Diese vier Räume sehr unterschiedlicher Dichtigkeit und Permeabilität – staatliches Territorium, westliche Hemisphäre der Monroe-Doktrin, Verteidigungssphäre der NATO und globaler Raum der UNO –, all diese Räume, ich wiederhole es, kann man sich als Oberflächen vorstellen. In Wirklichkeit sind sie jedoch magnetische Kraftfelder aus menschlicher Energie und Arbeit. Es lassen sich hier andere Räume evozieren: jener Raum authentischen amerikanischen Einflusses, der nicht identisch mit dem Raum der Monroe-Doktrin ist; sodann der Raum der ökonomischen Reichweite des inneren und äußeren Marktes Nordamerikas; der Raum des Einflusses des amerikanischen Dollars und auch der Raum der kulturellen Expansion, der Sprache und des moralischen Prestiges. Ich möchte hier nicht in eine endlose Diskussion über das Raumproblem eintreten und ich bitte Sie um Verzeihung, daß ich mich bereits schon so weit entfernt habe. Aber es war unumgänglich, die Aufmerksamkeit auf die zahlreichen Interferenzen und Überlappungen der verschiedenen Räume zu lenken, damit uns die charakteristische Besonderheit der Art von Raum deutlich werde, die uns im gegenwärtigen Augenblick besonders interessiert und die das Geschick aller Völker der Erde bestimmen wird: es ist der Raum der industriellen Entwicklung und der Teilung der Erde in industriell entwickelte und unterentwickelte Regionen und Völker. Damit geht einher das Problem der industriellen Entwicklungshilfe, die die Entwickelten den weniger Entwickelten zukommen lassen, ihre Reichtümer bei anderen anlegend.

Am Beginn meines Vortrages benutzte ich das Wort *Nomos* als charakteristische Denomination für die konkrete Teilung und Verteilung der Erde. Wenn Sie mich nun jetzt, in diesem Sinne des Terminus *Nomos* fragen, was heute der Nomos der Erde sei, kann ich Ihnen klar antworten: er ist die Teilung der Erde in industriell entwickelte und weniger entwickelte Zonen, verbunden mit der unmittelbar folgenden Frage nach demjenigen, der die Entwicklungshilfe gibt und andererseits nach demjenigen, der sie nimmt. Diese Verteilung ist heute die wirkliche Verfassung der Erde. Ihr großes Ursprungs-Dokument ist der Artikel 4 der Truman-Doktrin vom 20. Januar 1949, die ausdrücklich diese Verteilung statuiert und die mit aller Feierlichkeit die industrielle Entwicklung der Erde als Vorhaben und als Ziel der Vereinigten Staaten proklamiert (22). Die fundamentale Bedeutung dieses Dokuments war nicht unerwartet und es wird nunmehr seit Jahren diskutiert (23). Rasch benutzte man anstatt des *undeveloped* die sanftere Wendung *uncommitted nations* oder *regions*. Aber erst in den letzten Jahren trat das Phänomen im größeren Ausmaß ins Bewußtsein und wurde als Ausgangspunkt einer neuen Weltordnung erkannt; mehr noch, in einigen Teilen der westlichen Welt wurde das Thema der Entwicklungshilfe auf eine fast ungeduldige Manier zu einer Mode erhoben und als bequemer Schlüssel für sämtliche Weltprobleme gehandhabt.

Unter dem Aspekt der industriellen Entwicklungshilfe ist das Bild der gegenwärtigen Welt voller Widersprüche. Die Verenigten Staaten und andere westliche Länder, unter ihnen die Bundesrepublik Deutschland, gewähren diese Entwicklungshilfe nicht nur ihren Verbündeten und politischen Freunden, sondern auch den Neutralen des anti-kolonialistischen Raumes. Sie plazieren dort enorme Mengen von Kapital und Arbeit. Die Sowjetunion, die im Rufe steht, ohne jede auswärtige Hilfe ihre industrielle Entwicklung geschafft zu haben, unterstützte nicht nur China bei der Errichtung seiner Industrie durch enorme Opfer und durch einen beispiellosen Konsumverzicht ihrer Bevölkerung, sondern sie ist auch dabei, nicht-kommunistische oder neutrale Länder zu unterstützen. Der vordem kolonisierte Raum scheint die vorausbestimmte Umgebung für diese neue Art von Neutralität zu sein. Vielleicht findet sich eine gewisse Erklärung darin, daß die Ideologie des Anti-Kolonialismus den Vereinigten Staaten und der Sowjetunion gemeinsam ist. Jedoch besteht ein tiefgreifender Widerspruch: Auf der einen Seite präsentiert sich der neue Raum als das Szenario eines a-politischen Wettstreits rein kommerzieller Natur zugunsten des industriellen Fortschritts der Menschheit; auf der anderen Seite repräsentiert er zugleich das Schlachtfeld einer besonders intensiven und bösartigen Modalität von Feindschaft und kaltem Krieg.

So haben wir nun die Erde bedeckt mit einem dichten Netz sowohl öffentlicher wie privater industrieller Anlagen; ein Netz, das die beiden feindlichen Rivalen am knüpfen sind. Es wäre ein in Finanz, Ökonomie und Welthandel bestens Eingeweihter nötig, um in alle Arcana dieses Komplexes einzudringen, und es wäre ein überaus beschlagener Experte für das internationale private und öffentliche Recht nötig, um mit juristischer Exaktheit alle Beziehungen zu formulieren, die aus diesem *pelagus* hervorgehen. Für unser Thema ist wichtig, daß eine entscheidende Idee wie die der Neutralität ihren Inhalt und ihren Sinn vollkommen geändert hat. Indien z.B., der radikalste Champion des anti-europäischen Anti-Kolonialismus, läßt sich gleichzeitig von Rußland, England und Deutschland industriell entwikkeln. Das ist der Kern seiner Neutralität. Ich glaube, daß ich mir weitere Beispiele ersparen kann. Wesentlich ist, daß trotz des Gegensatzes von Ost und West, der seinen großen Schatten über alles wirft, endgültige und gut definierte Entwicklungsräume noch nicht festzustellen sind. All dies ist noch Entwurf und noch auf dem Wege. Ebenso wenig umfaßt die Europäische Wirtschafts-Gemeinschaft einen einheitlichen und gut umrissenen Entwicklungsraum, obgleich sie zu Beginn dieses Jahres in ihre zweite, konzentriertere Phase trat. Die Europäische Wirtschafts-Gemeinschaft hat selbst unterentwickelte Regionen und erlaubt dennoch ihren Mitgliedern, industrielle Entwicklungshilfe an ferne afrikanische und asiatische Länder zu leisten. Viele Sachverständige sagen voraus, daß die Europäische Wirtschafts-Gemeinschaft zwangsläufig zur politischen Einheit Europas führen werde. Aber die Frage dabei ist, ob Europa zum überzeugenden Träger einer homogenen Entwicklungshilfe werden kann; mit anderen Worten, ob ein politisch vereintes Europa eine homogene und einheitliche Politik der Investitionen und Anlagen haben wird, sowohl im Inneren wie nach außen, und ohne daß sich ein Mitgliedsstaat abseits stellen kann, sich dabei auf seine Neutralität berufend.

*
* *

Schluß

Mit diesem Problem bin ich an den Schluß meiner Ausführungen angelangt. Es stellt nur eine untergeordnete Frage dar. Das entscheidende Problem, das alle anderen überragt, ist das folgende: Auf welche Weise wird sich der Gegensatz zwischen dem Dualismus des kalten Krieges und dem Pluralismus der Großräume lösen, den wir abschließend erklärten? Wird sich der Dualismus des kalten Krieges verschärfen oder werden sich eine Reihe von Großräumen bilden, die ein Gleichgewicht in der Welt schaffen und auf diese Weise die Vorbedingung für eine stabile Friedensordnung? Beide Möglichkeiten stehen offen. Folglich haben wir hier ein Feld für die freie politische Entscheidung und für die historische Verantwortung. Die Nationen der Welt und ihrer Führer haben sich hier zu entscheiden. Es ist nicht meine Aufgabe, ihr Urteil vorweg zu nehmen. Meine Aufgabe ist die objektive Diagnose der aktuellen Situation. Ich unterbreitete sie gemäß meinen Möglichkeiten. Zum Schluß mögen Sie mir bitte gestatten, eine persönliche Bemerkung hinzuzufügen.

Ich stellte den Raum der industriellen Entwicklung als Hauptproblem meiner Ausführungen dar und ich sprach von der Unwiderstehlichkeit dieser Entwicklung. Glauben Sie jedoch nicht, daß dies aus Begeisterung für den Industrialismus geschah, oder aus blinder Bewunderung für die Art von Wissenschaft, die ihm zu Diensten ist. Es geschah eher unter dem Imperativ einer klaren Einsicht in die gegenwärtige Welt und das, was heute der Ansatzpunkt einer neuen Ordnung sein könnte. Ich spreche von der industriellen Entwicklung mit der gleichen geistigen Haltung, mit der TOCQUEVILLE von der modernen demokratischen Entwicklung sprach. Ich fahre fort, den Satz UNAMUNOs zu bewundern: «Mögen die anderen erfinden!» (24). Dieser Ausruf des großen tragischen Philosophen ist und bleibt ein Zeichen geistiger Überlegenheit. Wir dürfen uns nicht blind machen für die objektiven Notwendigkeiten der industriellen Entwicklung, aber wir müssen uns hüten, an die moderne Technik zu glauben wie die Mexikaner an die weißen Götter glaubten. Die gesamte Welt der Industrie und der modernen Technik ist nichts anderes als das Werk der Menschen. Die neuen, in Bildung befindlichen Großräume, werden ihre Maßstäbe anhand der Dimensionen menschlicher Planung und Verwaltung finden, um genauer zu sprechen, anhand einer Planung und Verwaltung, die sich durch Menschen gegenüber Menschen mit dem Ziele organisiert, den Bevölkerungsmassen der industrialisierten Regionen eine vernünftige Sicherheit ihrer Existenz zu garantieren, mit Vollbeschäftigung, stabiler Währung und ausgedehnter Konsumfreiheit (25). Nur wenn die neuen Räume das immanente Mittel gefunden haben, das jenen Erfordernissen entspricht, wird das Gleichgewicht der neuen Großräume funktionieren. Und dann wird man sehen, daß Nationen und Völker die notwendige Kraft besitzen, um sich inmitten der industriellen Entwicklung zu behaupten und sich selber treu zu bleiben und, daß auf der anderen Seite Nationen und Völker ihr Gesicht verlieren, weil sie ihre menschliche Individualität dem Götzen einer technisierten Erde opfern. Dann wird sich zeigen, daß die neuen Großräume ihre Mitte und ihren Inhalt nicht nur von der Technik empfangen, sondern auch von der spirituellen Substanz der Menschen, die für ihre Entwicklung zusammenarbeiten, auf Grund ihrer Religion und ihrer Rasse, ihrer Kultur und ihrer Sprache und auf Grund der lebendigen Kraft ihres nationalen Erbes.

---

(1) (G.M.) C.S. bezieht sich hier auf Manuel FRAGA IRIBARNEs Laudatio, unter dem Titel «Carl Schmitt, el Hombre y la Obra» abgedruckt in: *Revista de Estudios Políticos*, Nr. 122, März-April 1962, S. 5-16.

(2) (G.M.) C.S. hielt am 3.10.1929 im Madrider «Centro de Intercambio intelectual Germano-Español» einen Vortrag in spanischer Sprache über Juan DONOSO CORTES. Er wurde als Broschüre unter dem Titel *Donoso Cortés – Su Posición en la Historia de la Filosofía del Estado europea* 1930 im Verlag des «Centro» veröffentlicht (16 S.). Die Arbeit überschneidet sich mit C.S.s Aufsätzen «Donoso Cortés in Berlin (1849)» und «Der unbekannte Donoso Cortés», abgedruckt in: C.S., *Donoso Cortés in gesamteuropäischer Interpretation*, Köln 1950, S. 41-79.

(3) (G.M.) Bezieht sich auf C.S.s Vortrag «Cambio de Estructura del Derecho internacional» vom Juni 1943 in Madrid, abgedruckt in: *Revista de Estudios Políticos*, Vol.V, Madrid 1943, S. 3-36 (Anexos). Der Text überschneidet sich mit dem Aufsatz «Die letzte globale Linie», *Marine-Rundschau*, 8/1943, S. 521-527, nachgedruckt in: Egmont ZECHLIN (Hrsg.), *Völker und Meere*, Leipzig 1944, S. 342-349.

(4) (G.M.) Vgl. Manuel FRAGA IRIBARNE, «Guerra y paz; nuevos problemas del concepto de neutralidad», in: *Estudios de Derecho internacional – Homenaje al Profesor Barcia Trelles*, Santiago de Compostela 1958, S. 339-350, u. ders., «La guerra como institución social y el problema de su eliminación o limitación», in: *Estudios Jurídico-Sociales – Homenaje al Profesor Luis Legaz y Lacambra*, Santiago de Compostela 1960, Bd. II, S. 1263-1285. – C.S. bezieht sich auch auf zahlreiche Aufsätze, die FRAGA damals in der «Revista de Estudios Políticos», deren Direktor er war, veröffentlichte.

(5) (G.M.) Bezieht sich wohl auf TOYNBEEs Buch *The World and the West*, Oxford 1953, deutsch u.d.T. *Die Welt und der Westen*, Stuttgart 1953.

(6) (G.M.) Luis GARCÍA ARIAS' «Sobre la licitud de la Guerra moderna», in *La Guerra moderna*. Publicación de la Cátedra General Palafox, Universidad de Zaragoza, I (1955). Nachdruck in: L. GARCÍA ARIAS, *La Guerra Moderna y la Organización Internacional*, Madrid 1962, S. 11-14. C.S. bezieht sich jedoch eher auf GARCÍA ARIAS' Aufsatz

«La Guerra fría» (zuerst 1956) im o.a. Buch, S. 89-136, dort S. 103 f. JUAN MANUEL wies auf den kalten Krieg zwischen Christen und Muselmanen hin. – Auf Einladung GARCÍA ARIAS' sprach C.S. wenige Tage vor dem hier veröffentlichten Vortrag in Pamplona und Saragossa (am 15. und 17.3.) über den Partisanen: C.S., «Teorías modernas sobre el partisano», in: *Defensa nacional,* Universidad de Zaragoza, MCMLXII, S. 327-359. Aus diesen Vorträgen entstand das Buch *Theorie des Partisanen*, Berlin 1963.

(7) (G.M.) Hugo GROTIUS, *De jure beli ac pacis*, deutsche Ausgabe: *Vom Recht des Krieges und des Friedens*, Tübingen 1950, S. 578.

(8) (C.S.) Vgl. das Stichwort «klassische Begriffe» im Register von: C.S., *Verfassungsrechtliche Aufsätze*, Berlin 1958, S. 512.

(9) (G.M.) Vgl. Philipp ZORN, *Die beiden Haager Friedenskonferenzen von 1899 und 1907*, Stuttgart 1915, u. das betr. Stichwort von Peter SCHNEIDER in: *Wörterbuch des Völkerrechts*, hrsg. von H.J. SCHLOCHAUER, I, Berlin 1960, S. 739-745.

(10) (G.M.) Vgl. zu LENIN und MAO TSE-TUNG: C.S., *Theorie des Partisanen*, Berlin 1963, S. 52 ff., 58 ff. – Dort auch zum «Raumaspekt» und zur «Zertrümmerung sozialer Strukturen», S. 71 ff.

(11) (G.M.) C.S. bezieht sich hier wohl auf MAOs Gedankengänge in: «Über den langwierigen Krieg», vgl. MAO TSE-TUNG, *Ausgewählte Schriften*, II, Peking 1957, S. 168 ff. Vgl. dazu auch: Theodor ARNOLD, *Der revoltuionäre Krieg*, Ilmgau 1961, S. 97 ff.

(12) (C.S.) Vgl. Fritz GROB, *The Relativity of War and Peace*, New Haven 1949; Helmut RUMPF, «Zur Frage der Relativität des Kriegsbegriffs», *Archiv des Völkerrechts*, 1956/57, H.1, S. 51-55; Manuel FRAGA IRIBARNE, «Guerra y paz; nuevos problemas del concepto de neutralidad, *art. cit.* (FN 4), S. 344.

(13) (G.M.) Vgl. dazu: C.S., «Sowjet-Union und Genfer Völkerbund», *Völkerbund und Völkerrecht*, 1934, Augustheft, 263-268.

(14) (C.S.) Auf diesen Satz CHAMBERLAINs bezieht sich eine Arbeit, die ich einige Monate später, im Oktober 1939, in der *Zeitschrift der Akademie für Deutsches Recht*, 6. Jahrgang, Heft 18, S. 594-595, unter dem Titel «Inter pacem et bellum nihil medium» publizierte.

(15) (G.M.) Andrej SCHDANOW (1872-1948) hielt 1947 auf dem Ersten Kongreß der von ihm gegründeten Kominform in Warschau eine Programmrede «Über die internationale Lage», in der er von der längeren Koexistenz zwischen «imperialistisch-antidemokratischen» und «antiimperialistisch-demokratischen» Lager sprach, letzeres unter Führung der UdSSR. Die USA wollten einen neuen Weltkrieg entfesseln und Europa durch den Marshall-Plan versklaven. Die Rede ist sozusagen die geschichtsphilosophische Seite der Koexistenz-Theorie in ihrer aggressivsten Form.

(16) (C.S.) Der Terminus *bipolar* wirkt fast zu neutral angesichts der feindlichen Spannung des betreffenden Welt-Dualismus, da Polarität ein den Naturwissenschaften entstammender Begiff ist und politische Feindschaft zwischen Menschen etwas anderes bezeichnet als eine chemische oder physische Polarität.

(17) (G.M.) Zur «Neutralität» der USA gegenüber dem Großdeutschen Reich zwischen 1939 und 1941 vgl.: Friedrich BERBER, *Die amerikanische Neutralität im Kriege 1939-1941*, Essen 1943.

(18) (G.M.) Zu den näheren Umständen dieses Vorschlages HARSCHs konnte nichts gefunden werden. Seine Betrachtungsweise war aber spätestens Anfang der 60er Jahre nicht mehr selten.

(19) (G.M.) Der Begriff stammt von Karl HAUSHOFER. Vgl. dessen Broschüre: *Der Kontinentalblock. Mitteleuropa - Eurasien - Japan*, München 1941. Durch die Einheit des Kontinentblocks sollten die angelsächsischen Seemächte überwunden werden.

(20) (C.S.) Vgl. C.S., *Der Nomos der Erde*, Köln 1950, S. 259-260.

(21) (G.M.) Der Artikel 51 der UNO-Satzung erklärt, daß «keine Bestimmung der vorliegenden Satzung... das unveräußerliche Recht auf individuelle oder kollektive Selbstverteidigung beeinträchtigen (soll)., falls ein Mitglied der Vereinten Nationen Gegenstand eines bewaffneten Angriffs geworden ist, bis der Sicherheitsrat die zur Aufrechterhaltung des internationalen Friedens und der internationalen Sicherheit notwendigen Maßnahmen ergriffen hat». Der Artikel 52 erklärt u.a., daß «keine Bestimmung der vorliegenden Satzung... das Bestehen von regionalen Abkommen oder Organen aus-(-schließt), die sich mit den die Aufrechterhaltung des internationalen Friedens und der internationalen Sicher-

heit betreffenden Angelegenheiten befassen...». Vgl. den vollständigen Abdruck der Artikel in: Paul BARANDON, *Die Vereinten Nationen und der Völkerbund in ihrem rechtsgeschichtlichen Zusammenhang*, Hamburg 1948, S. 252 f.

(22) (G.M.) Über die Truman-Doktrin, ihren industriell-«adventistischen» Mythos und die Aufspaltung in zwei feindliche Entwicklungsräume vgl. das Buch des von C.S. beeinflussten Hanno KESTING, auf das C.S. sich hier indirekt bezieht: *Geschichtsphilosophie und Weltbürgerkrieg*, Heidelberg 1959, S. 266-269.

(23) (C.S.) Vgl. meinen Vortrag im Philosophischen Seminar von Prof. Joachim RITTER, Universität Münster, vom 9.3.1957; überdies die 5. Glosse in meinem Buch *Verfassungsrechtliche Aufsätze*, Berlin 1958, S. 503-504.

(24) (G.M.) Miguel DE UNAMUNOs sprichwörtlich gewordener Ausruf bezog sich auf Westeuropa und Nordamerika: «Mögen die anderen erfinden! Wir Spanier haben die Mystik!».

(25) (G.M.) C.S.s Gedankengänge zu den neuen Entwicklungsräumen sind vermutlich beeinflußt von François PERROUXs Buch *La coexistence pacifique*, Paris 1958.

JULIEN FREUND

Choix de quelques lettres de la correspondance de Carl Schmitt

Als erste Einführung in das Denken und Schaffen des französischen Soziologen und Politologen Julien FREUND dürfte ein von mir für die Zeitschrift «Criticón» geschriebenes Autorenporträt geeignet sein (1). Für genauere biographische Auskunft und eine fast lückenlose Bibliographie (bis 1984) kommt hingegen eine spätere Veröffentlichung von mir in Betracht (2). Julien FREUND, der mit C.S. befreundet war, hat sich bereit erklärt, seine ersten Briefe an C.S. und etwa 15 Briefe, die C.S. an ihn gerichtet hat, zur Verfügung zu stellen. Wie aus FREUNDs einleitenden Bemerkungen hervorgeht, handelt es sich um eine bescheidene Auswahl aus einer reichen Korrespondenz, überdies beschränkt auf die Jahre bis 1965. Dennoch enthalten einzelne Briefe Einzelheiten und Ueberlegungen, die sowohl für die längst fällige Biographie C.S.s wie für ein besseres Verständnis der wissenschaftlichen Interessen und polemischen Akzente des deutschen Gelehrten von Nutzen sind.

Im Einvernehmen mit Professor FREUND habe ich in den französischen Abschnitten der C.S.-Briefe vereinzelte (nicht alle!) Sprachunebenheiten berichtigt und damit sicher auch im Sinne von C.S. gehandelt. Die mit der Sigle (PT) gekennzeichneten Fussnoten habe ich zusätzlich eingefügt; sie sind von Professor FREUND gleichfalls genehmigt. Zu guter Letzt sei Professor Joseph H. KAISER aufrichtig gedankt für seine Erlaubnis, die C.S.-Briefe abzudrucken.

P.T.

*
* *

Ma correspondance avec Carl SCHMITT comporte, de part et d'autre, au total environ deux ou même troix centaines de lettres. Je n'en ai pas fait le dénombrement, car elles remplissent deux cartons. La publication que j'entreprends ici ne concerne que les premières années de nos relations, pratiquement cinq à six ans. Dans cette limite il a fallu faire un nouveau choix, car toutes les lettres ne présentent pas le même intérêt. J'ai relaté dans mon «Ebauche d'une autobiographie intellectuelle» (3), les raisons de mon abstention à entrer en relation avec Carl SCHMITT. Il s'est, en effet, écoulé une dizaine d'années entre ma première lecture des «Considérations politiques», une traduction partielle en français de son «Begriff des Politischen», publiée pendant la guerre (4), et le premier contact direct avec l'auteur (5). Mon hésitation a donc duré fort longtemps. Je ne retracerai pas une fois de plus l'ensemble de ces souvenirs.

Il me semble cependant nécessaire d'apporter une légère rectification au texte de la «Revue européenne des sciences sociales», que je viens de citer. Je possédais dans ma bibliothèque depuis fin novembre 1944, l'édition allemande du «Begriff des Politischen». Je l'ai ramassé sur le trottoir de la rue Goethe à Strasbourg, au milieu de quelques autres ouvrages sur la politique, que j'ai également conservés. Ces quelques ouvrages traînaient au milieu de brochures (dont de nombreuses étaient d'inspiration nazie) que des vandales avaient sans doute précipités par les fenêtres de l'Institut de philosophie, vraisemblablement pour se venger de quatre années d'occupation. Je regrette aujourd'hui de n'avoir pas fait une petite collection de ces brochures, justement parce qu'elles étaient intégrées dans un moment pénible de l'histoire. J'étais trop heureux de fouler le sol de Strasbourg après quatre années d'absence pour penser à l'avenir, sauf pour ce qui concerne les ouvrages de politique qui m'intéressaient au premier chef. D'ailleurs, j'ai pu constater des scènes analogues au retour dans certaines villes en y descendant avec le «maquis». Je ne peux éviter aujourd'hui de songer aux réfexions sur la foule de G. LE BON (6). Quelle ne fût cependant ma surprise de trouver dans ma bibliothèque «Der Begriff des Politischen», après avoir consulté en 1950 à la Bibliothèque universitaire de Strasbourg les fiches rangées sous le vocable de politique.

I

Cette première section comporte la publication intégrale de ma première lettre à Carl SCHMITT et de l'échange qui s'en est suivi, y compris le télégramme m'invitant à le rencontrer à Colmar en compagnie du professeur Joseph KAISER. On lira également les impressions réciproques après cette première entrevue. Ces lettres sont indiquées par les premières lettres de l'alphabet.

A

Strasbourg, le 4 septembre 1959

Monsieur,

Je prépare actuellement un ouvrage sur l'Essence et la Signification du Politique (7). Le hasard de mes lectures m'a fait prendre contact avec votre «Begriff des Politischen». Le livre m'a enthousiasmé. J'ai entrepris immédiatement une fouille dans la bibliothèque universitaire pour lire vos autres ouvrages depuis «Der Staat und der Einzelne» jusqu'à «Ex capitivitate salus». Je ne sais si vous avez publié d'autres ouvrages depuis ce livre. Si oui, je vous serais reconnaissant de m'en dresser la liste et le nom des éditeurs pour que je puisse me les procurer.

J'ai découvert votre œuvre à un moment où, abandonnant toute politique active, à la suite d'une immense déception, j'ai repris mon activité professorale pour avoir le loisir de réfléchir sur cette déception, c'est-à-dire sur la nature du phénomène politique. Quelques éléments biographiques vous permettront de comprendre le sens de cette déception. J'avais 19 ans lors de l'armistice de 1940. Quelques semaines plus tard, j'étais pris comme otage en Alsace-Lorraine. J'ai réussi à fuir et à rejoindre l'Université de Strasbourg repliée à Clermont-Ferrand pour terminer mes études. Dès 1941 je militais dans un mouvement de résistance, participant à plusieurs attentats, jusqu'à mon arrestation. Deux ans de prison et de camps. Je m'évade et je rejoins les forces irrégulières du maquis jusqu'à la libération du teritoire. Je me lance alors dans la politique avec toute la naïveté de ma jeunesse et de ce que l'on appelle un idéal politique. Comme tout le monde je croyais que l'on pouvait réformer le monde par la politique. Lamentable erreur! La politique obéit à d'autres lois qu'à celles d'un humanitarisme. En elle s'agitent des forces démoniaques. C'est à cette conclusion que j'étais arrivé par mon expérience de l'arène politique. J'ai abandonné la lutte pour traduire en termes philosophiques cette expérience, c'est-à-dire pour retrouver derrière le vécu personnel ce qui fait la politique éternelle. C'est au cours de ce travail que j'ai rencontré vos livres. Ma conversion philosophique à propos de la politique était faite, mais la lecture de votre œuvre a donné à cette conversion une allure radicale, car j'ai senti immédiatement l'affinité de mes réflexions avec les thèmes que vous avez développés.

Certes, pendant la guerre, nous aurions été politiquement des ennemis. Mais il me plaît d'autant plus de saluer aujourd'hui en vous, au niveau des relations privées de l'amitié intellectuelle, un des plus profonds penseurs politiques de notre siècle. Vous avez mis en évidence, de la façon la plus lumineuse, quelques-uns des présupposés de toute politique qui sont dans la nature même de la chose politique. J'ai admiré en vous cette lucidité (que j'ai également aimée dans Max WEBER) qui refuse de tricher avec les idéologies, quitte à se faire des ennemis dans la corporation des intellectuels, dans ce *genus irritabile vatum*. Ah! que j'ai apprécié votre réponse à SPRANGER dans «Ex captivitate salus» (8)!

C'est pour vous dire l'admiration et le contentement du lecteur que je vous écris cette lettre et pour vous remercier de la joie que vous m'avez procurée. Bref, c'est pour payer une dette de reconnaissance.

Veuillez agréer, Monsieur, l'assurance de mes sentiments les plus distingués.

J.F.

B

Plettenberg/Westfalen
den 11. September 1959

Sehr geehrter Herr Julien Freund,

wird es uns beiden möglich sein, über ein so abgründiges Thema wie den Begriff des Politischen unbefangen miteinander zu sprechen – trotz aller Verschiedenheiten des Lebensalters, der Lebensschicksale, der beiderseitigen sprachlichen, mythischen und ikonographischen Prämissen? Jedenfalls verspreche ich Ihnen, mein Bestes zu tun. Ich stehe jetzt im 72. Lebensjahr, und eine starke Alters-Skepsis ist da sehr natürlich. Aber dem Elan Ihres Briefes ist es gelungen, sie zu besiegen.

Die Verschiedenheit der Sprache könnte sogar förderlich sein. Ich habe das in diesem Sommer in Gesprächen mit zwei jungen *lecturers* von der Columbia-Universität New-York erfahren, die mich hier besuchten und hinter dem Unterschied von «enemy» und «foe» eine ganze neue Welt entdeckten.

Von welcher Seite fassen Sie das Thema an – philosophisch, juristisch, geschichtlich, psychologisch oder wie? Ich frage nicht, um das Problem scholastisch oder arbeitsteilig zu zerreden, sondern um schneller zum Kern der Sache zu kommen. Auch würde ich gern wissen, ob Sie schon etwas publiziert haben und würde das gerne kennenlernen.

Vor kurzem ist eine (riesige) Bibliographie meines œuvre erschienen und zwar in einer «Festschrift» – Sie nennen das «Mélanges» – zu meinem 70. Geburtstag, im Verlag Duncker & Humblot, Berlin-Lichterfelde West (9). Ich nehme an, daß Sie die Festschrift (die fast ganz verfassungsjuristisch ist) durch Ihre Universitäts-Bibliothek erhalten können. Sie werden erschrecken über das fürchterliche Gepäck, das ich mit mir schleppe, und das Sie keineswegs zu interessieren braucht. Aber ich möchte Ihnen nichts verschweigen oder verstecken. Ich bin über 30 Jahre älter als Sie, und es ist besser, wenn ich Sie direkt informiere, als Sie den trüben C.S.-Mythen zu überlassen. Wir wollen aber, um den Begriff des Politischen nicht zu bagatellisieren, auch nicht verkennen, daß solche Mythisierungen ebenfalls zur Wirklichkeit des Politischen gehören. *Le combat spirituel est plus brutal que la bataille des hommes* (10).

Ich habe Ihnen ein «Gespräch über die Macht und den Zugang zum Machthaber» als Drucksache geschickt und stehe immer zu Ihrer Verfügung. Mit allen guten Wünschen für Ihre wissenschaftliche Arbeit und mit aufrichtigem Dank für Ihr Schreiben bin ich stets Ihr ergebener

C.S.

C

Strasbourg, le 18.9.1959

Cher Monsieur,

J'ai bien reçu et votre lettre et votre plaquette. Je vous en remercie infiniment. J'ai lu votre plaquette avec le vif intérêt que je porte à l'ensemble de votre œuvre, mais surtout elle m'a surpris par sa forme. Une étude dialoguée, voilà un genre vieillot mais tellement sympathique que malheureusement on ne pratique plus guère de nos jours. Il va sans dire que cette lecture a suscité en moi un certain nombre de réflexions que je me permets de vous livrer. Par un heureux hasard, votre plaquette est venue confirmer quelques pages que je venais d'écrire sur la transcendance du politique, puisque le thème essentiel de votre écrit est axé sur la transcendance de tout pouvoir qui est plus puissant que l'individu même qui en fait usage. «Die Wirklichkeit der Macht geht über die Wirklichkeit des Menschen hinweg», écrivez-vous (11). Sur ce point, notre accord est des plus profonds.

Néanmoins, ma rédaction diffère quelque peu de vos déclarations parce que je procède par une autre voie qui me conduit à donner à la question une tournure quelque peu différente. En effet, votre livre procède d'une façon descriptive *(darstellend)* et invoque l'appréciation éthique humanitaire, lorsque vous écrivez: «Ich würde mich als denkender Mensch schämen zu sagen, dass sie dann gut ist, wenn ich sie habe und böse, wenn mein Feind sie hat» (12). Ma méthode est plus interprétative *(deutend verstehen),* en ce sens que je renonce à porter moi-même un jugement éthique sous la forme du *denkender Mensch* pour analyser comment l'*homo politicus, der handelnde Mensch* utilise l'éthique à ses fins propres. Il est clair que du point de vue de celui qui est engagé dans l'action politique et qui assume la puissance, il n'est pas possible de concevoir autrement sa puissance que comme bonne et celle de l'adversaire comme mauvaise, sinon il ne ferait pas de politique. En effet, si la puissance que détient l'adversaire était elle aussi bonne, celui-ci ne pourrait plus être son ennemi, partant il n'agirait plus politiquement. En ce sens, l'homme politique est contraint par la nécessité des choses à croire ou du moins à faire croire aux autres (si jamais il n'est pas lui-même convaincu intimement de la justesse de sa cause) que son pouvoir est seul bon et celui des ennemis mauvais. L'idée même d'ennemi procède de là. Si les Occidentaux estimaient que le pouvoir soviétique est aussi juste et bon que le leur, il n'y aurait jamais eu de guerre froide. C'est pourquoi je considère que le développement des idées dans cette plaquette est en retrait sur les audaces du «Begriff des Politischen», audaces qui vont davantage au cœur du problème.

Au fond nous rencontrons ici l'inévitable conflit des valeurs – conflit insoluble qui fait précisément l'histoire, qui empêche qu'aucune génération ne profite de l'expérience de la précédente et qui donne à l'univers politique cet aspect d'une maison de fous, comme le disait SHAKESPEARE. Certes, au niveau du *denkender Mensch* je pense exactement comme vous, mais l'homme politique ne tient pas compte de nos scrupules d'intellectuels parce qu'il obéit à une autre loi, celle de l'action, de l'efficacité, etc. Il n'est pas un clerc. Il distribue tout autrement les valeurs éthiques: alors que l'éthique est pour le politologue, c'est-à-dire le juriste ou le philosophe du politique un critère pour organiser son jugement, elle est une arme pour l'homme proprement politique. Le savant qui est hors du circuit politique cherche ou plutôt a tendance à subordonner la politique à l'éthique; par contre l'homme à qui appartient la décision politique et qui se trouve devant certaines nécessités l'utilise comme un moyen pour nourrir son ressentiment, sa propagande ou sa justification personnelle. Il est je crois absolument impossible de concilier ces deux vocations, encore qu'il faille bien avouer qu'il arrive que l'homme politique, tout en utilisant l'éthique comme un moyen, parvienne parfois à une dignité morale et humaine qui étonne le monde. La seule conclusion que l'on peut tirer de cet antagonisme inévitable, c'est que l'homme ne sauvera jamais l'homme. Heureusement! car, si la chose était possible la puissance deviendrait définitivement tyrannique. Le salut de l'homme se place dans une autre sphère. Il faudrait aborder alors le thème des relations entre politique et religion, au sens où le politique n'est, comme l'a bien montré DONOSO CORTES, qu'un mime de la religion. Ce sera d'ailleurs l'un des chapitres de mon ouvrage.

Tout cela vous donne une idée de la manière dont j'aborde le problème politique. Je renonce à la méthode universitaire qui consiste à accumuler différents points de vue, sociologique, juridique, psychologique, historique, etc. Elle n'aboutit à rien d'autre qu'à une somme de connaissance, à une sorte d'encyclopédie, mais elle ne pénètre pas dans le fond du problème. Mon intention est directement philosophique et même métaphysique, fondée sur ma conviction d'un antagonisme irréductible entre les valeurs ou les essences. La politique, l'économique, la religion, l'éthique peuvent le cas échéant et dans certaines conditions collaborent entre elles, malgré tout elles s'opposent en tant qu'elles sont des essences autonomes dont les présupposés et la fin sont différents. Le conflit reste donc éternellement sous-jacent à leur éventuelle collaboration.

Comme je vous l'ai dit, mon ouvrage a pour titre: «Essence et signification du politique». Il comprend donc deux parties:
a) l'essence du politique. Par essence *(Wesen)* j'entends le rapport d'un concept à lui-même, quelque chose comme l'*aseitas* de St. THOMAS D'AQUIN. En ce sens toute essence a ses présupposés *(Voraussetzungen)* propres et une fin spécifique. Les présupposés du politique sont à mon avis au nombre de trois:
- la relation du privé et du public,
- la relation de l'ami et de l'ennemi,
- la relation du commandement et de l'obéissance.

En ce qui concerne la fin du politique, elle consiste en l'établissement d'un ordre dans la société, ordre qui lui-même peut être différent selon les régimes. Le moyen du politique est la force et la ruse. Tout cela me conduit à une analyse de l'activité politique et indirectement à une définition de l'*homo politicus*.
b) la signification du politique. J'entends par signification le rapport d'une essence avec d'autres essences, une sorte d'*alteritas*. J'étudierai donc dans cette partie les relations du politique avec l'économie, le droit, la religion, l'éthique, etc. Cette signification est dialectique, en ce sens que ces rapports peuvent être de collaboration ou d'hostilité. C'est cette dialectique qui fait l'histoire. Par conséquent, bien que je considère l'histoire comme une dialectique je ne l'entends pas à la manière de HEGEL ou de MARX. L'histoire est un éternel retour, de sorte que je renonce à la philosophie de l'histoire du XIXe siècle, parce que le salut de l'homme n'est point dans l'homme, mais dans un au-delà. Toutes les philosophies de l'histoire pèchent par le fait qu'elles prescrivent à l'homme une origine mythique et une fin utopique et tyranisent le réel au nom de constructions irréelles.

Telles sont les grandes lignes de mon ouvrage. Vous constaterez que je suis un lecteur fidèle de votre œuvre, puisque j'aborde exactement les mêmes problèmes qui n'ont cessé de vous hanter. La seule différence, c'est que vous vous appuyez davantage sur HOBBES et moi sur MACHIAVEL. Il faut en effet comprendre MACHIAVEL. Il a été un humaniste. C'est là à mon avis le point dont il faut partir pour le comprendre. La politique est à son avis une valeur inférieure, une activité qui rend coupable celui qui l'exerce. Mais comme cette activité est inférieure et coupable, il importe qu'un homme l'assume pleinement avec toutes ses responsabilités qui seront sa *virtu*, et alors son activité devient hautement morale, mais surtout en assumant cette culpabilité il empêche le politique de dégrader et de salir les autres valeurs humaines, religieuses, artistiques ou autres. – Mon livre sera, si vous voulez, machiavelien.

Vous me demandez si j'ai déjà publié quelque chose. A vrai dire rien. Et cela pour des raisons extrêmement précises. Tout d'abord je refuse d'entrer dans cette mimikri qui règne actuellement dans les milieux intellectuels en France. Toutes les revues et éditions sont des chasses gardées qui demandent d'abord au nouvel auteur ou écrivain de montrer patte blanche, c'est-à-dire d'adopter leurs idées. Il faut du sensationnel, du rare, comme si la réflexion n'était pas une éducation du jugement sur les choses familières. D'un autre côté, je ne veux rien livrer au public qui n'ait été profondément et longuement médité. J'ai passé dix ans dans le silence et le recueillement à réfléchir, après avoir abandonné la vie politique active. Aujourd'hui je suis en mesure d'aborder avec la même maîtrise divers secteurs de la pensée, la politique aussi bien que l'économique, la philosophie aussi bien que la religion, la logique aussi bien que l'esthétique. J'ai trouvé cette intuition fondamentale qui permet à l'être qui pense d'ouvrir les problèmes et d'apporter autre chose que des souvenirs de lectures. Je ne suis d'aucune école ni d'aucune chapelle. – Quand je dis que je n'ai rien publié, ce n'est pas tout à fait exact. J'ai fait paraître il y a quelque temps une traduction de «Wissenschaft als Beruf» et de «Politik als Beruf» de Max WEBER (13). J'ai également dans mes cartons quelques conférences et articles que mes élèves et auditeurs me prient inlassablement de publier. Ils me harcèlent tellement que finalement je céderai peut-être à leurs prières. Dans ce cas, je ne manquerai pas de vous envoyer un exemplaire.

Je vous avouerai très franchement que ce qui m'a le plus frappé dans votre lettre, c'est une certaine amertume, plus que l'Alters-Skepsis. Je n'ignore rien du sort qui a été le vôtre. Ce Gepäck que vous traînez derrière vous, il faut l'abandonner à la rapacité des esprits médiocres et envieux qui sont toujours plus nombreux que ceux qui ont réussi à construire une œuvre, car ils n'ont pas d'autre moyen pour arriver à la notoriété. Mais votre œuvre, croyez-le moi, continuera à vivre alors que celle de vos censeurs ne franchira même pas le seuil de la génération suivante. Personnellement je n'oublierai jamais ce beau texte de DOSTOIEVSKI: «J'aime quand on se trompe! L'erreur est le seul privilège de l'homme. L'erreur est maîtresse de vérité. Je suis un homme parce que je me trompe. On n'est jamais arrivé à une vérité sans s'être trompé quatorze et peut-être cent-quatorze fois, ce qui est honorable en son genre; tandis que nous, nous ne sommes même pas capables de divaguer avec notre propre intelligence. Se tromper à sa manière, cela vaut presque mieux que de dire la vérité à la manière des autres. Dans le premier cas tu es un homme, dans le second tu n'es qu'un perroquet» (14). Nous vivons sur une immense illusion. Nous croyons que l'extension de la culture augmentera le pourcentage des hommes intelligents dans le monde. Il n'en est rien. Non seulement les hommes ne deviennent pas plus intelligents, mais ils restent tout aussi envieux, méchants, jaloux qu'autrefois. Il est difficile d'être un raté quand on est paysan ou manœuvre, mais on le devient facilement avec un vernis de connaissances. L'homme reste éternel.

Recevez, cher Monsieur, l'expression de mes sentiments les plus dévoués et les plus distingués.

J.F.

D

Texte d'un télégramme envoyé de Fribourg et arrivé à Strasbourg le 23 septembre 1959:

«Wenn Sie dieser Tage Freiburg Breisgau 37076 Prof. Kaiser abends nach 7 Uhr anrufen könnten wir vielleicht ein Rendez-vous verabreden.

Carl Schmitt».

E

Plettenberg/Westfalen
2/X 59

Mein lieber Julien Freund,

über Ihr Buch und seine schöne Widmung bin ich sehr glücklich. Das gehört alles noch zu unserer Begegnung in Colmar, die ich als unerwartetes, wunderbares Geschenk und ein wahres Fest meines Lebensabends in der Erinnerung behalte. Hoffentlich können wir auch über Ihr Buch (und zwar sowohl Ihre Uebersetzung wie die Introduction von Raymond ARON) bald einmal sprechen. Das Schreiben wird mir schwer, am schwersten aber so fürchterliche Philosopheme wie «Wert» und Leo STRAUSS' Schulmeisterei gegenüber Max WEBER (15). Meine Spannung auf Ihre grosse Arbeit wächst immer mehr.

Heute also nur die Empfangsbestätigung mit meinem lebhaftesten Dank. Ich füge einen Aufsatz bei, als Gesprächsbeitrag zum Thema «Feind», vgl. Seite 147, 148/9. Die Umrahmung zu Ehren Ernst JÜNGERs (der Aufsatz ist 1955 in einer Festschrift zum 60. Geburtstage Ernst JÜNGERs erschienen) können Sie weglassen. Kannten Sie den Hymnus GOETHEs auf NAPOLEON (Seite 146) (16)? Zu COLLINGWOOD werde ich Ihnen noch einen Hinweis schreiben, der mir für Ihre Theorie des «commandement» wichtig zu sein scheint (17).

Arbeiten Sie gut weiter! Es ist eine Freude, Ihre Produktivität zu sehen. Ich bleibe mit herzlichen Grüssen und Wünschen

Ihr alter CS

F

Strasbourg, le 6 octobre 59

Cher Monsieur Carl Schmitt,

Ah oui! ce fut une belle soirée à Colmar. Avant d'y aller, j'avais confié à ma femme: «J'attends beaucoup de cette rencontre, si l'homme et l'auteur répondent à l'impression que m'a donnée la lecture de ses livres». Il n'a pas fallu une minute pour établir le contact et créer l'entrain, l'ambiance. Permettez-moi de vous faire une confidence: sans tomber dans la sensiblerie du sentiment, celui-ci est néanmoins pour moi la vraie mesure. Le langage du sentiment, contrairement à celui de l'intelligence pure, tout le monde peut le comprendre. Et si nous élevons le ton au niveau de la littérature, seules les œuvres qui parlent ce langage passent les siècles. Malheureusement le nôtre est trop plein d'intellectualité, et je me demande si certaines œuvres contemporaines à succès seront encore comprises par les générations futures. Un BALZAC, un DOSTOIEVSKY, bien qu'ils dépaysent au premier abord, parlent justement ce langage que tout le monde comprend; ils pénêtrent donc dans toutes les intelligences. Les autres ne sont que des auteurs de chapelle, demandant une longue initiation. Justement, votre distinction de l'ami et de l'ennemi est une relation que tout le monde comprend s'il s'occupe un peu de politique: elle a l'évidence de l'idée simple. Mais il fallait la trouver, et cela n'est pas donné à tout le monde. André GIDE donnait une excellente définition du génie: un homme d'une banalité supérieure (18). Vous me disiez à Colmar que plusieurs ouvrages venaient de paraître sur vous ou plutôt contre vous. Cela est bon signe. Ils montrent que vous avez touché un point sensible dans le cœur politique de l'homme qui empêche les idéologues de dormir.

J'ai reçu votre «Nomos der Erde» (19), que j'ai feuilleté dimanche, (c'est ma première manière d'aborder un livre avant d'y entrer quelques jours après), j'ai reçu également votre article sur JÜNGER et «Das Historisch-Politische Buch». Je vous en remercie infiniment. Mais surtout j'ai lu votre si gentille lettre en y mettant maintenant votre visage. Dès maintenant je vous remercie de tous les renseignements que vous me promettez. J'ai été particulièrement frappé par certaines formules de votre article sur Ernst JÜNGER, car nous en discutions lors de la rencontre à Colmar sans entrer dans le fond de la question, mais simplement parce que sur ces points notre logique se rencontrait spontanément. Ainsi l'idée de l'éternel retour, que je développerai dans la partie purement métaphysique de mon ouvrage. Je pense par exemple à votre phrase: «Die Wahrheit polarer Gegensätlichkeiten ist ewig wahr, ewig im Sinne einer ewigen Wiederkehr» (20). Mais j'ai surtout goûté également cette admirable interrogation de la fin: «Denn wie sollte der Sieger verstehen, dass auch sein Sieg nur einmal wahr ist? Und wer dürfte ihn darüber belehren?» (21). Eh oui! La paix n'est jamais qu'un état discontinu, elle n'est que la vérité d'une victoire et aussi unique et singulière que cette victoire. Cela est vrai aussi du vaincu, et pour cette raison il est normalement tenté à en appeler à la vérité d'une nouvelle guerre qui lui donnera une victoire. Ce sentiment est aussi profondément enraciné dans une collectivite humaine que l'amour dans le cœur d'un individu. Il y a des choses contre lesquelles aucune loi humaine ne peut rien. Quel homme politique sera assez stupide pour dire un jour: dorénavant personne n'aimera plus? Et pourtant on veut nous faire croire qu'il est possible d'établir une loi stipulant: il n'y aura plus de haine, plus d'ennemi. Et l'on ne voit pas que c'est la même chose.

Pour l'instant, je suis en train de mettre la dernière main à ma conférence sur la démocratie que je tiendrai dans quelques jours devant les membres du groupe «Esprit». Dès que le travail sera achevé, je vous enverrai un exemplaire dactylographié.

Reposez-vous bien en ce magnifique automne. On dirait que le soleil est jaloux de l'amour que les hommes portent actuellement à la lune et qu'il veut retrouver son ancien prestige. Toute rivalité est profitable!

Recevez l'expression de mes sentiments les plus amicaux, votre dévoué,

J.F.

P.S. Je me suis permis de ne pas vous envoyer une lettre manuscrite. Mon écriture est épouvantable, quasi illisible. Et j'ai surtout songé à la fatigue de vos yeux, puisque vous m'avez dit que vous aviez quelque peine à lire.

II

Les lettres de Carl SCHMITT qui vont suivre sont rédigées tantôt en allemand, tantôt intégralement en français, tantôt elles passent d'une langue à l'autre. J'ai cru bon autoriser le Professeur TOMMISSEN de corriger les fautes d'orthographe qui sont manifestement dues à l'âge du savant, et d'avoir agi ainsi dans son esprit. Ces lettres sont numérotées.

1

Plettenberg/Westfalen
4/12/59

Cher Monsieur Julien Freund,

seit über einem Monat kreisen meine Reflexionen um Ihre «réflexions sur quelques problèmes concernant la démocratie». Ihr Vortrag ist überreich an Ideen und an Material, für einen Vortrag vielleicht zuviel. Man lernt im Laufe eines Dozenten- und Professoren-Lebens, wie wenig die Hörer einer conférence in einer einzigen oder in zwei Stunden zu rezipieren vermögen, wie ökonomisch man mit seinen Aperçus sein muss, wie sehr eine sorgfältige Dosierung nötig ist, damit die sonderbare Entität «Publicum» einem folgen kann. Es wundert mich nicht, dass Ihre Hörer «interloqués» waren, angesichts dieser wunderbaren Fülle neuer Ideen und angesichts des enormen Materials. Der Leser geniesst das umsomehr. Denn Ihre Fragen sind auf das klarste gestellt und Ihre Antworten deutlich. Dies gilt besonders für den entscheidenden Punkt: dass auch die Demokratie ein politisches Régime ist und der Logik des Politischen nicht zu entgehen vermag, weder mit Bezug auf die Unterscheidung von Freund und Feind, noch für die Relation Befehl und Gehorsam. Die Exaktheit dieser Relation «commandement-obéissance» und ihre Ueberlegenheit über die bisher von mir geltend gemachte Relation «Schutz-Gehorsam» sehe ich jetzt ein. Die von Ihnen in Ihrem früheren Schreiben erwähnte Relation «öffentlich-privat» wird in dem Vortrag nicht behandelt.

Vielleicht haben Sie zuviele Tabous berührt. Wenn man in einer conférence schon mit Ideen sparsam sein muss, dann muss man mit der Berührung von Tabous geradezu geizig und asketisch sein. Es gibt auch eine Logik der Tabous und der arcana, die eine Verschweigung der *vérité simple* umso intensiver erzwingt, je intensiver ihre Praxis sich betätigt. Ich habe das in Deutschland mit der Unterscheidung von Freund-Feind erfahren, und die schlimmsten Kommunisten und Nazis – in diesem Punkte einander gleich – erlaubten nicht, von der Unterscheidung Freund-Feind zu sprechen, weil sie nur Freunde kannten und die Feinde nur Verbrecher wären. Das ist auch eine Art «Logik». Man braucht kein Experte des Freudianismus zu sein, um das zu bemerken. Ihr Publikum stand natürlich geistig höher. Trotzdem bleibt etwas von dem Tabou.

Ein anderes, mächtiges Tabou haben Sie auf Seite 6 berührt: «les juges, d'où viennent tous ces juges?» Ich kenne seine Macht, denn ich bin Jurist. Oft habe ich den Ausspruch des P. LABERTHONNIÈRE zitiert: «Je ne compare pas les victimes, je ne compare que les juges» (22).

Seien Sie mir nicht böse, lieber Julien FREUND, dass ich so offen mit Ihnen spreche. Ich folge Ihre «conférence», die ich oft gelesen habe und mit grosser Freude immer wieder von neuem lese, nicht nur mit zahlreichen Gedanken und Reflexionen, sondern auch mit lebhaften Emotionen, nämlich mit allen Sympathien und allen Sorgen eines allwissenden Greises. Auf die vielen einzelnen Probleme einzugehen wäre mir schriftlich nicht möglich. Da fällt mir die Feder aus der Hand. Ich will nur erwähnen, dass die Antithese Demokratie-Liberalismus im industrialisierten System der Massen-Daseins-Vorsorge (verzeihen Sie dieses Wort-Ungeheuer; es ist der Wirklichkeit leider nur allzu konform) sich von selber auflöst und nur die Legitimität des zu erhaltenden und zu steigernden Lebensstandards bleibt. Ist das mendèsistisch (23)? Es ist die Wirklichkeit, die mich hier in der Bundesrepublik einfach überrollt.

Ihre Max Weber-Uebersetzung gefällt mir sehr gut. Zu der Einführung von Raymond ARON (24) will ich nur bemerken, dass mir die «Wert»-Philosophie (die bei Max WEBER nur Fassade ist, was R. ARON auch weiss) allmählich unerträglich wird. Es gibt Kräfte und Mächte, Throne und Herrschaften, aber die «Werte» sind mir suspekt.

Doch wäre das schon wieder ein neues Thema. Das Wort «valeur» hat offenbar eine völlig andere Strahlung als das Wort «Wert». Ich breche aber lieber jetzt ab. Sie sehen, dass es nur im mündlichen Gespräch möglich ist, alles zu erörtern und ich wollte Ihnen heute nur kurz antworten, um mich für das grossartige Geschenk Ihres Vortrages zu bedanken, Ihnen ferner zu sagen, dass mir durch die Lektüre Ihrer Max Weber-Uebersetzung tausend Erinnerungen an Max WEBER und sein Dozenten-Seminar in München (1919/20) (25) aufgestiegen sind, und dass ich unser Gespräch in Gedanken auf das lebhafteste weiterführe, sehr begierig, neues über die Entwicklung Ihrer Gedanken und Ihrer wissenschaftlichen Arbeit zu hören.

Stets Ihr alter CS.

2

Plettenberg
15. April 1960

Cher Monsieur Julien Freund,

je vous ai écrit une carte de Heidelberg pour accuser réception de votre lettre du 21 mars et souhaiter une bonne fête de Pâques à vous et votre famille. Maintenant, rentré en Westphalie, je réponds à votre lettre aimable dont je vous remercie de tout cœur.

Hoffentlich haben Sie schöne Osterferien in den Vogesen. Ich beneide Sie sehr um die Möglichkeit, dort zu wandern. Früher konnte man das auch hier im Sauerland, wo ich wohne, aber das sehr «ambivalente» Wirtschaftswunder verwandelt die einsame Gegend in schnellem Tempo in ein industriell-überentwickeltes, überbevolktes Land und demonstriert mir das Schicksal unseres misshandelten Planeten *ad oculos*.

Aus Ihrem letzten Brief entnehme ich, dass Sie vortrefflich Deutsch können. Ich bin jetzt begierig auf die Resultate Ihrer Beschäftigung mit NIETZSCHE. Prof. SPENLE, damals 1925, in Strasbourg, mit dem ich mehrmals darüber sprach, behauptete, es gebe keinen modernen Gedanken oder Gesichtspunkt, der nicht von NIETZSCHE stamme (26). Gilt das auch noch für das nucleare Zeitalter?

Es hat mich aufs tiefste berührt, lieber Herr Julien FREUND, dass Sie meiner Idee, mein 50-jähriges Doktorjubiläum in Strasbourg zu feiern, so verständnisvoll begegnen und sich schon Gedanken über die Realisierung gemacht haben. Ich selber habe mir die Angelegenheit ebenfalls noch einmal überlegt. Unter dem Eindruck neuerer Erfahrungen in Deutschland, aber auch unter dem Eindruck dessen, was Sie über einige Strassburger Kollegen schreiben, bin ich aber schliesslich zu dem Ergebnis gekommen, dass es besser ist, den ganzen Plan fallen zu lassen. Entscheidend ist dabei für mich dieses: wir müssten sehr viel Vorsicht und Rücksicht walten lassen, um übelwollende Interpretationen zu vermeiden. Unser bescheidenes Fest würde dadurch in eine Art Halb-Dunkel geraten; es würde seine unbefangene Fröhlichkeit einbüssen und in gewissem Sinne apokryph. Das wäre weder Ihrer selbst würdig, lieber Julien FREUND, noch meiner selbst, noch unserer gemeinsamen Freunde. Ich habe in dieser Hinsicht viele Erfahrungen gemacht.

Ich muss Ihnen noch einmal sagen, dass Ihr grosszügiges Eingehen auf meinen Plan mir unendliche Freude bereitet hat und dass ich Ihnen dafür ebenso dankbar bleibe, als hätten wir das fabelhafteste Fest der Welt gefeiert. Die eigentliche Problematik ist mir allmählich bewusst geworden. Darum müssen Sie mir verzeihen. Das erste Gebot – das allen andern vorangeht – lautet: Erkenne die Lage! Und die Lage in ganz Europa, wenn nicht der ganzen Welt, ist nun einmal die eines latenten, kalten Bürgerkrieges. Nur einige Söhne der Freiheit vermögen das zu überbrücken. Ich habe mich damit abgefunden und werde die Bühne dieser traurigen Zeit ohne Bitterkeit verlassen.

Anfang Mai reise ich nach Santiago in Spanien, zu meiner Tochter Anima, die für den Monat August ihr zweites Kind erwartet (das nach allen Regeln der Astrologie ein «Löwe» werden muss!) Wahrscheinlich bin ich im Juni wieder in Deutschland. Ich hoffe, das wir uns im Sommer oder Herbst noch einmal sehen können, sei es, dass Sie nach Heidelberg kommen (wo man

Sie zu einem Vortrag einladen will), sei es, dass ich Sie im Elsass besuche. Heute wollte ich Ihnen vor allem auf Ihren Vorschlag antworten und Sie über die Lage informieren. Ich empfinde oft den lebhaftesten Wunsch nach einem Gespräch mit Ihnen. Namentlich das Buch von Wolfgang MOMMSEN (ein noch junger Mann, Sohn des Marburger Historikers Wilhelm MOMMSEN, Verwandter des grosssen Theodor M.), von dem ich Ihnen meine Kurz-Besprechung schicke, hat mich sehr erregt (27). Das grosse Thema: Freund/Feind wird täglich brennender.

Lassen Sie sich Ihre schönen Osterferien nicht durch Welt-Sorgen stören und geniessen Sie den Frühling in den Vogesen!

Stets Ihr aufrichtig ergebener CS.

3

Santiago de Compostela
16/6/60

Lieber Herr Julien Freund,

heute schreibe ich auf Deutsch. Mein alter Kopf ist dem schnellen Wechsel der Sprachen – Spanisch, Englisch, Französisch, Deutsch – nicht mehr gewachsen. Mein spanischer Schwiegersohn («hijo politico» heisst das auf Spanisch), spricht kein Deutsch; eine englische Freundin, die mich hierher gebracht hat, kein Spanisch, kein Deutsch, kein Französisch etc. Die Sprache ist wirklich ein «Haus»; das wusste man lange vor HEIDEGGER (28); und ich bin kein Nomade. Meine Philosophie des Nomos macht Fortschritte, aber meine Physis kommt nicht mehr mit.

Verzeihen Sie also dieses Schreiben. Ich muss mich zunächst für das wundervolle Foto bedanken, das mir sehr wertvoll ist. Mich interessiert nicht die Kunstgeschichte, sondern die Entwicklung des Begriffs des Politischen. Der Portico in Santiago ist noch 12. Jahrhundert; er ist noch «Präsenz», nicht «Repräsentation» (29); er kennt noch keine «juristische Person»; das kommt alles erst langsam um 1200. Die beiden Strassburger Figuren sind «Repräsentation»; Personalisierungen der «Kirche als solcher» *(comme telle),* der «Synagoge» als solcher. Dem folgt um 1500 der «Staat» als solcher etc. Das alles kann man an den Figuren ablesen wie in einer «Biblia Pauperum». Mein lebhaftester Wunsch ist, einmal mit Ihnen darüber zu sprechen. «Politisch» bedeutet in Europa seit etwa 1200 den Gegensatz zu «Kirchlich» und zu «Feodal». Es gibt nichts Aufregenderes als diese Dialektik des Begriffes «Politisch».

Wann erscheint Ihr Aufsatz über Demokratie, wann Ihre Thèse? Dass Sie THUKYDIDES lesen, ist herrlich. Dieses grossartige Opfer des Bürgerkrieges bestätigt meine These, dass der Besiegte die Geschichte schreibt: so THUKYDIDES, POLYBIUS, TACITUS und TOCQUEVILLE. Das berühmte «Melier-Gespräch» enthüllt seine eigentliche Meinung.

Ich wünsche Ihnen gute Erholung in Ihren Ferien. In etwa 14 Tagen kehre ich nach Deutschland zurück. Vorher feiere ich am 24. Juni hier in Santiago mein goldenes Doktorjubiläum, mit einigen Freunden. Es versteht sich von selbst, dass Sie herzlichst eingeladen sind. Aber diese alte Stadt liegt über 2000 km von Strassburg entfernt, sodass ich nicht erwarten kann, dass Sie kommen. Umsomehr hoffe ich, dass wir uns im Sommer oder Herbst wiedersehen. Schreiben Sie mir bitte gelegentlich nach Plettenberg, wie Sie Ihre Zeit in den kommenden Monaten eingeteilt haben.

Ich füge ein Foto bei, das ich für Sie habe machen lassen. Es ist das Gesicht des Propheten DANIEL, aus dem Portico von Santiago, von 1180! Sein Lächeln interpretiere ich mir als eine Antwort auf das Gelächter des Vandalenkönigs GELIMER, der dem Sieger BELISAR vorgeführt wurde (533) (30). Aber das ist eine lange Geschichte.

Vielen Dank für Ihr Schreiben vom 9.6. und alle guten Wünsche Ihres alten CS.

4

Plettenberg
den 31. Juli 1960

Cher Monsieur Julien Freund,

me voilà déjà plus de quinze jours de retour en Westphalie. Votre lettre du 4 juillet m'a salué en rentrant. Je vous en remercie. Si je réponds avec retard, je vous prie de l'expliquer par mon état physique actuel, conséquence du changement de climat (à Madrid il y avait 40° à l'ombre!) et, en même temps, par les limites imposées par la vieillesse.

J'espère que vous êtes content de vos vacances à Villé et que vous ayez eu du beau temps pour vos promenades, vos lectures et vos réflexions. Je suis très avide d'entendre quelque chose du progrès de vos études concernant les rapports entre politique et justice, ainsi que le problème du commandement et de l'obéissance. Votre conférence sur la démocratie a circulé chez quelques amis, mais je n'ai pas encore entendu d'écho. Je voudrais surtout que M. KOSELLECK la lise, l'auteur d'un livre remarquable «Kritik und Krise» avec une analyse merveilleuse de la relation entre morale et politique au 18ᵉ siècle et le pouvoir indirect (31). Mais je crains que je ne le verrai pas avant septembre.

J'ai lu votre étude critique sur le livre de M. EHRHARDT avec beaucoup de joie (32). Maintenant je trouve le courage de vous parler de mes recherches sur le Nomos, espérant que nous aurons un jour l'unité idéale de lieu, de temps et d'action pour ce thème immense (33). J'ai osé une controverse sur la racine «NEM» avec le professeur E. LAROCHE, de la Faculté des Lettres de Strasbourg (34), mais je ne lui ai pas envoyé une copie de mon article, découragé que je suis par mes expériences avec les philologues. Vous dites p. 62 (au milieu de la page): «cette influence n'a cependant jamais eu qu'une portée religieuse, prophétique, ou alors très indirectement, au même titre que celle de n'importe quel autre livre non politique» (35). Mais c'est précisément le point essentiel: la décision qu'une chose est non-politique devient nécessairement une décision politique.

Merci beaucoup, cher monsieur Julien FREUND, de votre offre généreuse de m'offrir le livre de G. FERRERO (36)! Je ne le connais pas encore (quoique j'aie lu beaucoup de G.F.); mais ma capacité physique de lire est en ce moment très réduite; c'est pourquoi je vous prie de me raconter à l'occasion le contenu exact du livre. La discussion sur la légitimité est en ce moment très actuelle en Allemagne; j'ai (d'après d'autres livres de G. FERRERO que je connais) un peu l'impression qu'il n'a pas utilisé les germes qu'il aurait pu trouver chez Max WEBER. Si je me trompe à cet égard, je vous prie de me corriger.

Für heute, lieber Julien FREUND, nur diese Meldung, mit meinem herzlichen Dank für Ihren Brief vom 4. Juli und Ihre Glückwunsche! Das goldene Doktorjubiläum haben wir in Santiago schön gefeiert. Inzwischen hat meine Tochter Anima ein zweites Kind zur Welt gebracht, dieses Mal einen Sohn, der natürlich Carlos heisst. Meine Tochter und mein spanischer Schwiegersohn wollten mich in Spanien behalten; beim Abschied sagte mir meine Tochter: «ich weiss wohl, warum Du nicht hier bleibst und nach Deutschland zurückkehrst; wir können Dir hier in Spanien alles bieten was Du in Deutschland hast, nur nicht Deine Feinde.»

Ich füge Ihnen noch einen Zeitungsausschnitt über Prof. FORSTHOFF in Heidelberg bei, damit Sie einen Eindruck von der Lage erhalten. FORSTHOFF bemüht sich sehr um eine Einladung an Sie zu einem Vortrag nach Heidelberg. Aber im letzten halben Jahre war er sehr beansprucht: durch seine Reisen in die Türkei und Griechenland; auch ist seine Frau, die ihn begleitete, krank geworden und vor einigen Monaten (im Alter von 47 Jahren) gestorben. Jetzt, Mitte August, fährt er nach Zypern, und ich werde ihn erst Ende September, dann allerdings hoffentlich für mehrere Tage, in Ruhe sprechen können.

Herzliche Grüsse und alle guten Wünsche für den weiteren Verlauf Ihrer Ferien in dem schönen Val de Villé! Ich bleibe Ihr alter CS.

PS 1 (37): Mit besonderem Vergnügen habe ich die Sondermarke von Adam RIESE (2 × 2 = 4) auf diesem Briefumschlag angebracht [Adam RIESE war der Verfasser des ersten deutschen Kinderlehrbuches für Rechnen (16. Jahrh.); man zitiert, komisch «nach Adam Riese»], sie erinnert mich an die Kurz-Geschichte, die ich Ihnen in Schlettstadt erzählte. «Ein Mann wird erschossen, weil er auf die Frage: wieviel ist 2 × 2 antwortete: 2 × 2 = 5; er wusste zuviel. In Spanien hörte ich eine andere: ein Kandidat wird im Examen gefragt: wann hat Alexander der Grosse den Rubicon überschritten? Er antwortet: das war nicht Alexander der Grosse, das war Napoleon! Auch dieser «wusste zuviel».
PS 2: Qu'est-ce que l'hostilité spécifiquement helléniste contre Rome; et qui est l'ennemi pour «les adversaires de toute politique»? C'est le livre de Mr. KOSELLECK qui donne une réponse très concrète pour le 18ᵉ siècle.

5

Plettenberg/Westfalen
le 6 novembre 1960

Cher Monsieur Julien Freund,

Les aquarelles sont bien arrivées! Je suis enchanté de la belle peinture et touché de la dédicace manuscrite de votre beau-père, M. KUDER (38). Pour moi, c'est un plaisir énorme de regarder ce jeu de couleurs qui présentent parfaitement les objets significatifs d'une simplicité merveilleuse de ville, fleurs et atmosphère, et les trois éléments: l'air, l'eau et la terre. C'est un reflet concret et lumineux d'une présence et, en même temps, un pont pour mille souvenirs. De plus, je suis un vieux philosophe de ponts. J'ai eu beaucoup de conversations avec le meilleur poète vivant des ponts, Ivo ANDRIC, un Serbe, qui a écrit un grand roman «Le pont sur la Drina» et un petit conte délicieux «Le pont sur la Shepa» (39). C'est un thème à la fois artistique, historique, philosophique et même linguistique. Car, pour moi, le R en Brücke est un «infixe». Serait-il possible que nous rêvions une fois ensemble sur tout cela en buvant un bon vin, comme à Colmar?

Dites donc, je vous en prie, à votre beau-père que je le remercie de tout cœur de sa dédicace aimable. J'espère vous envoyer bientôt un livre qui doit paraître sur mon ami, le peintre allemand Werner GILLES qui vit maintenant sur l'île d'Ischia. De 1933 à 45, ma maison à Berlin a été l'asile de l'art moderne, où NOLDE, E.W. NAY, Werner HELDT et Werner

GILLES qui vit maintenant sur l'île d'Ischia. De 1933 à 45, ma maison à Berlin a été l'asile de l'art moderne, où NOLDE, E.W. NAY, Werner HELDT et Werner GILLES (40) ont séjourné. Le vieux NOLDE a dédié une aquarelle ravissante à ma fille Anima qui habite maintenant à Santiago de Compostela. Vous voyez, cher Julien FREUND, combien votre cadeau a atteint la corde sensible de mon âme.

Auch für Ihre beiden Briefe – vom 4. September und 29. Oktober – danke ich Ihnen herzlich. Ich erwarte die weitere Entwicklung Ihrer Arbeit über den Begriff des Politischen mit grosser Spannung. Wie schön, dass Sie jetzt frei sind für eine solche Arbeit! Oft überlege ich, ob ich nicht eine «Ausgabe letzter Hand» von meinem Begriff des Politischen machen soll (soweit ich in meinem hohen Alter überhaupt noch Pläne machen darf). Doch würde ich jedenfalls Ihre These abwarten.

Ist Ihre kleine neuere Arbeit über Metaphysik gedruckt? Für Ihren Aufsatz über Demokratie (41) suchen wir hier einen Uebersetzer; Roman SCHNUR (vom Archiv für Rechtspilosophie) möchte ihn gern veröffentlichen. In dem Buch von ALAIN, das Sie mir geschenkt haben (42), lese ich mit grossem Vergnügen. Vor 30 Jahren etwa hat mir René CAPITANT (43) ALAIN empfohlen, ich habe damals auch einige «Propos» gelesen, aber nicht mit der Hingabe wie heute, weil ich damals zu sehr mit aktuellen Fragen des Präsidialsystems beschäftigt war, die damals auch René CAPITANT sehr interessierten. Als ich Ihr Geschenk aufschlug, las ich sofort Seite 252: «l'esprit n'est jamais bien venu». Dazu kann ich nur sagen: «à qui le dites-vous?» Auch über «ennemi» fand ich gleich viele entzückende Aphorismen.

Ist Ihre communication sur la Convention européenne des droits de l'homme gedruckt und allgemein zugänglich? Prof. FORSTHOFF war vor zwei Jahren Dekan (doyen) der Juristischen Fakultät in Heidelberg. In Deutschland wechselt das jedes Jahr. In Freiburg ist zur Zeit Prof. Jos. KAISER Dekan, den Sie von Colmar her kennen. Beim Conseil de l'Europe ist übrigens ein Sohn des Soziologen Werner SOMBART, ein begabter, aber etwas dekonzentrierter junger Mann, Nicolaus SOMBART, den ich seit seiner Kindheit kenne und liebe (44). Sollten Sie ihn sehen, müssen Sie ihm Grüsse von mir sagen.

Was Sie über Georg LUKACS' «Klassenbewusstsein und Geschichte» (45) schreiben, ist richtig. Es geht nicht ohne die Freiheit des Denkens. Aber damit ist es heute schlimm bestellt. Wir haben keine Zensur, aber viel schlimmere Tabous. In Deutschland ist der Zustand so, wie er in «Ex Captivitate Salus» p. 56 geschildert ist (46). Ich möchte Ihnen gerne meine Bücher schenken, die Sie noch nicht in Ihrer Privat-Bibliothek haben. Schreiben Sie mir doch bitte eine Liste der Bücher, die Sie wünschen! Es wäre für mich eine grosse Freude, sie Ihnen zu schenken.

Jetzt schliesse ich mein langes Schreiben mit dem spanischen Satz: sin más por hoy – ohne mehr für heute, und bleibe mit vielem Dank für Ihre Sendung und vielen herzlichen Grüssen und Wünschen immer ihr alter CS.

Sie erhalten gleichzeitig als Drucksache ein kleines Separatum, das Sie vielleicht wegen des Zusammenhanges mit der Freund-Feind-Unterscheidung interessiert; einige Seiten über Wert-Philosophie kennen Sie schon (47). In USA erscheint ein Kapitel meines Begriffs des Politischen (48). «Feind» ist dort nicht mit «enemy», sondern mit foe übersetzt.

6

Plettenberg
18/2/61

Cher Monsieur Julien Freund,

excusez cette réponse tardive à votre bonne lettre du 1.1.1961! Il y a trois jours que j'ai reçu votre lettre du 12/2, et maintenant je m'empresse de vous remercier de vos deux lettres et de l'Exposé sur la Convention européenne des Droits de l'homme (49). Vous devez être sûr que mon silence n'avait pas pour motif un manque de souvenir ou de gratitude. Au contraire, il était causé par l'excès de souvenirs, d'idées, stimulations et suggestions que vos deux lettres et votre Exposé m'ont donnés.

Besonders dieses Exposé, das Themen behandelt wie «Naturrecht» und «justizförmige Politik», hat mich wegen der Ueberfülle der Erinnerungen geradezu paralysiert. Besitzen Sie meine Sammlung «Verfassungsrechtliche Aufsätze» von 1958 (50)? Ich lasse sie Ihnen sofort schicken, wenn sie nicht in Ihrer Privat-Bibliothek ist. Dort finden Sie z.B. auf Seite 105 eine gegen mich gerichtete Aeusserung eines führenden CDU-Politikers («Wir haben keine Angst von dem mit zwei «t» geschriebenen Namensvetter des Herrn Kollegen Carlo Schmid» etc.), die Ihnen einen jetzt über 40jährigen Kampf gegen die Behandlung politischer Fragen durch Gerichte anzeigt. Mein Lieblingszitat ist seit vielen Jahrzehnten ein Satz aus der Schrift von GUIZOT «Des conspirations et de la justice politique» von 1846 (51) (vgl. Seite 100 der «Verfassungsrechtlichen Aufsätze»), dass bei dieser Methode «die Justiz alles zu verlieren und die Politik nichts zu gewinnen hat». Sie können sich also denken, wie ich ansprang, als ich auf Seite 9 Ihres Exposés las: «le rôle de la commission est autant diplomatique que judiciaire. Il serait même plus exact de dire qu'il est davantage diplomatique, donc politique, que judiciaire». Wir haben heute in der Bundesrepublik eine solche Karikatur von justizförmiger Politik (die Frage z.B. der Pariser Verträge von 1952 wurde 2 Jahre vom Bundesverfassungsgericht in Karlsruhe behandelt: vgl. S. 138 der Verf.Aufsätze; vor kurzem die Frage, ob die Bundesregierung das Recht auf ein eigenes Television-Programm hat, usw). Kurz, eine solche groteske Juridifizierung der gesamten Innen- und Aussenpolitik, dass die berühmte Phrase: Bonn ist nicht Weimar, damit beantwortet werden kann: Nein, Bonn ist Karlsruhe!

Die Feder fällt mir aus der Hand, wenn ich an diese Dinge denke, und ich bin traurig, dass ich Ihnen nicht einfach sagen kann: kommen Sie mit mir, lieber Julien FREUND, wir wollen bei dem herrlichen Wetter einen Spaziergang auf den Saley machen («Saley» heisst ein 550 m hoher Berg, an dessen Fuss ich in Plettenberg wohne).

Das «Naturrecht» ist praktisch nur eine Summe von Generalklauseln, die so billig, banal und vielseitig sind, dass ich mich geniere, mich ihrer zu bedienen. Ich schicke Ihnen gleichzeitig als Drucksache ein Heft der berühmten katholischen Zeitschrift «Hochland». Dort finden Sie einen Aufsatz über den deutschen Katholizismus 1933, eine Aufsehen erregende (übrigens musterhaft dokumentierte, unwiderlegliche) historische Arbeit eines der besten jungen Juristen des heutigen Deutschland, Ernst Wolfgang BÖCKENFÖRDE (ein typisch Westfälischer Name) (52). Ich habe Ihnen, um Sie nicht mit der Lektüre aufzuhalten, einige Stellen angestrichen, die Sie vielleicht besonders interessieren, darunter auch eine über die Rolle des Naturrechts in der katholischen Argumentation in Deutschland 1933! Der Aufsatz ist (vor allem wegen seines Schlusses) auch sehr wichtig für den Begriff der Potestas indirecta, der seit BELLARMIN (1542-1621) die Staatslehre der römischen Kirche beherrscht, und den ich für ein Unheil halte.

Im gleichen Heft finden Sie einen Ausfall gegen mich in einem Nachruf auf den Konvertiten PETERSON, geschrieben von dem Konvertiten SCHLIER (53). PETERSON glaubte, der Gedanke einer «Politischen Theologie» sei durch die Lehre von der Trinität unmöglich geworden. Er war so unwissend in den grossen Problemen der Geschichte politischer Theorien, dass er nicht einmal bemerkte, wie sehr nur die Lehre von der Trinität (durch JOACHIM VON FIORE) die Hegelische (und damit auch Marxistische) Geschichtsphilosophie ermöglicht hat!

Ich darf diesen Brief nicht beenden, lieber Julien FREUND, ohne Ihnen zu sagen, dass ich Ihre Unterscheidung von politischen und wirtschaftlichen Doktrinen besonders im Falle Liberalismus-Kapitalismus für überzeugend und evident halte. Das ist eine sehr folgenreiche Einsicht. Ich bin sehr gespannt auf Ihre geplanten Publikationen. Herr Dr. SCHNUR schrieb mir, dass er Sie besuchen will. Er ist sehr eifrig, und es würde mich freuen, bald von Ihnen etwas in Deutschland publiziert zu sehen. Bei dem Verleger des «Begriffs des Politischen», Duncker und Humblot, möchte ich anregen, dass er die Reihe (die mit Max WEBER begann) weiterführt und von Ihnen eine Abhandlung aufnimmt.

Für Ihren guten Rat, nichts am Wortlaut des «Begriffs des Politischen» zu ändern, danke ich Ihnen herzlich. Ich werde ihn befolgen. Man kann nur einmal durch denselben Fluss gehen. Ich habe das selber in der Vorbemerkung zu meiner Aufsatz-Sammlung «Positionen und Begriffe» (1940) gesagt (54), und es ist gut, dass Sie mich daran erinnern. Ich war etwas unsicher geworden, hätte Sie aber bestimmt vorher gefragt, pour en avoir le cœur net.

Vielen Dank für Ihre bibliographischen Hinweise!
Die thèse über Supranationalité wird mich sehr interessieren (55). VERDROSS war bis 1945 unendlich liebenswürdig und kollegial (56). Dolf STERNBERGER, jetzt Professor der «political science» in Heidelberg, hat eine Antrittsvorlesung unter dem Titel «Begriff des Politischen» (57) veröffentlicht. Soll ich sie Ihnen schicken?

Die 2. Auflage der «Diktatur» (1928) ist nicht mehr aufzutreiben (58). Besitzen Sie wirklich die oben genannten «Verfassungsrechtlichen Aufsätze» (1958)? Ich möchte gerne wissen, ob Sie (ebenso wie die Festschrift von 1959, wegen der Bibliographie) in Ihrer Privatbibliothek ist; das würde mich sehr beruhigen. Ich möchte auch ein Exemplar von beiden an Prof. René CAPITANT schicken lassen, habe jedoch seit 1939 keine Verbindung mehr mit ihm und darf mich nicht aufdrängen. Wenn Sie eine Möglichkeit wissen, ihm die Bücher zukommen zu lassen, ohne dass es als zudringlich erscheint, wäre ich Ihnen sehr dankbar.

Im Juni will ich für 3 Monate nach Spanien zu meiner Tochter, meinem «hijo politico» (d.h. Schwiegersohn auf spanisch) und meinen Enkelkindern reisen; ein junger Amerikaner, der eine These an der Columbia Universität in New York fertig hat (59), kommt wahrscheinlich mit. Was haben Sie für Pläne? Ich habe meine Hoffnung, dass uns das Jahr 1961 noch einmal zusammenführt, nicht aufgegeben! Herzliche Grüsse und Wünsche Ihres alten CS.

7

Plettenberg
14. Mai 1961

Cher Monsieur Julien Freund,

je comprends bien et je regrette beaucoup que nous sommes obligés d'ajourner notre conversation après mon retour de Santiago, en septembre ou octobre. Je partirai d'ici le 7 juin (exactement le jour après la défense de la thèse de M. ROSENSTIEL) (60). Je me rends à Londres, puis, en navire, à Vigo, où ma fille m'attend le 13 juin. Je vous remercie bien de votre lettre du 6 mai. Ce que vous écrivez sur l'Entpolitisierung est absolument juste. Je suis heureux de voir le progrès fécond de vos pensées sur le Politique. Vous trouvez ma réponse à vos deux premières questions sur la fiche que j'ajoute à cette lettre.

Quant à la traduction de M. GUEYDAN DE ROUSSEL (61) mes réflexions me causent toujours de nouvelles hésitations. Plus je réfléchis, plus je vois des obstacles et des entraves que, dans ma première joie, j'avais oubliés. Voici, en toute franchise, le résultat: je connais M. GUEYDAN depuis 1934, c'est-à-dire presque trente ans. C'est un homme sincère et respectable, d'un caractère ferme, très religieux (catholique, traditionaliste), très bon père de famille, avec une femme très sympathique, même admirable, qui s'est bâti dans les Andes une grande ferme (Rio Negro). Je suis d'accord sur tout ce que vous dites de sa traduction (celle de la «Notion de politique» 1942 est beaucoup meilleure que celle de «Légalité et Légitimité» de 1936). Il serait injuste de la passer sous silence. J'ai aussi des doutes juridiques s'il serait correct du point de vue des droits d'auteur.

En relisant la préface de 1942, surtout la fin, où il se heurte à M. GURVITCH (62), je me dis qu'il serait mieux de ne pas remuer ces choses pénibles, pour ne pas dire scabreuses. Il vaut mieux ne pas toucher à ces points sensibles et vulnérables et éviter toute provocation ou nouvelle collision. Tout cela serait stérile et aussi dangereux pour votre cause.

Vous devez admettre que je me sens un peu responsable de votre fortune académique dans cette affaire. Je suis assez vieux pour trouver votre intérêt personnel plus important que l'intérêt que je sens comme un auteur qui est heureux d'une excellente traduction française.

Bref: ne serait-il pas mieux de se contenter de votre traduction pour les buts de votre travail scientifique, surtout de votre thèse, et de renoncer pour le moment à l'idée d'une publication nouvelle du «Begriff des Politischen» en français? J'ai ajourné aussi la nouvelle édition allemande jusqu'en 1963 (mon 75ᵉ anniversaire). Vous pourriez instruire le lecteur de votre thèse que vous avez travaillé sur votre propre traduction. Il est une question à part de faire mention de la traduction de M. GUEYDAN.

Je vous serais très reconnaissant si vous me donniez un mot de réponse avant le 6 juin. Ce sont encore 3 semaines. Ich hätte dann noch vor meiner Abreise Ihre Meinung zu dem Problem, was mir natürlich besonders angenehm wäre.

Den beil. Vortrag schicke ich Ihnen mit besonderer Genehmigung des Verfassers, Privatdozent Dr. Hermann LÜBBE, in Münster (Philosoph, er hält zur Zeit vertretungsweise Vorlesungen an der Universität Köln) (63). Ich finde ihn sehr interessant (obwohl ich mich über die anfängliche Kompliziertheit der Typen-Einteilung (I) erst geärgert hatte) und hoffe immer, dass Sie diesen jungen Gelehrten einmal persönlich kennenlernen. Die Heidelberger Projekte sind dadurch ins Stocken geraten, dass Prof. FORSTHOFF das Angebot der Regierung von Zypern angenommen hat, Präsident des Supreme Constitutional Court of Cyprus zu werden; doch bleibt er Professor in Heidelberg, was natürlich eine mühsame Kumulation der Pflichten ist. LÜBBE ist Protestant (64).

Dieser Tage erhalten Sie ferner einen Aufsatz von Dr. A. BARING (Paris) über die V. Republik, mit einem interessanten Hinweis auf mein Buch «Der Hüter der Verfassung» (65), und die Fotokopie eines Aufsatzes aus dem Jahre 1932 von René CAPITANT (nur als Dokument, nicht zum studieren!) (66). Ich wünsche Ihnen und Ihre Familie ein schönes, fröhliches Pfingstfest und bleibe Ihr alter CS.

8

Plettenberg, San Casciano
le 31 décembre 1962

Mon cher Monsieur Julien Freund,

je relis vos dernières lettres et vous prie de me pardonner mon retard et cette courte réponse. J'espère que vous avez un beau séjour à Villé et que la fête de Noël et le commencement du nouvel an soient reconfortables pour vous, votre femme et vos enfants. Il y a pour moi beaucoup de souvenirs en réfléchissant sur l'année passée. Je pense avec une satisfaction particulière à la belle réussite de l'exposition de votre beau-père à Strasbourg et je suis content de l'avoir vu grâce à l'hospitalité de vous et de votre femme. Je vous envoie mes meilleurs vœux pour l'année 1963, pour votre santé et celle de votre femme et celle de vos enfants. Quand vous venez encore en Allemagne, informez-moi afin de pouvoir arranger un rendez-vous.

Ma santé n'est pas bonne; je souffre de Kreislaufstörungen. Du 5 au 10 janvier je dois aller à Hambourg, visiter un ami et parent serbe et sa famille, et fêter le Noël orthodoxe serbe.

Vous connaissez ma préoccupation intime: votre thèse et son achèvement. Le Livre sur le procès de Salan que vous et M. Francis m'avez envoyé (67) était pour moi le meilleur cadeau, un cadeau précieux et inestimable, vu ma préoccupation par le problème du partisan. L'exposé que vous avez lu à Bad Nauheim s'est déjà agrandi beaucoup (68); le problème m'absorbe d'une manière inquiétante, car il est un carrefour de toutes ces questions qui m'ont occupé et dont j'ai été hantées pendant ma vie: définition du politique, légalité et légitimité, le Nomos de la terre. Je vous avoue qu'il est pour moi une grande consolation d'apprendre que votre livre s'achève; un soulagement même, car je suis très déprimé et ma citation quotidienne est le vers de la «Guerre civile» de LUCAIN: *maester senectus, praeteritique memor, metaeusque futuri.*

Je vous fais envoyer un nouveau livre de mon jeune ami Rüdiger ALTMANN «Deutsches Risiko» (69). Si vous trouvez une heure de repos, lisez-le, je vous en prie; il contient des idées plus répandues qu'on ne le croirait en lisant les journaux plus ou moins conformistes en Allemagne, et le style de son allemand est de la meilleure école de Carl SCHMITT qui irrite les Allemands dont vous vous plaignez avec raison et qui sont accoutumés à ne pas laisser voir ce que la notion signifie dans ses diverses acceptions. Pour moi, le besoin de clarté était une chose naturelle, aujourd'hui, en tant que vieillard, je vois que c'était un motif très efficace pour la haine qui me persécute ici. Je vous demande pardon: je commence à parler trop de moi. Mais vous comprenez peut-être mieux le secret de mon amitié profonde pour vous et votre œuvre si vous vous rendez compte de la situation allemande. Encore une fois: mes meilleurs vœux de bonne et heureuse année dont j'espère pour moi qu'elle nous conduira encore à une ou plusieurs bons dialogues et conversations!

Votre vieux CS

Avez-vous encore un séparatum de votre critique de la critique dialectique de SARTRE (70)? J'ai donné mon exemplaire à M. FORSTHOFF.

9

Plettenberg
le 25 août 1963

Cher Monsieur Julien Freund,

je vous suppose à Villé et vous souhaite tout ce qu'il faut pour un beau séjour de vacances. Merci beaucoup de votre lettre du 22 juillet! Quant à la découverte du directeur de l'Institut de Philosophie (que vous êtes «freundien») je la trouve admirable: votre «freundité» est la base de toute sympathie et attachement que vos amis ressentent pour vous.

1. Vous savez qu'on prépare un grand congrès à l'occasion du centenaire de la naissance de Max WEBER, en avril 1964 (à Heidelberg) (71). La Société de Sociologie qui l'organise est dirigée par René KÖNIG (à ce que je sache), grand détracteur de Max WEBER et «scientiste» au sens américain du mot. Je suis curieux si on invite mon ami Joh. WINCKELMANN,

l'éditeur de la 4e édition de «Wirtschaft und Gesellschaft». J'espère que vous êtes content de votre traduction de la «Wissenschaftslehre» (ce seront les articles de Max WEBER que WINCKELMANN a publiés en 1951 en 2e édition sous le titre: «Gesammelte Aufsätze zur Wissenschaftslehre»; ou s'agit-il d'une autre publication?). La traduction de tous ces articles me semble presque impossible (72). WINCKELMANN m'a écrit qu'on l'a nommé professeur honoraire à l'université de Munich; il a dédié toute sa vie à l'édition exacte de l'œuvre de Max WEBER – c'est-à-dire à un travail qui me semble la célèbre «Gelehrtenaskese» au carré, et qui mériterait plus que le titre de «professeur honoraire» (73). Mais Max WEBER ne semble plus être estimé à Munich. Sa chaire resta déserte de 1920 (sa mort) jusqu'à 1960 (à peu près), et son premier successeur est M. Eric VOEGELIN qui a condamné – dans sa «Antrittsvorlesung» – HEGEL, Karl MARX, et tous les «rationalistes» comme gnostiques athéistes et déicides, «Gottesmörder» (74). Si Max WEBER avait entendu une telle conférence dans sa chaire, il aurait eu une de ces explosions de tempérament qu'on redoutait, et que j'ai vues plusieurs fois. Bref, on peut être curieux en attendant ce congrès de l'an 1964 à Heidelberg et en attendant le nouveau «Max Weber-Bild» dans l'Allemagne de l'Ouest dirigé par M. René KÖNIG et M. VOEGELIN.

2. J'ajoute une lettre que je viens de recevoir de ma grande amie parisienne, Mme PONCEAU (75). Après quelques réflexions, je me sens incliné à faire parvenir mes deux nouvelles publications (théorie du partisan, notion du politique) à M. Raymond ARON après les vacances (dans la dernière moitié de septembre) par l'éditeur, avec ma carte de visite. Qu'est-ce que vous en pensez? Ecrivez-moi, je vous en prie, mon cher Julien, votre opinion en toute franchise et sans autres égards que ceux de l'opportunité. Vous êtes dans la situation d'un «candidat» au doctorat; il serait bête de faire un faux-pas vis-à-vis de M. Raymond ARON. Il n'a pas répondu à la lettre de novembre 1962 que je vous ai montrée (76). Mais ce n'était pas nécessaire. Je ne sais pas ce qu'il pense (ou sent) de l'intervention de Mme PONCEAU. Si vous lui enverriez mes livres, cela pourrait lui donner l'impression d'une coopération entre vous et moi qui lui déplairait. Enfin, mes «antennes» refusent le service, tandis que vous êtes plus concrètement dans la «situation». Il ne vous sera pas difficile de juger et de décider face à ce petit cas de diplomatie académique (77).

10

Vic-sur-Seille (78)
le 19 septembre 1963

Cher Monsieur Julien Freund,

demain, le 20 septembre, je rentrerai d'ici à Plettenberg par le plus court chemin de sorte qu'il m'est impossible de repasser par Strasbourg comme je l'avais projeté. Je le regrette infiniment car une conversation avec vous m'aurait donné un plaisir spécial à ce moment, parce que je me souviens toujours de Saulxures (79) et de votre colloque sur le Tiers. Le Col qu'on voit de la terrasse de Covaco à Saulxures m'apparaît aujourd'hui dans mes rêves un «Col du Tiers». Je continue notre colloque. Un moment j'ai été frappé par la préface dont Jules MONNEROT a fait précéder la nouvelle édition de son livre «Sociologie du Communisme» (80). Pour lui, le Tiers est à la fois le sous-développé et le neutre! Il explique, de manière magistrale, l'«ultra-léninisme» de MAO, ce qui m'intéresse énormément, vu les pages 61-63 de ma «Théorie du Partisan» (81).

J'ai envoyé d'ici, de Vic, les deux livres à M. Raymond ARON (à son adresse parisienne, Quai de Passy). Je vous ferai relier un exemplaire du «Begriff des Politischen», comme souvenir de notre rencontre à Saulxures, et vous l'enverrai à Strasbourg. Vous connaissez mon intérêt et mes vœux pour un beau succès de votre promotion à Paris et vous comprendrez mon désir d'avoir de vos nouvelles. Votre ami CS.

11

Plettenberg
22 avril 1964

Cher Monsieur Julien Freund,

votre lettre du 17 avril est arrivée avant-hier; ce matin débarque le Ms p. 109-727. Merci beaucoup! J'ai déjà lu Nr. 19 et 20 et commence maintenant les trois présupposés, avec lesquels le spectacle devient émouvant et dramatique après l'ouverture méthodologique.

Je vous donne absolument raison quant à la méthode d'une représentation inégale des différents paragraphes. Une égalité forcée serait insupportable et postiche. Ma remarque visait seulement la possibilité d'un censeur malveillant qui voudrait y puiser le prétexte pour vous faire le reproche d'écrire une série d'essais au lieu d'un traité systématique. Vous avez déjà repoussé cette objection. Le même souci m'inspirent les notions substance et essen-

ce; on vous dira: c'est ontologisme, scolasticisme etc. Mais si vous vous en donnez compte en toute conscience scientifique c'est bon. Il y a un mot apocryphe de Jésus Christ que j'aime à citer en allemand:
Mensch, wenn du weisst was du tust, wirst du selig werden; weisst du es aber nicht, so wirst du verdammt werden.
(à un homme qui cueillit des épis au sabbath).
Cela vaut aussi pour le problème des citations.

J'ajoute quelques feuilles concernant «politologie». Les variations pullulent. Il y a aussi une «futurologie».

On célèbre (avec beaucoup de bruit académique) le 100e anniversaire de Max WEBER. J'ajoute un article de son neveu qui vous intéressera. Excusez cette lettre hâtive, cher Monsieur Julien FREUND. Je ne suis pas encore tout à fait guéri; on procédéra à une opération chirurgicale, dont j'ai peur. Ma santé est en réalité pour les médecins et les hôpitaux ce qui était le courage des soldats prussiens sous FREDERIC LE GRAND. Ils avaient plus peur de leurs officiers que de l'ennemi.

Mes meilleurs salutations pour Madame Freund! Toujours votre vieil ami CS.

12

Plettenberg
le 10 novembre 1964

Cher Monsieur Julien Freund,

je suis heureux que votre lettre du 7 novembre me rassure sur le destin de votre livre qui figure réellement très bien en tête d'une collection de «Philosophie politique». Quant à mes doutes se rapportant à votre chapitre «privé-public», vous avez réussi à me convaincre de l'étroitesse routinière juridique de mes idées accoutumées; il s'agit d'un problème général et vraiment politique. Mon «Begriff des Politischen» évite toute fondation générale; il est purement phénoménologique (c'est-à-dire: descriptif) mais il est vrai que les phénomènes juridiques dans le droit des gens de la guerre (surtout la distinction entre la guerre continentale et la guerre maritime, avec leurs différentes notions de guerre, d'ennemi et de butin) sont les meilleurs objets de réflexions sur le politique. C'était ma supériorité jusqu'à votre livre. Pour vous, le droit n'est pas une essence mais une dialectique (comme vous le précisez déjà p. 6 de votre avant-propos). Eh bien, je l'ai senti. C'était pour moi le motif de ma timidité de principe qui m'a restreint à un «critère» seulement du politique, c'est-à-dire à un de vos trois présupposés.

Je le regrette beaucoup que je ne vous ai pas écrit tout cela déjà en été. Si j'avais eu l'occasion d'une conversation, je vous aurais rassuré de votre «choc» en quelques minutes. Mais ma maladie (grave) d'avril et de mai, les préparations du voyage pour l'Espagne, la nausée que me provoquait un article de LÖWITH dans la «Frankfurter Allg. Zeitung» du 27 juin, tout cela m'a paralysé (82). J'espère que maintenant la situation se soit éclaircie. Ernst Wolfgang BÖCKENFÖRDE y dédiera un chapitre de son cours «Rechtsphilosophie» qu'il fait cet hiver à la faculté de Heidelberg. Déjà dans sa conférence d'entrée à Münster (printemps 1964) il a repris votre idée du «droit entre morale et politique» c'est-à-dire le droit non comme essence mais comme dialectique. L'idée du politique qui se cache au fond de mon «Begriff des Politischen» est au fond existentialiste:
je pense, donc j'ai des ennemis,
j'ai des ennemis, donc j'existe.
Mais comme juriste on devient très prudent dans ses assertions.

Je vois que vos impressions de Hirschberg (83) vous occupent. Si je joins un petit livre (l'histoire mondiale, racontée à ma fille Anima, en 1942, lorsqu'elle avait 12 ans) (84), je le fais sous l'impression de l'attitude des trois membres protestants du cabinet Ehrhard (EHRHARD, SCHRÖDER, VON HASSEL) et leur incapacité de penser politiquement. Ils ne savent pas quitter la polarité: éthique-économie. Je vous prie de lire la page annotée (p. 47/48 de «Land und Meer»). Quel fait historique énorme, persistant jusqu'aujourd'hui: ces protestants et ces catholiques allemands s'étaient déjà arrangés dans la paix de religion d'Augsburg (1555): co-existence à base de parité; ils ont cru pouvoir éviter une guerre civile des confessions, ils furent traînés par dehors et par violence (du côté de Bohème, Hongrie, Hollande, Scandinavie, Espagne, France) dans la guerre de trente ans (1618-1648) et devinrent par cette voie le principal théâtre de la guerre. Je vous le dis parce que le parallélisme avec la situation de 1964 me hante comme un cauchemar. Je ne dis pas que les allemands catholiques sont meilleurs politiciens. Leur faute est qu'ils n'ont fait que de la politique d'église. C'est ce que les jeunes historiens allemands catholiques comme MORSEY et E.W. BÖCKENFÖRDE ont montré: les chefs du parti du Centre en 1933 n'avaient autre idée en tête que le Concordat avec Hitler; ils lui ont donné le *Ermächtigungsgesetz* du 24 mars 1933 en échange d'un concordat très favorable pour l'église romaine. Et si vous lisez la lettre ouverte du prélat KAAS (alors chef du parti du Centre), citée textuellement dans mes «Verfassungsrechtliche Aufsätze» (1958) (p. 349/350 (glose 5) où il cite mon nom dans une manière hostile et méchante (86), vous comprenez (et pardonnez, je vous en prie) le zèle et l'émotion avec lesquels je vous écris ces lignes. Etre situé entre théologie et technique en Allemagne, n'est pas la même situation comme en France. Je vous félicite du bon succès de la publication de vos deux livres. Il va sans dire que je les attends avec impatience. L'édition allemande du livre de notre ami commun Francis paraît exactement au moment où les Allemands se crispent dans des alternatives qui démontrent leur Sackgassen-Begabung. Ils ont peur de toute décision; ils se sont faits une morale de la non-décision. Leur option pour l'Europe des Communautés est une option pour cet idéal de non-décision.

Vous aurez mon petit article sur HOBBES, «Die vollendete Reformation» (87). Je l'enverrai aussi à M. POLIN; je suis curieux de savoir ce qu'il en dira (88).

Au revoir, cher Monsieur Julien FREUND.
Mes meilleurs vœux et souvenirs pour vous et votre famille!
CS

13

Plettenberg, San Casciano le 16 janvier 1965

Cher Monsieur Julien Freund,

je m'imagine, avec beaucoup de satisfaction, que vous corrigez les épreuves de votre grand livre sur l'essence du politique. Madame FREUND vous aide – c'est la meilleure sorte de travail, chez soi, pas de distinction entre le lieu de l'habitation et celui du travail – privilège énorme dans la société industrielle moderne avec ses divisions de travail et ses éclats inhumains. La meilleure préparation pour le combat public se fait dans l'intimité du privé. J'ai beaucoup appris en lisant et relisant votre chapitre V sur le 2. présupposé du politique (pp. 64 seqq) de votre thèse (89) et je voudrais que beaucoup de juristes le lisent afin d'être guéris – comme moi – de leur présomption d'avoir le monopole exclusif de savoir distinguer entre le public et le privé. J'ai lu avec beaucoup de plaisir votre recencion des trois livres de HABERMAS, KOSELLECK et GROH (90). Cela fera une remontrance nécessaire et salubre pour HABERMAS et un encouragement utile pour KOSELLECK (très bien la comparaison avec le livre de HAZARD!) (91) et GROH (mine inépuisable d'informations; j'avais proposé comme titre du livre: «Sous l'œil des Russes»; mais on trouvait que ce serait une allusion trop frappante à la première phrase de mon discours sur l'époque des neutralisations, «der Begriff des Politischen» p. 79: «Wir in Mitteleuropa leben *sous l'œil des Russes*», prononcé en octobre 1929) (92).

Avez-vous reçu le protocole nr. 16 des «Bergedorfer Gespräche», Colloque du 2 novembre 1964? Je viens de le lire, avec un intérêt énorme. M. Raymond ARON était «Referent» pour le thème du colloque (Industrielle Gesellschaft – menschlich oder unmenschlich?); le prof. DAHRENDORF, Tübingen (sociologue et politologue) agissait comme «Diskussionsleiter». Au cours de la discussion M. ARON disait:

«Seit mehreren Jahren fasziniert mich die Tatsache der Feindschaft zwischen den Staaten. Denn es ist gleichzeitig verständlich und unverständlich, warum die Staaten nicht zusammen leben können, ohne Feinde zu werden. Carl SCHMITT hat darüber ein kleines Buch geschrieben: «Das Wesen des Politischen als Freund-Feind Gruppierung». Ich bin von seinen Ausführungen nicht überzeugt... Die Feindschaft besteht weiter, aber vielleicht haben sich die Waffen so entwickelt, dass die Ausdrucksweise der Feindschaft sich geändert hat.»
A ce moment, M. DAHRENDORF, le Diskussionsleiter, l'interrompt et dit (avec une volte [im Sinne einer 'pirouette'] non-motivée et surprenante): «Darf ich Sie einen kleinen Moment unterbrechen und vielleicht noch einmal auf die Frage von Herrn ALTMANN zurückkommen.»
Et il pose la toute autre question: si la science est capable de répondre à la question: quelle est la situation des Menschen in der industriellen Gesellschaft? Vous voyez: on fait tout pour suffoquer la discussion du problème: ami-ennemi (93a).

Dans votre peinture de l'hiver à Villé (peinture qui m'a ravi) vous parlez de la joie des enfants de glisser, de luger à longueur de journée. Je succombe à une drôle d'association d'idées et cite: glissez mortels, n'appuyez pas!

Je suis très curieux d'apprendre plus sur le point zéro en histoire (93). Je vous salue avec mes meilleurs vœux pour vous, votre femme et vos enfants. Que l'an 1965 soit l'an de la com-préhension de l'essence du Politique! Votre CS

14

Plettenberg
le 21 mars 1965

Cher Monsieur Julien Freund,

mon long silence n'est pas oubli ni désintéressement. Il est, au contraire, réfléchissement intense. Quelle est la véritable cause de votre non-satisfaction à Karlsruhe (94)? L'étendue du texte de la conférence? C'est seulement une cause secondaire et additionnelle. Je crains que la véritable cause soit la disproportion de chaque auditoire allemand contemporain vis à vis d'un problème ou d'une question quelconque. Ces gens sont tellement désorientés qu'ils ne savent plus entendre autre chose que des «Sprachregelungen». Ils ont peur des problèmes. Critique du progressisme, comme ils la sentent dans votre conférence, c'est suspect de l'anti-américanisme, c'est pessimisme etc. Ils ne veulent pas entendre des idées; ils veulent savoir ce qu'on leur demande, et surtout: ce qui leur est permis. Ils ne veulent pas courir le risque d'être accusés. Dans un peuple de «criminels» il s'agit d'être du côté de la manche, c'est à dire: de l'accusateur. Le succès énorme d'un jeune accusateur hardi et entreprenant comme HOCHHUTH (95) prouve ce que je veux dire. Plus que je lis votre conférence, plus je l'admire, mais en même temps je vois les réserves d'un public allemand (surtout des jeunes!).

Merci beaucoup de votre lettre du 2 mars! Je suis heureux de voir votre élan de travail: deux conférences sur la «Politique» d'ARISTOTE, la traduction de Max WEBER, et l'ouvrage sur la sociologie de Max WEBER – c'est énorme (96). Je m'imagine que vous irez quelque temps à Villé où votre «Ich» se retrouve et votre ensemble psychosomatique se rétablit en bon état.

Il m'a intéressé beaucoup d'entendre que notre ami Francis fait des cours à Strasbourg. Je lui écrirai bientôt. Il m'a envoyé ses aphorismes sur l'université, très pointus, dédiés à vous, ils ont réveillé ma grande sympathie pour lui et, en même temps, mes soucis grand-paternels de vieillard omniscient et sans pouvoir.

A propos de votre note sur M. Henri ADRIAN (97), j'ai relu dans ma longue correspondance avec Fritz KIENER (98). M. Jean BRUN m'a écrit sur «Nehmen-Teilen-Weiden», il semble très impressionné (99). J'ajoute une citation de HEGEL sur la Réformation.

Votre vieil ami CS

Je vois que la 2ème édition de l'Initiation philosophique d'Amédée PONCEAU a paru chez Marcel Rivière (100). J'attends votre livre avec impatience.

15

Plettenberg
le 29 mai 1965

Cher Monsieur Julien Freund,

donc: le 26 juin à 14 heures! Je suis triste de ne pouvoir être présent, à cause de mon lamentable état physique. Mais je vous remercie bien de votre invitation amicale et je vous envoie à vous et votre femme mes meilleurs souhaits. J'attends avec impatience le grand moment de votre promotion. Quant à votre chapitre sur la notion de philosophie de droit, la structure analogue à votre «essence du politique» me plaît. Pourtant tout dépend de la réalisation. Vous voyez le problème comme philosophe, moi, je le vois comme juriste. Cette ancienne rivalité entre philosophe et juriste m'a toujours préoccupé. Pour moi philosophie de droit, c'est une philosophie émanant d'une connaissance parfaite théorique et pratique du droit. Conséquence: seul un très vieux, très expérimenté «all round»-juriste (par exemple: moi) saurait écrire la philosophie du droit qui me suffit. KELSEN est plutôt philosophe (méthodologie) que juriste. Max WEBER était (sauf ses erreurs et égarements méthodologiques) primairement juriste et non philosophe. CICERON n'est pas juriste mais avocat etc. etc. Vous voyez, mon cher Julien, un thème énorme pour beaucoup de conversations; si vous vous prenez le temps de lire le passage (427 ff gloses 1-4) de mes «Verfassungsrechtliche Aufsätze» de 1958 (je crois que vous les possédiez), vous lisez mon opinion sur la relation de la jurisprudence et la philosophie et aussi un récit sur mes conversations innombrables avec mon ami Johannes POPITZ (auquel j'ai dédié ce livre) (101). Là aussi une discussion sur l'idée de HEGEL: tout ce qui est scientifique dans la jurisprudence est essentiellement philosophie (et appartient à la faculté de philosophie!); tout autre est technique routine subalterne!! Pour moi, comme vous le savez, il était un malheur, une fatalité énorme, que CICERON traduit le mot «NOMOS» par le mot «lex». Faites-vous le plaisir, de lire aussi dans l'index sous le vocable «Légalité» (p. 512) un survol des sept étapes de la notion de légalité de 1789 jusqu'à nos jours.

Mais je ne veux pas vous irriter avec mes idées professionnelles. En ce moment je suis occupé à rassembler mes pauvres réserves pour faire le voyage projeté il y a quelques mois à M. Joseph KAISER à Fribourg. Serait-il possible que nous quatre – vous et notre ami commun Francis, Joseph KAISER et moi – nous nous voyions à cette occasion? Si ma santé le permet, je reste 15 jours (3-16.6). Merci de tout cœur du mot magnifique que vous savez [im Sinne von: 'connaissez'] de votre beau-père: parvenu à un certain âge, la question de santé devient une question d'honneur! Ergo!
Votre vieil ami CS

Etes-vous intéressé par ma conférence sur les «Drei Arten des rechtswissenschaftlichen Denkens» (102)?

III

En achevant ce texte, je voudrais remercier M. Joseph KAISER, professeur de droit à l'Université de Fribourg et exécuteur testamentaire de l'œuvre de SCHMITT. C'est grâce à sa beinveillance que cette contribution a pu être publiée aussi rapidement. Je voudrais également signaler que chaque fois que Carl SCHMITT fait allusion à la remarquable bibliographie de son œuvre, il s'agit du travail de mon ami TOMMISSEN.

(1) (PT) P. TOMMISSEN, «Julien Freund. Ein Hinweis», *Criticón,* 7. Jahrg., Nr. 41, Mai-Juni 1977, S. 141-144.
(2) (PT) P. TOMMISSEN, «Julien Freund, une esquisse bio-bibliographique», S. 415-456 in:

J. FREUND, *Philosophie et sociologie,* Louvain-la-Neuve: Cabay, 1984, 11-456 S., Nr. 6 in der Reihe 'Perspectives sur l'homme'. Die Bibliographie (S. 424-453) ist die auf den neuesten Stand (1984) gebrachte Fassung des Versuchs: «La bibliographie de Julien Freund», *Revue européenne des sciences sociales et Cahiers Vilfredo Pareto,* 19. Jahrg., Nr. 54-55 (*liber amicorum* J. FREUND), Januar 1981, S. 49-70.

(3) J. FREUND, «Ebauche d'une autobiographie intellectuelle», *op. cit.* (cf. *supra* note 2: *Revue...*), pp. 7-47; cf. pp. 29-30.

(4) C.S., *Der Begriff des Politischen. Text von 1932 mit einem Vorwort und drei Corollarien,* Berlin: Duncker & Humblot, (1963) 1987, 124 p. Une première traduction française, ici visée, porte le titre: *Considérations politiques,* Paris: Librairie générale de droit et de jurisprudence, 1942, VII-96 p.

(5) L'adresse de C.S. à Plettenberg en Westphalie m'a été donnée par Pierre-Paul SAGAVE (né en 1913), qui avait déjà rendu visite au savant. Dans sa thèse (*Réalité sociale et idéologie religieuse dans les romans de Thomas Mann,* Paris: Les Belles Lettres, 1954, II-IV-168 p., n° 124 dans la collection 'Publications de la Faculté des Lettres de l'Université de Strasbourg'), SAGAVE écrit ceci: «Les idées de ce théoricien de l'Etat (*sc.* C.S.) sont, sur le plan politique et juridique, le pendant des idées de Naphta, exposées dans La Montagne magique» (p. 165).

(6) (PT) Gustave LE BON (1841-1931), *Psychologie des foules,* Paris: Retz-C.E.P.L., (1895) 1976, 192 S., in der Reihe 'Les classiques des sciences humaines'. Ueber den Autor und seine Ideen, vgl. u.a. Robert A. NYE, *The Origins of Crowd Psychology. Gustave Le Bon and the Crisis of Mass Democracy in the Third Republic,* London: Sage, 1975, VII-225 S., Nr. 2 in der Reihe 'Sage Studies in 20th Century History', and Cathérine ROUVIER (geb. 1953), *Les idées politiques de Gustave Le Bon,* Paris: P.U.F., 1986, 280 S., in der Reihe 'Politique d'aujourd'hui'.

(7) Il s'agit, bien entendu, de ma thèse: *L'essence du politique,* Paris: Sirey, $(1965)^3$ 1986, X-828 p., n° 1 dans la collection 'Philosophie politique'. Il existe une traduction espagnole (1968).

(8) C.S., *Ex captivitate salus. Erfahrungen der Zeit 1945/47,* Cologne: Eds Greven, 1950, 96 p.; cf. pp. 9-12 («Gespräch mit Eduard Spranger»). Eduard SPRANGER (1882-1963) est connu pour ses publications philosophiques et psychologiques.

(9) *Festschrift für Carl Schmitt, zum 70. Geburtstag dargebracht von Freunden und Schülern,* Berlin: Duncker & Humblot, $(1959)^2$ 1989, III-330 p.; cf. pp. 273-330 (bibliographie).

(10) (PT) Der Satz «Le combat spirituel est aussi brutal que la bataille d'hommes» stammt vom französischen Dichter Arthur RIMBAUD (1854-1891), wie C.S. anderwärtig richtig erwähnt: *art. cit.* (FN 16), S. 150. Er findet sich in «Une saison en enfer», S. 159-199 in: *Œuvres,* Paris: Mercure de France, 1950, 318 S. (dort S. 198).

(11) C.S., *Gespräch über die Macht und den Zugang zum Machthaber,* Pfullingen: Neske, 1954, 30 p.; cf. pp. 11-12 (la phrase en est la synthèse).

(12) C.S., *op. cit.* (cf. *supra* note 11), p. 20 (légèrement adaptée par moi).

(13) M. WEBER, *Le savant et le politique,* Paris: Union générale d'éditions, $(1959)^2$ 1963, 186 p., n° 134 dans la collection 'Le monde en 10/18'. Il s'agit de ma traduction de deux conférences célèbres de Max WEBER (1864-1920). Cf. aussi *infra* note 24.

(14) Fedor DOSTOIEVSKI (1821-1881), *Crime et châtiment,* Paris: Bordas, 1948, 514 p., dans la collection 'Les grands Maîtres'; cf. p. 180.

(15) (PT) Leo STRAUSS (1899-1973), *Naturrecht und Geschichte,* Stuttgart: Koehler, 1956, XII-339 S.

(16) (PT) C.S., «Die geschichtliche Struktur des heutigen Welt-Gegensatzes von Ost und West. Bemerkungen zu Ernst Jüngers Schrift: 'Der gordische Knoten'», S. 135-167 in: Armin MOHLER (geb. 1920) (Hrsg.), *Freundschaftliche Begegnungen. Festschrift für Ernst Jünger zum 60. Geburtstag,* Frankfurt a.M.: Klostermann, 1955, 235 S.: dort S. 146. Es lohnt sich vielleicht, darauf hinzuweisen, dass es sich um eine gekürzte Fassung des Originalaufsatzes handelt.

(17) (PT) a) Ueber den britischen Historiker Robin George COLLINGWOOD(1889-1943), vgl. u.a. Albert SHALOM,*R.G. Collingwood. Philosophie et histoire,* Paris: P.U.F., 1967, II-523 S., in der 'Bibliothèque de philosophie contemporaine', und

Nathan ROTENSTREICH, *Philosophy, History, and Politics. Studies in Contemporary English Philosophy of History,* Haag: Nijhoff, 1976, V-158 S., Nr. 1 in der 'Melbourne International Philosophy Series'; dort S. 1-89 («The Shadow of History over Philosophy: R.G. Collingwood»). C.S. hat nicht nur Bücher des Historikers, sondern auch die (ungedruckt gebliebene?) Bonner Inaugural-Dissertation von Hans SCHNEIDER (geb. 1905) studiert: *Die Geschichtsphilosophie R.G. Collingwoods,* 1950, VII-169 S. (Doktorvater war Erich ROTHACKER, 1888-1965). Der von C.S. beanstandete Mangel des COLLINGWOOD-Buches: *The New Leviathan, or Man, Society, Civilization, and Barbarism,* New York: Crowell, (1942) 1971, VIII-387 S. - vgl. *art. cit.* (FN 16), S. 151 - wird von britischen Forschern anerkannt, z.B. von N.K. O'SULLIVAN, «Irrationalism in Politics: A Critique of R.G. Collingwood's 'New Leviathan'», *Political Studies,* 20. Jahrg. Nr. 2, Juni 1972, S. 141-151; dort S. 150: «... The trouble is that Collingwood's understandable hatred of Nazism is so intense that it drives him to treat German history as a pure aberration...».

b) J. FREUND hat den von C.S. erwähnten Hinweis zu COLLINGWOOD nicht wiedergefunden. Aber er ist auf ein kurzes Schreiben von C.S. vom 13. Januar 1960 gestossen und schrieb mir dazu Folgendes (Brief vom 24. Oktober 1989): «Il (*sc.* C.S.) me dit uniquement qu'il vient de recevoir, à l'instigation de Madame Ponceau [vgl. FN 65], l'ouvrage de Roger Bodard, *Le songe d'Amédée Ponceau,* Paris, Editions Universitaires. Le commentaire de C.S. est expéditif: 'Je l'ouvre et je lis (en majuscules): LA VALEUR EST PREFERABLE A L'EXISTENCE' (p. 61). J'ai fermé le livre pour vous écrire ces lignes. Votre C.S.'».

(18) André GIDE (1869-1951), *Prétextes,* Paris: Mercure de France, 1947, 254 p.; cf. p. 20 (résumée par moi).

(19) C.S., *Der Nomos der Erde im Völkerrecht des Jus Publicum Europaeum,* Berlin: Duncker & Humblot, $(1950)^3$ 1988, 308 p.

(20) (PT) C.S., *art. cit.* (FN 16), S. 147.

(21) (PT) C.S., *art. cit.* (FN 16), S. 166.

(22) (PT) Lucien LABERTHONNIERE (1860-1932), *Sicut ministrator. Critique de la notion de souveraineté de la loi,* Paris: Vrin, 1947, XXXVII-97 S., in der Reihe 'Oeuvres de Laberthonnière'; dort S. 84: «... Et nous ne comparons pas les victimes, nous ne comparons... que les juges...». C.S. zitiert das Buch in einem Aufsatz aus dem Jahre 1950; vgl. *op. cit.* (FN 50), S. 440-451 («Das Problem der Legalität»); dort S. 440 FN 1. Der Oratorianer-Pater LABERTHONNIERE gab 1905-13 die «Annales de philosophie chrétienne» heraus und wurde von neo-thomistischen Theologen angegriffen; 1907 und 1913 kamen jeweils zwei Bücher von ihm auf dem Index. Ueber ihn u.a. der Italiener Enrico CASTELLI, *Laberthonnière,* Paris: Vrin, 1931, V-128 S. LABERTHONNIERE war übrigens in Deutschland keineswegs unbekannt; vgl. u.a. das einführende Buch des Theologen und Savonarola-Forschers Joseph SCHNITZER (1859-1939), *Der katholische Modernismus,* Berlin-Schöneberg: Protestantischer Schriftenvertrieb, 1912, IV-211 S., Nr. 3 in der Reihe 'Die Klassiker der Religion', dort Auszüge S. 81-95. Angesichts seines grossen Interesses am Modernismusstreit ist nicht ohne weiteres auszuschliessen, dass C.S. LABERTHONNIERE dem Namen nach schon Anfang der Zwanziger Jahre kannte.

(23) (PT) Das Adverb ist abgeleitet vom Namen des französischen Politikers Pierre MENDES FRANCE (1907-1982). Ueber ihn u.a. Jacques NANTET, *Pierre Mendès France,* Paris: Eds du Centurion, 1967, 272 S. Die 'Oeuvres Complètes' dieses Politikers erscheinen im Pariser Verlag Gallimard (seit 1984 sind bereits 5 der 6 angezeigten Bände erschienen).

(24) (PT) Raymond ARON (1905-1983), *op. cit.* (FN 13), S. 7-53.

(25) (PT) Gemeint ist das Dozentenseminar Max WEBERs, an dem C.S. teilgenommen hat.

(26) (PT) Der Strassburger Germanist und Nietzsche-Kenner Jean-Edouard SPENLE (1873-1950), dessen Inaugural-Dissertation NOVALIS (1772-1801) gewidmet war (1903) und der über den romantischen Salon der Rahel VARNHAGEN VON ENSE (1771-1833) geschrieben hat (1910), hat die französische Uebersetzung des C.S.-Buches über die Politische Romantik kritisch rezensiert in: *Mercure de France,* 1. August 1928, S. 718-720. Seit 1931 bis Anfang des zweiten Weltkriegs amtierte SPENLE als Rektor der Uni-

versität von Dijon und veröffentlichte u.a. das Buch: *Nietzsche et le problème européen*, Paris: Colin, 1943, XIV-250 S., und den Aufsatz: «Nietzsche à Nice», *Deutschland-Frankreich*, 1. Jahrg. Nr. 3, 1943, S. 121-133.

(27) (PT) Wolfgang J. MOMMSEN (geb. 1930), *Max Weber und die deutsche Politik 1890-1920*, Stuttgart: Mohr, (1959)² 1974, XX-586 S. (es gibt eine französische Uebersetzung: *Max Weber et la politique allemande, 1890-1920*, Paris: P.U.F., 1985, 548 S., in der Reihe 'Sociologie'; vgl. die Rezension von Jean SEGUY in: *L'Année sociologique*, 39. Band, 1989, S. 316-319). Die Rezension C.S.s erschien in: *Das Historisch-Politische Buch*, 8. Jahrg. Nr. 6, 1960, S. 180-181.

(28) (PT) Gemeint ist vermutlich die Thematik des bekannten Vortrags von Martin HEIDEGGER (1899-1976), «... Dichterisch wohnet der Mensch...» (1951), S. 187-204 im Sammelband: *Vorträge und Aufsätze*, Pfullingen: Neske, 1954, 284 S.

(29) Comme il s'avère être impossible de reproduire la photographie, je reproduis au moins le texte que C.S. a écrit au verso: «Aus dem Portico der Kathedrale von Santiago de Compostela (1180, unter dem Einfluss von Cluny). Für Julien Freund von C.S. (15/6/60)».

(30) (PT) BELISAR, Feldherr des oströmischen Kaisers JUSTINIAN, zerstörte das Vandalenreich und nahm 534 den letzten König GELIMER gefangen.

(31) (PT) Reinhart KOSELLECK (geb. 1923), *Kritik und Krise. Ein Beitrag zur Pathogenese der bürgerlichen Welt*, Freiburg i.Br./München: Karl Alber, 1959, XI-230 S., in der Reihe 'Orbis academicus'. C.S. hat das Buch rezensiert in: *Das Historisch-Politische Buch*, 7. Jahrg. Nr. 10, Dezember 1959, S. 301-302.

(32) (PT) J. FREUND, «Contribution à l'histoire des idées politiques», *Revue d'histoire et de philosophie religieuses*, Jahrg. 1960 Nr. 1, S. 58-64. Gemeint ist das Buch von A.T. EHRHARDT, *Politische Metaphysik von Solon bis Augustin*, Tübingen: Mohr, 1959, 2 Bände.

(33) (PT) Das ist eine geschickte 'Verwertung' des erstmals von Jean MAIRET (1604-1686), dem Feind des berühmteren Pierre CORNEILLE (1606-1684), in seinem Drama «Sophonisbe» (1634) eingeführten Verfahrens der 'trois unités', d.h. der Gleichzeitigkeit von Ort, Zeit und Handlung.

(34) (PT) Emmanuel LAROCHE (geb. 1914), *Histoire de la racine NEM en grec ancien*, Paris: Klincksieck, 1949, 276 S.

(35) J. FREUND, *art. cit.* (cf. *supra* note 32), p. 62.

(36) Guglielmo FERRERO (1871-1943), *Pouvoir. Les génies invisibles de la cité*, New York: Brentano's, 1942, 347 p.

(37) Ce post-scriptum concerne une blague américaine. Trois cow-boys, John, Jack et Pat, chevauchent ensemble dans la Prairie. John demande à Jack: combien font 2 + 2? Jack répond: 5. John sort son revolver et abat Jack. La chevauchée continue et Pat demande à John: pourquoi as-tu abattu Jack? Réponse de John: il en savait trop. – Ce fut un 'Witz' courant entre C.S. et moi, lors de nos rencontres et que nous discutions d'attitudes politiques inconséquentes.

(38) C.S. répond à l'envoi de l'ouvrage de Henri TROYAT (ps. de Lev TARASSOV; né en 1911), *Les Ponts de Paris* (Paris: Flammarion, 1946, 26 p. de texte de Troyat), accompagné de reproductions 'grandeur nature' de 14 aquarelles de mon beau-père, René KUDER (1882-1962). C.S. et KUDER se sont par la suite rencontrés chez moi à Villé en 1961. Leur conversation fort animée fut une merveille du genre. Ma femme et sa sœur ont consacré un livre à la mémoire de leur père: *René Kuder, 1882-1962*, s.l., s.a. (= 1982), 78 p. (nombreuses reproductions).

(39) (PT) C.S. hat den Nobelpreisträger für Literatur 1961 Ivo ANDRIC (1892-1975) in Berlin kennengelernt, als letzterer dort dem Personal der jugoslawischen Botschaft angehörte. Das von C.S. genannte Buch heisst: *Eine Brücke über die Drina. Eine Wischegrader Chronik*, München: Hanser, 1959, 444 S.

(40) (PT) Es handelt sich um die Maler Werner GILLES (1894-1961), Werner HELDT (1904-1954), Ernst Wilhelm Nay (1902-1968) und Emil NOLDE (Ps. von Emil HANSEN; 1867-1956).

(41) Le texte «Essence du politique et idéologie démocratique», une refonte partielle de la conférence prononcée devant le groupe 'Esprit' en octobre 1959 à Obernai (Bas-Rhin)

dont il est question dans la lettre de C.S. du 4 décembre 1959, a paru dans mon ouvrage: *Le Nouvel Age. Eléments pour la théorie de la démocratie et de la paix,* Paris: Rivière, 1970, 248 p., n° 1 dans la collection 'Etudes sur le devenir social'; cf. pp. 23-73. La conférence originale a été traduite en allemand: «Die Demokratie und das Politische», *Der Staat,* vol. 1 n° 3, 1962, pp. 261-288.

(42) (PT) ALAIN (Ps. von Emile A. CHARTIER, 1868-1951), *Politique,* Paris: P.U.F., 1952, 335 S. Zum besseren Verständnis dieses eigenwilligen Denkers ist seine geistige Autobiographie geeignet: *Histoire de mes pensées,* Paris: N.R.F., 1936, 307 S.; dort S. 133-135.

(43) (PT) René CAPITANT (1901-1970), einflussreicher Staatsrechtler, war Mitarbeiter des Generals Charles DE GAULLE (1890-1970). C.S. kannte und schätzte ihn. Vgl. auch FN 66.

(44) (PT) Nicolaus SOMBART (geb. 1923) lebt nach langjähriger Tätigkeit am Europarat in Strassburg wieder in Berlin. Grossen Erfolg hatten seine Erinnerungen: *Jugend in Berlin, 1933-1943. Ein Bericht,* Frankfurt a.M.: Fischer Taschenbuch Verlag, (1984)^2 1986, 290 S. Vgl. auch in diesem Buch, S. 133-135.

(45) (PT) Georg LUKACS (1885-1972), *Geschichte und Klassenbewusstsein. Studien über marxistische Dialektik,* Neuwied: Luchterhand, (1923)^2 1970, 514 S., Nr. 11 in der 'Sammlung Luchterhand'.

(46) (PT) C.S., *op. cit.* (FN 8), S. 56.

(47) (PT) C.S., *Die Tyrannei der Werte. Ueberlegungen eines Juristen zur Wert-Philosophie,* Privatdruck, 1960, 16 S.

(48) (PT) Gemeint ist wohl der längere Auszug in: David COOPERMAN und E.V. WALTER (Hrsg.), *Power and Civilization. Political Thought in the Twentieth Century,* New York: Thomas & Crowell, 1962, 587 S.; dort S. 190-199.

(49) Il s'agit d'une réponse au tiré à part de ma contribution «La convention européenne des droits de l'homme et la politique», parue pp. 70-82 dans: *Protection internationale des droits de l'homme,* Paris: Dalloz, 1961, 428 p. J'ai refusé de prononcer mon texte, pour protester contre une censure déguisée du Président de séance, l'ancien ministre socialiste belge de la Justice, Henri ROLIN (1891-1973). La discussion qui a suivi a été menée par ceux qui avaient lu le texte auparavant.

(50) (PT) C.S., *Verfassungsrechtliche Aufsätze aus den Jahren 1924-1954. Materialien zu einer Verfassungslehre,* Berlin: Duncker & Humblot, (1958)^2 1985, 517 S.; dort S. 105-106: es handelt sich um eine Erklärung des Abgeordneten Adolf SÜSTERHENN (1905-1974). In einem Interview hat dieser Politiker und Honorarprofessor für Staatslehre C.S. zu den Staatsrechtslehrern gerechnet, «die in der Form der Lehre in ihren Vorlesungen eigentlich die Weimarer Republik in ihren Grundlagen gerade bei den gebildeten Schichten erschüttert haben»; vgl. «Droht eine Diktatur der Unanständigkeit?», *Der Spiegel,* 16. Jahrg. Nr. 21, vom 19. Mai 1965, S. 38-47 (dort S. 45).

(51) (PT) François GUIZOT (1787-1874), *Des conspirations et de la justice politique. De la peine de mort en matière politique,* Paris: Fayard, (1846) 1984, 217 S.; dort S. 101.

(52) (PT) Ernst Wolfgang BÖCKENFÖRDE (geb. 1930), «Der deutsche Katholizismus im Jahre 1933. Eine kritische Betrachtung», *Hochland,* 53. Jahrg. Nr. 3, Februar 1961, S. 215-239.

(53) (PT) Heinrich SCHLIER (geb. 1900), «Erik Peterson», *Hochland,* 53. Jahrg. Nr. 3, Februar 1961, S. 283-286. Der Autor war erst 1953 zum Katholizismus konvertiert. – Erik PETERSON (1890-1960), gleichfalls konvertierter Theologe, hat im Leben und Denken C.S.s eine erhebliche Rolle gespielt. Ein Thema für sich.

(54) (PT) C.S., *Positionen und Begriffe im Kampf mit Weimar/Genf/Versailles, 1923-1939,* Berlin: Duncker & Humblot, (1940)^2 1988, 322 S.; dort S. 5.

(55) (PT) Gemeint ist die von Julien FREUND (S. 11-16) eingeleitete Buchausgabe der Strassburger Inaugural-Dissertation (Juni 1961) von Francis ROSENSTIEL (geb. 1937), *Le principe de 'supranationalité'. Essai sur les rapports de la politique et du droit,* Paris: Pedone, 1962, 134 S.

(56) (PT) Tatsächlich richtete der österreichische Völkerrechtler Alfred (von) VERDROSS-DROSSBERG (1890-1980) noch im Januar 1945 einen freundlichen Brief an C.S.

(57) (PT) Dolf STERNBERGER (1907-1989), *Der Begriff des Politischen. Der Friede als*

Grund und als Merkmal und die Norm des Politischen, Frankfurt a.M.: Insel-Verlag, 1961, 39 S. Davon hat Maurice Patronmier DE GANDILLAC (geb. 1906) eine Teilübersetzung angefertigt: «De la paix comme fondement de la notion même du politique», *La Table ronde,* Nr. 190, November 1963, S. 65-77. DE GANDILLAC, der 1934 von C.S. gastfreundlich behandelt worden ist und 1942 in der Einleitung seiner EKKEHARD-Auswahl ROSENBERG als Gewährsmann heranzog (vgl. Jan OLLIVIER, «Le vif du sujet», *Krisis,* Nr. 1, Sommer 1988, S. 105-117; dort S. 116 FN 18), hat es für nötig gehalten, über C.S. abwertend zu berichten; vgl. Dominique BOUREL, «Un jeune universitaire français à Berlin: entretien avec Maurice de Gandillac», *Préfaces,* Nr. 13, Mai-Juni 1989, S. 78-80 (dort S. 79-80).

(58) C.S., *Die Diktatur. Von den Anfängen des modernen Souveränitätsgedankens bis zum proletarischen Klassenkampf,* Berlin: Duncker & Humblot, (1921)[5] 1989, XXIII-259 S.

(59) (PT) Es handelt sich wohl um den amerikanischen C.S.-Kenner George SCHWAB (geb. 1931).

(60) F. ROSENSTIEL, un de mes anciens élèves (cf. *supra* note 55 et *infra* notes 68 et 86), est actuellement haut fonctionnaire au Conseil d'Europe à Strasbourg.

(61) William GUEYDAN DE ROUSSEL (né en 1908) a traduit deux ouvrages de C.S.: *Légalité, légitimité,* Paris: Librairie de droit et de jurisprudence, 1936, 102 p., et *op. cit.* (cf. *supra* note 4).

(62) (PT) Der Soziologe russischer Abstammung Georges GURVITCH (1894-1965) hat die Uebersetzung vom Jahre 1936 (FN 61) hämisch rezensiert in: *Archives de philosophie du droit et de sociologie juridique,* 6. Jahrg. Nr. 1-2, 1936, S. 235-236.

(63) Je ne me rappelle plus le titre de ce texte de Hermann LÜBBE (né en 1926).

(64) (PT) Für diese Berufung zeigten sogar bundesdeutsche Illustrierten lebhaftes Interesse; vgl. «Der Richter von Zypern», *Kristall,* Jahrg. 1961 Nr. 22, S. 20-22 und 24.

(65) (PT) Arnulf BARING (geb. 1932), «Ein Hüter der Verfassung? General de Gaulle und die fünfte französische Republik», *Deutsches Verwaltungsblatt,* 76. Jahrg. Nr. 3, vom 1. Februar 1961, S. 101-108.

(66) (PT) R. CAPITANT (vgl. FN 43), «Le rôle politique du Chancelier du Reich» (1932), S. 435-467 in: *Ecrits constitutionnels* (choix de textes de CAPITANT; chronologie, bibliographie et index établis par J.P. MORELON), Paris: Eds du C.N.R.S, 1982, 485 S.

(67) (PT) Maurice GARÇON (1889-1967) (Hrsg.), *Le procès de Raoul Salan (comptes rendus de l'audience),* Paris: Albin Michel, 1962, 560 S., in der Reihe 'Les grands procès contemporains'.

(68) Allusion à une rencontre entre C.S., Francis ROSENSTIEL (cf. *supra* note 60) et moi-même à Bad Nauheim. L'objet essentiel de cette réunion consistait pour ROSENSTIEL d'avoir l'indication de traduire en allemand sa thèse (cf. *supra* note 55 und *infra* note 86).

(69) Rüdiger ALTMANN (né en 1922), *Das deutsche Risiko. Aussenpolitische Perspektiven,* Stuttgart-Degerloch: Seewald Verlag, 1962, 145 p.

(70) J. FREUND, «Note sur la Critique de la Raison dialectique de J.-P. Sartre», *Archives de philosophie du droit,* tome 6, 1961, pp. 219-236.

(71) (PT) Vgl. den Tagungsband: *Max Weber und die Soziologie heute. Verhandlungen des 15. deutschen Soziologentages,* Tübingen: Mohr, 1965, IX-343 S. Der von C.S. genannte Soziologe ist selbstverständlich René KÖNIG (geb. 1906).

(72) (PT) J. FREUND hat diese schwierige Aufgabe dennoch gemeistert: *Essais sur la théorie de la science,* Paris: Plon, 1965, 539 S., Nr. 19 in der Reihe 'Recherches et Sciences humaines'.

(73) (PT) Johannes WINCKELMANN (1900-1985) hat nach dem zweiten Weltkrieg mehrere Neuauflagen von Büchern Max WEBERs besorgt und ausserdem über den grossen Soziologen wichtige Bücher und Artikel veröffentlicht, u.a. *Legitimität und Legalität in Max Webers Herrschaftssoziologie,* Tübingen: Mohr, 1952, III-120 S. (dort S. 56-61: «Der Legalitätsbegriff bei Max Weber und bei Carl Schmitt»).

(74) (PT) Eric VOEGELIN (1901-1985), *Wissenschaft, Politik und Gnosis,* München: Kösel-Verlag, 1959, 93 S.; vor allem S. 63-85 («Der Gottesmord»).

(75) (PT) Michelle AMEDEE PONCEAU, die dynamische Witwe des Philosophen PON-

CEAU (vgl. FN 100), animierte in Paris einen eigenen 'salon littéraire' und präsidierte dem 'Institut international d'Etudes humanistes'; sie gab postum einige Bücher ihres Mannes heraus und war mit C.S. befreundet.

(76) (PT) Ich habe diesen Brief vom 13. November 1962 veröffentlicht in: Paul JANSSENS (geb. 1943), *Eigentijdse geschiedenis: Een vraaggesprek met Raymond Aron* (met een terugblik op ARON door Piet TOMMISSEN), Brüssel: EHSAL, 1985, 63 S., Nr. 59 in der Reihe 'Eclectica'; dort S. 51-52. Es darf hinzugefügt werden, dass ARON C.S. Bücher mit Widmungen geschickt hat, u.a. *L'opium des intellectuels,* Paris: Gallimard, 1955, 337 S.

(77) J'ai renoncé à publier l'intégralité de cette lettre (la fin est supprimée) pour ne pas blesser, le cas échéant, des auteurs allemands vivants, essentiellements à propos de l'interprétation de Thomas HOBBES (1588-1679).

(78) (PT) C.S. hatte seinen Neffen mütterlicherseits André Marie STEINLEIN (1891-1964), Notar in Vic-s/Seilles, besucht.

(79) Cette réunion fut organisée par F. ROSENSTIEL (cf. *supra* note 60) à Saulxures (Bas-Rhin), où son père, responsable des commerçants de Strasbourg, avait créé la colonie de vacances COVACO (= Colonie de vacances des commerçants). Elle eut lieu le 9 sept. 1963 et parmi les principaux participants du côté allemand il y avait, outre C.S., Roman SCHNUR (né en 1927), ALTMANN (cf. *supra* note 69), PETWAIDIC (journaliste au Deutschlandfunk), N. SOMBART (cf. *supra* note 44), et du côté français F. ROSENSTIEL, l'avocat WAXMANN et moi-même. Pendant toute la journée, ce fut une libre conversation sur la manière dont C.S. a vécu le problème allemand depuis la fin de la Première Guerre mondiale: sa rencontre avec Max WEBER (cf. *supra* note 25), l'attitude désemparée de la bourgeoisie allemande, la montée du nazisme, la collusion des nazis avec les catholiques (le Prälat KAAS), les efforts faits par VON SCHLEICHER (1882-1934) pour empêcher l'arrivée des nazis au pouvoir, l'attitude de C.S. après 1933 en liaison avec l'Etat-major, etc.

(80) (PT) Jules MONNEROT (geb. 1909), *Sociologie du communisme. Echec d'une tentative religieuse au XXe siècle,* Paris: Hallier, $(1949)^3$ 1979, XXIV-573 S.

(81) C.S., *Theorie des Partisanen. Zwischenbemerkung zum 'Begriff des Politischen',* Berlin: Duncker & Humblot, $(1963)^2$ 1975, 96 p.; cf. pp. 61-63.

(82) (PT) Karl LÖWITH (1897-1973), «Max Weber und Carl Schmitt», *Frankfurter Allgemeine Zeitung,* Nr. 146 vom 27. Juni 1964.

(83) Impressions de Hirschberg: il doit s'agir d'un endroit sur le *limes romanus* que C.S. et moi-même visitions souvent ensemble durant nos promenades. Je sais qu'un jour nous parlions du droit romain comme régulateur de conflits, ce qui n'est plus le cas du droit moderne, prérogative de l'individu, en dehors de toute contestation et de tout conflit. J'exposais à C.S. ma conception du droit, qui est règle édictée par un pouvoir, en général politique, mais ce pouvoir peut aussi être privé, par exemple les règles monastiques, auxquelles se réfère le droit canon. Ces conversations sont à l'origine de ma thèse sur la conflictualité du droit, c'est-à-dire il est nécessaire qu'il soit au cœur du conflit pour pouvoir le résoudre, sinon il n'est qu'une solution aléatoire, plaquée de l'extérieur sur le conflit qui continue à demeurer latent. – Mais il est également possible que C.S. fasse allusion à l'idée du droit allemand que la Prusse a codifié, en tant que puissance qui a fait l'unité de l'Allemagne, sans l'unifier uniformément. C.S. était d'accord avec moi pour reconnaître que la seule période 'jacobine' de l'Allemagne fut celle du nazisme et celui-ci a trahi le droit dans sa substance en réintroduisant l'ennemi intérieur et la guerre civile, donc un élément terroriste. Pour des explications plus détaillées, cf. pp. 303-318 («Droit et conflit») dans mon ouvrage: *Politique et impolitique,* Paris: Sirey, 1989, IV-426 p., dans la collection 'Philosophie politique'.

(84) C.S., *Land und Meer. Eine weltgeschichtliche Betrachtung,* Cologne: Hohenheim-Verlag, $(1942)^3$ 1981, 109 p.; cf. pp. 47-48.

(85) C.S., *op. cit.* (cf. *supra* note 50), pp. 349-350.

(86) F. ROSENSTIEL, *Supranationalität. Eine Politik des Unpolitischen,* Cologne/Berlin: Kiepenheuer & Witsch, 1962, 186 p. Il s'agit de la traduction de la thèse citée *supra* note 55. Il était dans les intentions de l'auteur de demander à C.S. de rédiger la préface de la traduction. Finalement C.S. a refusé et l'on a conservé ma préface. Mais le sous-ti-

tre de la traduction («Eine Politik des Unpolitischen») a été proposé par C.S. à ROSENSTIEL, qui fut ravi de la formule.

(87) C.S., «Die vollendete Reformation. Bemerkungen und Hinweise zu neuen Leviathan-Interpretationen», *Der Staat,* vol. 4 n° 1, 1965, pp. 51-69.

(88) (PT) Raymond POLIN (geb. 1910) hat als Verfechter der Wertphilosophie angefangen, sich in späteren Jahren als Politologe bewährt. Er hat in Frankreich die Hobbes-Forschung von neuem angeregt mit seinem wichtigen Buch: *Politique et philosophie chez Thomas Hobbes,* Paris: P.U.F., 1953, XX-267 S., in der 'Bibliothèque de philosophie contemporaine'. C.S. hat POLIN deswegen am 14. Mai 1955 einen lobenden Brief geschickt (er ist mir vom Empfänger freundlicherweise zur Verfügung gestellt worden: Sendung vom 24. Oktober 1989).

(89) J. FREUND, *op. cit.* (cf. *supra* note 7), pp. 280-367 («Le deuxième présupposé: Le privé et le public»).

(90) (PT) J. FREUND, «Le concept de public et l'opinion», *Archives européennes de sociologie,* 5. Jahrg. Nr. 2, 1964, S. 256-271. In dieser Studie setzte FREUND sich auseinander mit Jürgen HABERMAS (geb. 1929) *(Strukturwandel der Oeffentlichkeit. Untersuchungen zu einer Kategorie der bürgerlichen Gesellschaft,* Darmstadt/Neuwied: Luchterhand, $[1962]^{17}$ 1987, 400 S., Nr. 25 in der 'Sammlung Luchterhand'), R. KOSELLECK (*op. cit.,* FN 31) und Dieter GROH (geb. 1932) *(Russland und das Selbstverständnis Europas,* Neuwied: Luchterhand, 1961, 336 S., Nr. 3 in der Reihe 'Politica').

(91) (PT) Gemeint ist das bekannte Buch des Sorbonne-Professors und Spezialisten der Ideengeschichte Paul HAZARD (1878-1944), das in deutscher Sprache übersetzt worden ist: *Die Krise des europäischen Geistes,* Hamburg: Hoffmann und Campe, 1939, 534 S., in der 'Europa-Bibliothek' (im gleichen Verlag ist 1948 ein Nachdruck erschienen).

(92) C.S., *op. cit.* (cf. *supra* note 4), p. 79.

(93) (PT) *Industrielle Gesellschaft – menschlich oder unmenschlich? Bergedorfer Gesprächs-Kreis zu Fragen der freien industriellen Gesellschaft, Protokoll-Nr. 16,* 1964, 55 S.; dort S. 29 sowohl die Ausführungen ARONs als auch die von C.S. gerügte Unterbrechung von Ralf DAHRENDORF (geb. 1929).

(93a) Vgl. *infra* FN 94.

(94) Il s'agit de la discussion décevante après ma conférence sur «Geschehen ohne Geschichte. Gibt es einen Nullpunkt in der Geschichte?» (publiée in *Horizont,* vol. 1966 n° 9, pp. 15-36), les arguments avoués étant déjà d'orientation gauchiste et pas seulement progressiste. Le texte a été dédié à ADRIAN «zu seinem 80. Geburtstag in dankbarer Verehrung» (cf. *infra* note 97).

(95) (PT) Es handelt sich um Rolf HOCHHUTH (geb. 1931), der die deutsche Oeffentlichkeit mit seinen Dokumentardramen in Aufregung zu bringen vermochte: Im *Stellvertreter* (1963) – von C.S. im Brief gemeint – klagte er Papst PIUS XII. (Eugenio PACELLI; 1876-1958) der Mitschuld an den Greueln des Nazi-Regimes, in *Soldaten* (1967) Winston CHURCHILL (1874-1965) des Völkermords an.

(96) J. FREUND, *Sociologie de Max Weber,* Paris: P.U.F., $(1966)^3$ 1983, 256 p., n° 2 dans la collection 'Le sociologue'. Les deux conférences, restées inédites, ont été faites devant les étudiants de Strasbourg qui préparaient l'agrégation des lettres classiques (La Politique d'ARISTOTE était au programme de l'oral). Quant à la traduction, il s'agit d'un texte de Max WEBER, publié ultérieurement sous le titre «Les concepts fondamentaux de la sociologie» (cf. pp. 3-59 dans: *Economie et société,* Paris: Plon, 1971, 650 p., n° 27 dans la collection 'Recherches et Sciences humaines').

(97) Je connaissais Henri ADRIAN (1885-1969) depuis 1946. Il fut un ami de mon beau-père. Après la mort de sa femme, et puis celle de mes beaux-parents, il vint tous les dimanches nous rendre visite pour bavarder. L'allusion de C.S. se rapporte aux souvenirs d'ADRIAN au cercle littéraire de Strasbourg, où il avait rencontré C.S. Ce n'est qu'après sa mort que j'ai écrit sur lui: «Henri Adrian, poète intimiste», *Revue alsacienne de littérature,* n° 19-20, 1987, pp. 113-117. Cf. aussi *supra* note 94.

(98) Fritz KIENER (1874-1942) fut professeur d'histoire de l'Alsace à la Faculté des Lettres de Strasbourg. Cf. sur lui André-Léon KIENER, «Un Soultzois, historien d'Alsace: Fritz Kiener (1874-1942)», *Quatre-Forêt,* vol. 1980, n° 30, pp. 6-9 (et bibliographie pp. 9-11).

(99) (PT) Der sowohl von J.F. wie von mir geäusserte Gedanke, es handele sich um den in Dijon lehrenden Philosophen Jean BRUN (geb. 1919), trifft nicht zu: Herr Kollege BRUN hat unsere Mutmassung zunichte gemacht (Brief vom 2. November 1989). – C.S. nimmt Bezug auf seine Abhandlung «Nehmen, teilen, weiden» (1953), *op. cit.* (FN 50), pp. 489-501.

(100) (PT) Amédée PONCEAU (1884-1948), *Initiation philosophique,* Paris: Rivière, (1947)[4] 1963, 2 Bände = 578 S. Einige seiner Bücher sind postum von seiner Witwe (vgl. *supra* FN 75) herausgegeben worden, u.a.: *Timoléon. Réflexions sur la tyrannie* (mit Einführungen von Louis LAVELLE, 1883-1951, und Raymond ARON), Paris: Eds du Myrte, 1950, 239 S.

(101) C.S., *op. cit.* (cf. *supra* note 50), pp. 427 ff. et p. 512. Johannes POPITZ (1884-1945) était le dernier ministre des finances de la Prusse.

(102) C.S., *Ueber die drei Arten des rechtswissenschaftlichen Denkens,* Hambourg: Hanseatische Verlagsanstalt, 1934, 67 p., dans la collection 'Schriften der Akademie für Deutsches Recht'.

GÜNTHER KRAUSS †

Erinnerungen an Carl Schmitt

Bislang lagen von diesen fesselnden und zugleich anregenden, vielleicht sogar herausfordernden Memoiren vor:
– Teil 1: 1929-1931
in: «Criticón», 16. Jahrg., Nr. 95, Mai-Juni 1986, S. 127-130,
– Teil 2: 1931-1933
in: «Criticón», 16. Jahrg., Nr. 96, Juli-August 1986, S. 180-184,
– Teil 3: 1933
in: Schmittiana I, 1988, S. 55-69.
Von diesen Teilen gibt es bereits eine autorisierte italienische Uebersetzung von Antonio CARACCIOLO (geb. 1950), in: «Behemoth» (Rom), 3. Jahrg. Nr. 1-2, Januar-Juni 1988, S. 11-15; 4. Jahrg. Nr. 1, Juli 1988-März 1989, S. 23-28; 4. Jahrg. Nr. 3-4, Juli-Dezember 1989, S. 7-12.
Infolge des plötzlichen Todes des Autors sieht es auf den ersten Blick so aus, dass die nachfolgenden Teile 4 und 5 die letzten Fortsetzungsstücke der Reihe darstellen. Kurz vor seinem Tod stellte mir Günther KRAUSS (1911-1989) jedoch noch einen kurzen Text zwecks Veröffentlichung zur Verfügung. Er ist zwar aus einem besonderen Anlass entstanden, kommt m.E. aber dennoch als Auftakt zum nicht geschriebenen Teil 6 in Betracht. Ich werde ihn in «Schmittiana III» abdrucken, zusammen mit einem Nachruf und einigen Dokumenten, die für die C.S.-Forschung vielleicht von Nutzen sein können.

Vorsorglich weise ich noch darauf hin, dass die vor allem (aber nicht ausschließlich) jüngeren Lesern zugedachten Fussnoten abermals von mir angefertigt und vom Autor genehmigt worden sind.

P.T.

*
* *

TEIL 4

Neuer Anfang in Berlin

I. Die Egilsaga und die Gebrüder Sklarek

Zu Ende 1933 folgte ich als Doktorand Carl SCHMITT nach Berlin, trotz elterlicher Warnungen, die sich rund drei Jahre später, also Ende 1936, als völlig berechtigt erweisen sollten. Heute ist mir sogar zweifelhaft geworden, ob es überhaupt richtig ist, unmittelbar nach der Referendarprüfung, ohne jede Lebenserfahrung, vortrefflich ausgebildet nur in Weltfremdheit, wie Odo MARQUARD mit Recht sagt (1), ausschließlich der Promotion zu leben; ich hatte meinen SHAKESPEARE und meinen Carl SCHMITT gelesen – das liegt nicht weit auseinander –, aber für die Praxis des Lebens genügte dies nicht.

An die elterliche Warnung erinnerte mich nach Jahrzehnten die Lektüre der Eigilsaga, der Geschichte vom Skalden EGIL, eine der mehreren großen nordischen Prosadichtungen. Schauplatz der Saga ist Norwegen unter König HARALD SCHÖNHAAR, dem großen Einiger des Landes, dessen Geschichte – sowohl des Königs als auch des Landes im Mittelalter – der Isländer Snorri STURLUSON in der *Heimskringla* so meisterhaft dargestellt hat, daß man jedem guten Freund die Lektüre wünschen möchte. THOROLF, der Sohn KVELDULFs, wird von seinem Vater vor dem Eintritt in den Dienst des Königs gewarnt, von dem der Vater Unheil befürchtet. THOROLF aber antwortet: «Das wird nun ganz anders kommen: ich denke, große Ehren zu erlangen, und bin fest entschlossen, den König aufzusuchen und sein Vasall zu werden». Tatsächlich erlangt er große Ehren beim König, fällt aber später in Ungnade und wird auf Geheiß des Königs getötet (2).

Das ist eine in ihrer Typizität lehrreiche Geschichte. Niemals wird man sich in der Jugend durch weisen Rat, aus der Erfahrung geschöpft, abhalten lassen, großen Männern auf Gedeih und Verderb zu folgen. Keineswegs kann ich mich mit THOROLF vergleichen, sozusagen als geistiges Pendant dieses großen Kriegers. Sehr wohl aber kann ich Carl SCHMITT mit König HARALD vergleichen: auch jener war ein König, nämlich im Reiche des Geistes, und man darf mit Königen, seien sie auch alles andere als fleckenlos, nicht so verfahren, wie es heute seitens solcher geschieht, die intellektuelle Löcher mit moralischen stopfen. Zum Unterschied von der Eigilsaga traf die Katastrophe von 1936 weniger mich als Carl SCHMITT selbst. Mir wurde sie zum Heil im Sinne einer wenigstens partiellen Heilung von Weltfremdheit, und dies verdanke ich einem väterlichen Freund und Lehrer, der als preußischer Reserveoffizier gerade über diejenigen ethischen Qualitäten verfügte, an denen es Carl SCHMITT gebrach; selten trug ein Mann seinen Vornamen so mit Recht wie Justus KOCH aus Magdeburg, Rechtsanwalt und Notar in Berlin (3).

Nach dem Zweiten Weltkrieg, zehn Jahre danach – nach dem niederträchtigen Angriff des *Schwarzen Korps* (4), allem Anschein nach inspiriert von einem, der Carl SCHMITTs Gastfreundschaft genossen hatte – feierte meine Freundschaft mit dem großen Gelehrten Auferstehung. Das ging völlig wortlos vonstatten: es galt, wie man in Spanien sagt, «borrar y cuenta nueva». Freilich brachten die Jahre von 1945 an Carl SCHMITT nur eine Auswechselung der Verfolger: ob nationalsozialistisch oder demokratisch: die Mentalität vieler Menschen bleibt dieselbe, sogar die Identität bleibt erhalten. Doch fanden sich auch Helfer, zu denen auch ich gehören durfte.

Der Leser wird nicht schlecht erstaunt sein, wenn ich von der Eigilsaga hinüberwechsele zu einem der größten Skandale der Weimarer Zeit. Aber dies hat einen ganz einfachen Grund: Eigilsaga war der Name einer Stute aus dem Rennstall der Gebrüder Leo und Willi SKLAREK. Die erste, allerdings völlig oberflächliche Bekanntschaft mit der Saga verdanke ich der jüdischen Vorliebe für das Germanentum, wie sie zur Weimarer Zeit und davor herrschte und sich auch in Vornamen äußerte: Namen wie Siegfried, Siegmund und Siegbert begründeten eine Vermutung für die Zugehörigkeit ihrer Träger zum Judentum.

Die Rennerfolge des Stalles Sklarek waren mäßig, verglichen mit denen der Ställe A. und C. WEINBERG, Frh. VON OPPENHEIM, OPPENHEIMER und LEWIN, auch diese alle mehr oder weniger in nichtarischem Besitz. Am erfolgreichsten waren noch die Hengste Eigilbert, Dritter im Deutschen Derby 1923 hinter Augias und Ganelon aus dem Stall Weinberg, und Wippizo, ein recht guter Steepler. Der Name Eigilbert gefiel mir ausnehmend, und daher gehörte meine Sympathie dem Stall Sklarek. Dann aber erfuhr ich nicht nur, daß die Besitzer Juden waren, sondern auch, daß sie statt im Pferderennsport führend waren in einer der größten Skandalaffären der Weimarer Zeit, Protagonisten im Skandal (5). Sie übertrafen hierin noch Julius BARMAT und Iwan KUTISKER (6), ebenfalls Juden. Dazu kam dann noch der Zusammenbruch der heute vergessenen Darmstädter und Nationalbank, kurz Danatbank, und die schwere Krise bei der Dresdner Bank, die die Krise immerhin überstanden hat (7). Jene Bank wurde geleitet von Jacob GOLDSCHMIDT, diese von Henry NATHAN. Auch eine ebenfalls in jüdischer Hand befindliche Lebensversicherung brach zusammen (8). Das alles wird heute selten erwähnt, gehört aber zur Geschichte der Weimarer Zeit und kann bei der notwendigen Historisierung des Nationalsozialismus nicht übergangen werden (9). Dorthin gehören ferner die Pariser Vorortverträge, nicht nur Versailles, sondern auch Saint-Germain, Österreich betreffend, wohl auch die Inflation, zweifellos die Massenarbeitslosigkeit, die zu weit größerer Verelendung führte als die heutige Arbeitslosigkeit. Dorthin gehört auch die Angst vor der kommunistischen Weltrevolution, die man auch aus der Rückschau nicht als unbegründet abtun kann. Dazu kamen schließlich laszive Literatur, Pornographie und Homosexualität, abgedeckt durch eine mehr als überflüssige Sexualwissenschaft – damals erst begann man, auch in der Gesellschaft von Sexualität zu reden, während es das vorher gar nicht gegeben hatte (10). Dies rief Gegenbewegungen auf den Plan: Antisemitismus und Nationalsozialismus. Antisemitismus ist ein Allgemeinbegriff, der ganz verschiedene Dinge und Personen umgreift: als letztere seien genannt der Jude Karl MARX, der evangelische Hofprediger STOECKER, der katholische Bürgermeister von Wien Karl LUEGER (11), nach dem noch heute eine der Ringstraßen benannt ist, französische Antisemiten wie Edouard DRUMONT (12) und der fervente Katholik Georges BERNANOS, der auf mich den stärksten Einfluß ausübte (13). Nicht jede Spielart des Antisemitismus kann man für die Frevel und Untaten des Nationalsozialismus verantwortlich machen. Nationalsozialismus anderseits ist ein konkreter Begriff, dessen Unterordnung als species unter das genus des Fascismus nur möglich ist, wenn man unter letzterem jeden militanten – oder sogar nichtmilitanten – Antikommunismus versteht. Wer an solcher Begriffsbildung ein Interesse hat, ist leicht auszumachen; doch folgen ihr auch solche, die daran kein Interesse haben dürften. Antisemitismus und Nationalsozialismus sind nicht deckungsgleich; es gab Antisemiten, denen der Nationalsozialismus zu vulgär war, und es gab Nationalsozialisten, die den Antisemitismus nur in Kauf nahmen; zu diesen gehörte mein Freund Heinrich OBERHEID (14). Ich selbst war der aus der Rückschau völlig unsinnig erscheinenden Ansicht, mit der jüdischen Vorherrschaft in der Literatur werde auch die Pornographie von selbst verschwinden, ähnlich wie Kommunisten der Ansicht waren, mit dem Sieg der Weltrevolution über Kapitalismus und Bourgeoisie werde die Kriminalität von selbst verschwinden. Letztere Ansicht hatte insofern einen Wahrheitskern, als nur der starke Staat, zu dem nicht nur, aber auch die bolschewistische Revolution führte, in der Lage ist, die Kriminalität wirksam zu bekämpfen. Mein Glaube an das Verschwinden der Pornographie erlitt schon einen ersten Stoß, als Joseph GOEBBELS während des Krieges die Moral der Truppe durch leichte Pornographie zu heben versuchte. Nach dem Sturz Konrad ADENAUERs, der hier wie anderwärts als Aufhalter wirkte, erreichte dann die Pornographie auch ohne Juden geradezu eine neue Dimension; das Verschwinden der Juden führte nur zu einer ungeahnten Vulgarisierung.

Der nationalsozialistische Antisemitismus war kein eigentlicher Massenwahn; denn er erfaßte große Bevölkerungsschichten überhaupt nicht. Es war ein elitärer Wahn – elitär natürlich wertfrei verstanden – der zur Dominanz gelangte und den Zeitgeist prägte. Dieser Zeitgeist erfaßte auch Carl SCHMITT; auch große Geister sind nicht gegen jede Verirrung des Zeitgeistes gefeit. Der schöne Vers von Konrad WEISS, der kein Antisemit war: «Der ist gefeit, und Feiung wird sein Teil, der durchschlägt selbst der Nornen Seil» (15) paßte nicht auf Carl SCHMITT.

II. Fichteberg, mit Intermezzo: SA-Sturm 15

Bei seiner Rückkehr nach Berlin nahm Carl SCHMITT seine Wohnung nicht wieder im Hansaviertel, sondern in Steglitz im Haus Nr. 2 der damaligen Schillerstraße, heute Arno-Holz-Straße.

Steglitz, im Südwesten Berlins, an der Wannseebahn, die hauptsächlich Wohnbezirke bürgerlicher Wähler durchfuhr, war einer der angenehmsten und schönsten Stadtteile Berlins. Er umfaßt sowohl Villen- als auch Geschäftsviertel, letztere hauptsächlich an der Schloßstraße, Fortsetzung der Potsdamer Straße, der Schöneberger Hauptstraße, der Friedenauer Rheinstraße, und ihrerseits weitergeführt in der Lichterfelder Straße Unter den Eichen. Der Verkehr war angenehm, nicht lärmend, die Geschäfte gediegen, nicht versnobt, günstig für die Hausfrauen. Das bunte Steglitz verband sich harmonisch mit dem grünen Steglitz, wozu der Fichteberg im Nordwestteil des Bezirks gehörte, mit freundlichen, nicht abweisenden Villen, viel Gartenland und baumbestandenen Straßen, auf denen spazieren zu gehen eine Lust war. Es bedarf kaum der Hervorhebung, daß Frau Duschka die Wohnung mit Liebe, Sorgfalt und praktischem Sinn, vor allem auch mit sicherem Geschmack aufs behaglichste eingerichtet hatte, so daß sowohl der Hausherr als auch die vielen Gäste ideale Bedingungen vorfanden.

Auch mir besorgte sie eine Wohnung, in der Mackensenstraße im alten Westen, der Verlängerung der als Bohèmeviertel bekanntgewordenen Motzstraße zur Stadtmitte hin, zwischen Nollendorfplatz und Zwölf-Apostel-Kirche. Das Zimmer war ein früheres Maler-Atelier, der Maler-Vorgänger könnte sogar Werner GILLES (16) gewesen sein. Diese Gegend um die Potsdamer Straße, angrenzend an Schöneberg, war etwas heruntergekommen. In der Nähe lag der Bülowbogen der Stadtbahn, und dieser gehörte zum Revier eines Fräuleins GRUHN – Vorname Eva nach GÖRLITZ-QUINT, Erna aber nach FEST, während ich selbst noch Hella in Erinnerung habe –, und hier handelte es sich um die spätere Ehefrau des Reichskriegsministers VON BLOMBERG, dessen völlig unbegreifliche Mesalliance mit großem Recht zur Beendigung seiner Laufbahn, aber leider auch zu der Affäre FRITSCH (17) und einer Art Degradierung der Wehrmacht führte. Zu der Gegend gehörte aber auch der SA-Sturm 15 der 2. Standarte (Tiergarten). Er hatte eine große Tradition und trug den Namen Hans Georg KÜTEMEYER nach einem von Kommunisten erschlagenen und in den Landwehrkanal geworfenen Kameraden. Zu seiner Tradition gehörte weiterhin die erfolgreiche Störung des REMARQUE-Films «Im Westen nichts Neues» im Theater am Nollendorfplatz (18). Das Revier des Sturms war zwar nicht zu vergleichen mit den riesigen Arbeitervierteln im Wedding im Norden und in Neukölln im Südosten Berlins, die bei den blutigen Unruhen von 1918 an eine Hauptrolle spielten, aber es gehörte auch hier großer Mut dazu, der anfangs übermächtigen «Kommune» auf der Straße und nicht nur in «Verurteilungen» entgegenzutreten. Einige Straßen mit klangvollen Namen waren auch nach der Machtübernahme noch immer rot geblieben, so die Schwerin- und die sogar im Lied vorkommende Steinmetzstraße.

Sturm 15 wurde zu meiner Zeit von einem Offizier des ersten Weltkriegs geführt, der aber dem Offizierkorps des alten Heeres in keiner Weise zur Ehre gereichte. Bezeichnenderweise verschwand er nach dem Sturz Ernst RÖHMs sozusagen spurlos, und sein Abgang wurde im Sturm mit Erleichterung aufgenommen, vor allem auch bei den Unterführern, die mit ihm in keiner Weise harmonierten, aber machtlos waren, weil er von oben gedeckt wurde. Er muß an dem Terror, der bis zum 30. Juni 1934 von den Kreisen um den Gruppenführer Karl ERNST ausgeübt wurde, partizipiert haben. ERNST selbst erschien vor dem bewußten Datum noch hoch zu Roß, das er liebevoll tätschelte, bei uns auf dem Exerzierplatz in Schöneberg und eröffnete uns, daß er nicht jede Straftat decken könne. Es mußten also Angehörige des Sturms in Straftaten verwickelt gewesen sein, und dabei konnte es sich nur um den Sturmführer und vielleicht einige seiner Kreaturen handeln. ERNST selbst wurde bekanntlich bei der Säuberungsaktion HITLERs erschossen und soll zuletzt ausgerufen haben: «Warum das, mein Führer?» (19).

Die Unterführer dagegen waren bis auf einen angeblichen Studenten ehrenhafte Männer, die in der Kampfzeit ihren Mann gestanden hatten, aber bescheiden geblieben waren und weiterhin in bescheidenen Verhältnissen lebten, durchweg aus dem von MARX übergangenen, von LENIN geschmähten Kleinbürgertum, ohne das die Abwehr des Bolschewismus schwierig geworden wäre, da ja Reichsbanner und Eiserne Front nicht ausreichten, ja belächelt wurden: «eine Front aus Pappe und Blech» (20). Obwohl die Namen dem Leser kaum etwas sagen werden, verzichte ich nicht auf ihre Nennung: sie standen durchweg im Rang eines Obertruppführers oder Truppführers: Hans DREYER, HILLIG, Hermann MOHEIT – ein Ostpreuße, der sagte, es gehe ihm jetzt nicht wesentlich besser als vor der Machtübernahme, im Falle einer Niederlage aber wäre es ihm schlecht gegangen –, BRENNEISEN, Horst JABLONOWSKI, genannt «Jablo», ein echter Berliner mit viel Mutterwitz, der das Gedankengut der Bewegung eingängig darstellen konnte, und Lothar HOLLERWEGER, Katholik aus Westfalen, von Beruf Bäcker, der in seiner Montur den 3000-Meter-Lauf zum ungeliebten SA-Sportabzeichen in guter Zeit absolvierte, unter starkem Beifall der Kameraden, die gerade mit dieser Übung wenig anfangen konnten, trinkfest wie sie waren, und am Sport nur wenig interessiert. Man lebte in der Hoffnung, Miliz zu werden. Man befürchtete, in der Reichswehr, zu der man sich in Distanz befand, wieder von unten anfangen zu müssen. Nun hätte man sich die Wartezeit mit Sport vertreiben können, was mir sehr lieb gewesen wäre. Aber es gab nicht einmal Kleinkaliberschießen, sondern nur Appelle und ziemlich stumpfsinniges Exerzieren. Trotzdem fühlte ich mich wohl, nach einer gewissen Anlaufzeit, wie sie jedem Neuling blüht, vor allem auch einem Intellektuellen. Ich verblieb auch beim Sturm 15, als ich meine Wohnung wechselte und nach Südende verzog. Den RÖHM-Coup oder wie man ihn nennen will, erlebte ich bereits dort und hörte die große Führer-Rede vor dem Rathaus in Lankwitz, an einem schönen Sommerabend. Ich fand sie überzeugend. Von den Begleit-Morden wußte ich zunächst nichts (21).

Zunächst mag es auch Carl SCHMITT so gegangen sein. Erst allmählich dämmerte uns, was da so alles geschehen war. Carl SCHMITT kannte natürlich nicht die Interna der SA. Zu Anfang neigte er dazu, sie zu idealisieren. Anderseits kann ihm der Terror der RÖHM- und HEINES-Bande nicht verborgen geblieben sein (22). Doch hoffte man weithin, der Führer werde schon alles in Ordnung bringen. Große Hoffnungen setzte Carl SCHMITT vor allem auch auf die Jugend. Dabei kam es zu Überschätzungen, nicht nur der Intelligenzen und Charaktere, sondern auch des Einflusses der jungen Freunde. Sie nutzten ihm nichts; es wurde sogar Ablehnung geäußert, was mir unverständlich blieb. Erst nach der Schwarzen-Korps-Attacke hatte ich «begriffen».

III. Die Zusammenarbeit mit Carl Schmitt

Ich ging nun an die Arbeit an meiner Dissertation. Carl SCHMITT ließ mir dazu sehr großzügig freie Zeit. Ich muß feststellen, daß ich niemals sein Assistent oder überhaupt Assistent an der Universität war. Jegliche Ausnutzung war ihm fremd. Aber wir trafen uns sehr oft, teils in seinem Seminar, teils in seiner Wohnung.

Über das Thema der Dissertation waren wir uns sehr schnell klar geworden (23). Ich hatte Hans BARIONs Schrift – seine Bonner Antrittsvorlesung – *Rudolph Sohm und die Grundlegung des Kirchenrechts* (24) gelesen und war von der glänzenden Darstellung stark beeindruckt, vom Ergebnis aber keineswegs befriedigt. Gegenstand seiner Schrift war die These SOHMs «Das Wesen des Kirchenrechts ist mit dem Wesen der Kirche unvereinbar» (25). Dies war mir völlig *contre cœur,* und ich wüßte auch heute wenig, was mir noch abwegiger erschiene. Schon viele Protestanten waren gegen die These SOHMs, erst recht wohl so gut wie jeder damalige Katholik; heute mag das anders sein, nachdem zahlreiche katholische Theologen und natürlich auch von ihnen mißleitete Gläubige innerlich zum Protestantismus konvertiert sind. Es ist unvorstellbar, daß sich die Kirche, so lange sie steht und geht, in grundlegendem Irrtum über ihr Wesen, heute Identität genannt, befunden hätte.

BARION machte nicht entschieden genug gegen SOHM Front. Er kam zu dem Ergebnis, die Grundlegung des Kirchenrechts könne nur der Theologe leisten. Es erhebt sich jedoch die Frage, ob nicht hier auch der Jurist etwas leisten kann und als Katholik dann auch zu leisten hat. In der Antrittsvorlesung hatte BARION diese Frage nicht gestellt; später ist er ihr jedoch nähergetreten, wenn auch ebenfalls mit unbefriedigendem Ergebnis. Darüber ist hier nicht weiter zu handeln. Mit meiner Ansicht, der Rechtsbegriff SOHMs bedürfe der Untersuchung und halte einer Überprüfung nicht stand, befand ich mich in voller Übereinstimmung mit Carl SCHMITT; es konnte nicht anders sein. Mir mißfiel auch der oft gerühmte Stil Rudolph SOHMs. Er erschien mir spätwilhelminisch-nachbismärckisch. Das Pathos, die Feierlichkeit hatten in meinen Augen manchmal einen unechten Glanz. BARION hatte das nicht gestört; unser Geschmack deckte sich auch in musikalischer Hinsicht nicht ganz: bei ihm zuviel BEETHOVEN, zu wenig Musik von den Höfen der Kaiser MAXIMILIAN I. und KARL V., der englischen Könige einschließlich HEINRICHs VIII. und auch König LUDWIGs XIV.

Als Doktorand besuchte ich die Vorlesungen Carl SCHMITTs nur ganz gelegentlich. Dagegen war die Teilnahme an seinem Seminar nicht nur Pflicht, sondern auch eine Lust. Das Seminar war sowohl quantitativ als auch qualitativ stärker besetzt als das Seminar in Köln. SA-Angehörige nahmen in Uniform teil – ich erkannte die Stillosigkeit nicht –, und ihre Beiträge wurden von Carl SCHMITT beachtet; sonst waren seine Antworten auf Diskussionsbeiträge, die ihm nicht paßten, brüsker als früher. Es nahm aber auch ein Jesuit teil: P. PREIS, der sehr korrekt und höflich auftrat und ein sehr sachliches Referat hielt (26); aber die Gesellschaft Jesu war damals unbeliebt, anders als die Dominikaner und Benediktiner. Mich hatte die Lektüre der *Zwei Wege der neueren Theologie* ESCHWEILERs (27) gegen den Jesuitenorden aufgebracht; solche erregende Lektüre treibt zur Aktivität, und Aktivität wird in unreiferer Jugend schnell zur Aggressivität. Hier habe ich Selbstkritik zu üben. Sowohl Carl SCHMITT als auch ich hatten später große Freundschaften mit hervorragenden Jesuiten. Auch ein guter Dominikanerpater namens Willigis ERREN in Köln mahnte zur Mäßigung: man dürfe in der Polemik nur von «einigen Jesuiten» reden (28).

Ein anderer herausragender Teilnehmer des Seminars war Viktor LEONTOVITSCH, wohl ein Ukrainer (29). Er verfügte nicht nur über solide juristische und auch theologische Kenntnisse, sondern praktizierte auch die Ethik des Streitgesprächs, für die sich Josef PIEPER mit Recht so nachdrücklich einsetzt (30). Vor allem aber ist zu erwähnen ein Spanier, Francisco Javier CONDE Y GRAUPERA (31), mit dem sowohl Carl SCHMITT als auch mich eine lebenslange, herzliche und ungetrübte Freundschaft verband, ein bedeutender Gelehrter, Verfasser einer *Teoría de las Formas políticas* und zahlreicher Aufsätze. Im spanischen Bürgerkrieg trat er auf die Seite FRANCOs, wurde Direktor des «Instituto de Estudios Políticos», das eine hervorragende Zeitschrift herausgab, und später Diplomat, lange Zeit Gesandter in dem damals noch ruhigen Manila, zuletzt Botschafter in Bonn. Von hier aus vermittelte er mir eine unvergeßliche Privataudienz bei FRANCO. Kurz danach starb er plötzlich. Ich würde seinen Tod gern einen allzu frühen nennen; doch Kritik am göttlichen Ratschluß ist nicht erlaubt.

Oft besuchte ich Carl SCHMITT in seinem Hause, meist von der Stadtmitte aus, besonders von der Bibliothek des Juristischen Seminars, einer ausgezeichneten Bibliothek. Es gab zwei Möglichkeiten, von dort nach Steglitz zu gelangen: Untergrundbahn bis Breitenbachplatz oder Omnibus – wohl Linien 18 oder 20 – bis Rathaus Steglitz. Die U-Bahn benutzte ich seltener, obwohl die Fahrt ruhig und angenehm war und die Stationen Heidelberger und Rüdesheimer Platz schon durch ihre Namen, mehr noch durch ihre Umgebung, angenehme Gefühle weckten. Hier muß man den Berlinern großes Lob zollen wegen ihrer Disziplin und Rücksichtnahme: auf den Rolltreppen stellte man sich nie Überholern in den Weg – es ist grauenhaft, dies heute etwa in Köln zu sehen. Die Omnibusfahrt war anstrengender auf der langen Strecke. Zu loben ist wieder das vorzüglich ausgebildete Personal der Berliner Verkehrsgesellschaft. Die Schaffner auf den zweistöckigen Wagen waren stets behilflich. Wenn die Wagen überfüllt zu sein schienen, hieß es: «Jeben Se sich Mühe, et jeht!». Mit Randalierern wurde man schnell fertig; ihnen wurde mit ernsten Zügen Hinauswurf angedroht: «Det jeht sehr schnell». Zum Schluß hatte ich dann noch einen angenehmen Fußweg durch das grüne Steglitz. Als ich später nach Südende zog, konnte ich den ganzen Weg zu Fuß machen, durch die geschäftige Albrechtstraße, die an einem hübschen Stadtpark vorbeiführte.

Die Besuche bei Carl SCHMITT waren in der Regel Arbeitsbesuche. Doch es war angenehme Arbeit, mit Ausnahme eines Zwischenfalls, der aber einen guten Ausgang nahm. Es begann meist mit Musik: er erteilte musikgeschichtlichen Unterricht, den er auf dem Klavier illustrierte, obwohl er systematischen Klavierunterricht offensichtlich nie genossen hat, vielleicht weil er ihm zu langweilig war. RIEMANNs *Musikgeschichte in Beispielen* wurde herangezogen (32), viel war von MOZART und BEETHOVEN die Rede und von ihren Beziehungen zum Freimaurertum; hier war Carl SCHMITT sehr interessiert und hellhörig. Auch der halbjüdische, aber nach wie vor in Ehren gehaltene Freund Arnold SCHMITZ, Verfasser eines Buches über *Das romantische Beethovenbild,* spielte eine Rolle (33).

Bei den Gesprächen war meine Rolle keine bedeutendere als die des aufmerksamen Zuhörers. Der Nutzen für Carl SCHMITT bestand nicht in dem, was ich erwiderte, sondern darin, daß er nach dem besten Ausdruck seiner Gedanken suchen konnte. *L'idée vient en parlant.* Oft unternahmen wir Spaziergänge im grünen Steglitz, manchmal auch Besorgungsgänge im bunten Steglitz. Dann kamen die Gedanken noch mehr in Fluß. Das Sitzen am Schreibtisch führt nicht selten auf einen toten Punkt; zu bedauern ist das Verschwinden der Stehpulte. Der tote Punkt wird aber durch Bewegung überwunden: *l'idée vient en marchant.* Oft blieb Carl SCHMITT dann stehen, die Augen leuchteten: es war ihm eine neue Einsicht oder auch eine neue Formulierung gekommen. So spricht auch der Psalmist von Sessio und Resurrectio, auch vom Stehen und Gehen.

Ganz gelegentlich konnte ich Carl SCHMITT auch als Maschinenschreiber behilflich sein, so besonders bei der Ausarbeitung der *Drei Arten des rechtswissenschaftlichen Denkens,* die freilich unter Donner und Blitz vor sich ging. Zum Unterschied von ihm beherrschte ich nicht die Kurzschrift (34), hatte mir aber, wie so viele andere in ähnlicher Lage, eine private Abkürzungsschrift zugelegt. Das war für ihn immerhin von einem gewissen Nutzen. Eine größere Zeit als Maschinenschreiber sollte ich nach dem Krieg beim *Nomos der Erde* erleben (35).

Nach solchen Arbeitsbesuchen blieb ich dann auch zur Abendmahlzeit. Hier bietet sich erneut Gelegenheit, Frau DUSCHKA zu rühmen. Die von ihr geleitete Küche entsprach ganz dem, was einem Gelehrten wie Carl SCHMITT zuträglich war. Mit der balkanischen Küche, sei sie nun serbisch, kroatisch oder auch rumänisch, verbinden wir meist die Vorstellung von scharfem Gewürz und einer gewissen Schwere. Frau DUSCHKA verbannte Schärfe und Schwere, aber die Kost blieb angenehm würzig. Ich erinnere mich an keinen Fall, wo etwas Carl SCHMITT oder auch mir – bei meinem höchst diffizilen Geschmack – nicht zugesagt hätte. Das Gespräch blieb lebhaft, jetzt unter Beteiligung der Hausfrau mit ihrem gesunden Menschenverstand und leichten, amüsanten Fehlern in der deutschen Sprache, die sie im Prinzip sehr gut beherrschte.

Auf das Essen folgte ein abendlicher Trunk, oft mit Gästen, nach der Devise des Hausherrn «Willkommen, gut und bös». Wahrlich, auch das Letztere, dies allerdings mehr im Jahre 1936. Nach heutiger Auffassung in Deutschland, mehr in der Großstadt als auf dem Lande, verpflichtet genossene Gastfreundschaft zu nichts. So kam es dazu, daß Gäste, ohne jede Erinnerung an das Gastrecht der Alten, sich später als Feinde erwiesen, obwohl sie Worte wie Ehre gern gebrauchten. Es gab den Spruch «Nach der Art von Aragón – gutem Dienste schlechter Lohn» –, aber das ist keine Besonderheit von Aragón. Das alles ändert nichts daran, daß es sehr schöne Abende waren. Natürlich dominierte der Wein, der in gehobener Stimmung aus Zinnbechern getrunken wurde. Es gab auch Zwetschgenschnaps und später Kaffee. Süßigkeiten wurden angeboten, durften aber zum Wein nicht genommen werden, wohl aber Käsestangen. Es wurde maßvoll getrunken, mit Ausnahme eines späteren Abends mit Professor Johannes HECKEL, einem Staats- und Kirchenrechtslehrer, dessen Ansichten sich in manchem mit denen Carl SCHMITTs berührten (36). Er hatte aber scharf gezecht und wurde dann schwärmerisch; er redete von einem Armageddon, wobei er und ich zu den letzten Getreuen gehören würden. Diese Ansicht hat er nach der «Schwarzen-Korps»-Affäre geändert. Es gab natürlich auch Kontroversen. HITLER hatte in einer Rede mit Emphase erklärt: «Ich habe kein Bankkonto». Daraufhin war ich der Ansicht, daß es sich verbiete, ein Bankkonto zu haben. Das war Carl SCHMITT nun doch zu stark. Es war klar, daß HITLER seinem sozialistischen Flügel zuliebe sich einmal von Kapitalismus und Bourgeoisie distanzieren wollte, worauf ich in meiner Weltfremdheit prompt hereinfiel. Schüler sind manchmal radikaler als der Lehrer; die Unbedingtheit der Jugend ist dann edel, aber unklug oder sogar schlimmer. Der Radikalismus der Jugend kann zur echten Gefahr für den Lehrer werden; er sieht sich dem Erwartungsdruck der Jugend gegenüber und glaubt nun, selbst radikal sein zu müssen. Radikalismus ist wirklich – wie LENIN mit anderen Worten sagt – eine Jugendkrankheit (36a). Es gibt auch hier die von Elisabeth NOELLE-NEUMANN so treffend geschilderte Spirale (37). In SHAKESPEAREs *König Heinrich IV.* Teil II, hält der Oberrichter dem Sir John Falstaff vor: «Ihr habt den jungen Prinzen mißleitet», worauf Falstaff erwidert: «Der junge Prinz hat mich mißleitet» (38). Das ist, so unwahrscheinlich es klingen mag, gar nicht so falsch.

IV. Drei Arten des rechtswissenschaftlichen Denkens

Soeben war schon von Carl SCHMITTs nicht nur wichtiger, sondern auch vielbeachteter Schrift *Über die drei Arten des rechtswissenschaftlichen Denkens* die Rede. Im Vorwort der zweiten Auflage der *Politischen Theologie* war schon angekündigt, daß jetzt nicht mehr nur zwei, sondern drei Arten des rechtswissenschaftlichen Denkens unterschieden werden sollten, nämlich außer dem Normativismus und dem Dezisionismus ein institutioneller Typus (39). In der neuen Schrift ersetzte Carl SCHMITT den institutionellen Typus durch das «konkrete Ordnungdenken». Institutionalismus klang ihm jetzt zu romanisch. Aus der Rückschau kann ich dieses Bedenken nicht teilen. Möglich, daß er die ständige Abqualifikation als romanisch-katholisch vermeiden wollte; sie lag ja unter dem Nationalsozialismus mit dessen unsinniger Ablehnung des römischen Rechts und überhaupt Roms besonders nahe. Inzwischen hat jedoch das konkrete Ordnungsdenken durch vielfältigen Mißbrauch einen gewissen Hautgout erhalten. Ich spreche also, auch um der Symmetrie willen, von institutionellem Denken und Institutionalismus.

Wenn es erlaubt ist, von «Erledigung» zu sprechen – Carl SCHMITT hat dieses Wort in *Politische Theologie II* beanstandet (40)–, dann war der Normativismus durch die erste *Politische Theologie* erledigt. Die Erledigung ist in den *Drei Arten* mit Händen zu greifen, wie die Juristen in ihrer kargen Bildersprache sagen. Der Normativismus ist ein reines Gedankengebilde ohne Beziehung zum wirklichen Leben. Ohne Beimischung eines dezisionistischen Elements ist er nicht lebensfähig, eine Attrappe; man kann seine Nichtigkeit auf vielerlei Weise umschreiben. Durch die Beimischung von Dezisionismus entsteht der Positivismus. So tritt zum bisherigen Gegensatz von Normativismus und Dezisionismus jetzt ein weiterer: Positivismus und Institutionalismus.

Die Absurdität des Normativismus erläutert Carl SCHMITT an folgendem Beispiel. Der Normativismus kennt keine Ordnungen, sondern Tatbestände. Im Strafrecht ist das Verbrechen kein Bruch einer Ordnung, sondern Erfüllung eines Tatbestandes. Der Verbrecher bricht nicht, sondern erfüllt, ist kein Brecher, sondern ein Erfüller. Ein groteskes, ja fatales Ergebnis, das durchaus seine Konsequenzen in der Realität hat. So wird der Erfüller zum Liebling der Massenmedien. Aber natürlich muß doch irgendetwas gebrochen werden. Gebrochen werden Tabus. Ein Tabu ist etwas, was gebrochen werden muß. Das führt zu einer permanenten Kulturrevolution sowie zu einer starken Erhöhung der Kriminalität.

Die Erledigung des Normativismus ist natürlich keine Erledigung der Norm. Die Abwehr des Feminismus ist ja auch keine Abwehr der Frau. Unleugbar sind die Gebote des Dekalogs Normen. Aber sie beruhen auf einer souveränen Dezision und bedürfen in der Folge der Präzision und Dezision, die in die Tradition eingehen und damit institutionalisiert werden. Der Dekalog verweist in den Geboten der zweiten Tafel durchweg auf Institutionen wie Ehe und Familie, Haus, Eigentum und Gericht. Das menschliche Leben, das vom fünften Gebot geschützt wird, kann nicht als Institution bezeichnet werden; aber auch dieses Gebot verweist über die Person hinaus, der hier Schutz zuteil wird, auf eine Gemeinschaft, die sowohl den Schutz zu gewährleisten als auch die Fälle erlaubter Tötung vom Regelfall der unerlaubten Tötung abzugrenzen hat.

Der Dezisionismus ist zum Unterschied vom Normativismus durchaus lebensfähig: man überlebt – aber wie? Was ist ein Leben ohne Wahrheit? Auch PILATUS kann nicht ohne Wahrheit leben. Seine Wahrheitsfrage ist in ihrem Sinn unergründlich, und diese Unergründlichkeit ist ein Argument für die Wahrheit des biblischen Berichts. Mehrere Interpretationen sind möglich, wie oft in der Bibel, wie vor allem Papst GREGOR DER GROSSE gezeigt hat. PILATUS ist, wie auch HERODES, an der Wahrheit nicht uninteressiert. Auch JESUS interessiert ihn ganz offensichtlich. Doch man ist in einer Gerichtsverhandlung, und das Verfahren muß gefördert werden. In der Pilatusfrage steckt auch ein «Das gehört nicht hierher» oder «Das ist nicht meine Aufgabe». Ich hörte einen rheinischen Anwalt in einer kleinen Provinzstadt vor Gericht sagen: «Interessantes interessiert uns nicht», eine zu ihrer Zeit sehr richtige Bemerkung. Doch in größerem Zusammenhang wird die Erleichterung, die man sich mit dem Verzicht auf die Wahrheit für einen geschichtlichen Augenblick verschafft, teuer bezahlt. Wenn ich nicht weiß, was Wahrheit ist, kann ich Wahrheit und Irrtum, Wahrheit und Lüge nicht unterscheiden. Das nennt man heute Äquidistanz, und gerade kirchliche Stellungnahmen sind von dieser Äquidistanz weithin geprägt. Letztlich ist man in Äquidistanz zu Himmel und Hölle. Man geht, wie SHAKESPEAREs RICHARD III. – ob es der historische RICHARD ist, ist zweifelhaft – vor der Schlacht bei Bosworth zu seinen Anhängern sagt, «wo nicht zum Himmel, Hand in Hand zur Hölle» (41). Das heißt, man geht zur Hölle.

Dezisionismus ist ein erstes Korrektiv zum Normativismus, mehr nicht. Er ist keine Dauerlösung. Den Wert der Entscheidung betonen sowohl Thomas HOBBES als auch DONOSO CORTES. Aber sie sind durch eine Welt getrennt, wie jüngst Günter MASCHKE sehr richtig hervorgehoben hat (42). Was liegt jenseits der Entscheidung? Man kann nicht sagen, der Begriff sei zweideutig, er ist aber zweischneidig. Das normative Nichts. aus dem die Entscheidung hervorgeht, kann nicht das absolute Nichts sein. Mit dem Dezisionismus von HOBBES kommt man aber wieder zum Nichts, vom normativen Nichts zum dezisionistischen Nichts. HOBBES flüchtet vor dem Bürgerkrieg ins Nichts. Den Bürgerkrieg verabscheut DONOSO nicht minder, zieht ihn dem Nichts aber vor. Er blickt tief in das menschliche Nichts, sieht aber auch die göttliche Entscheidung, die das Nichts aufhebt: *Veritas Domini*. Der Kampf für die Wahrheit kann nicht aufgegeben werden. So kann der Bürgerkrieg tatsächlich ein gerechter Krieg sein, wohl gar gerechter als ein Staatenkrieg, wo jede Seite gute Gründe für sich anführen kann. LENIN behält hier in gewissem Sinne durchaus recht. Man denkt mit Wehmut, heute Nostalgie genannt, an das Scheitern des Stuarts KARL EDUARD, bonny Prince Charles, bei Culloden, das aber von Georg Friedrich HÄNDEL gefeiert wurde (42). Man denkt an die Niederlagen der Vendéer und Chouans, aber auch an die spanischen Siege gegen Napoleon und an den Aufstand der Generale SANJURJO, MOLA VIDAL und FRANCO (43). Dies alles liegt in der Linie nicht des HOBBES, aber des DONOSO CORTES. Es liegt letztlich auch in der Linie Carl SCHMITTs, trotz seiner kongenialen Sympathie für den Mann von Malmesbury und dessen luzide Einsichten. Carl SCHMITT erhielt einen mächtigen Antrieb durch die Staatstheorie der Gegenrevolution. Das Begeisterndste, was er schrieb, ist das vierte Kapitel der *Politischen Theologie* (44) mit der Darstellung dieser Theorie, trotz ihres völlig fragmentarischen Charakters – oder vielleicht gerade deshalb? Carl SCHMITT ist der Jurist der Gegenrevolution. Wer das – jenseits seiner meist nur scheinbaren Wandlungen – nicht erkennt, hat überhaupt nichts verstanden. So Hans MAYER (45).

Die Revolution ging den Weg vom Rex zur Lex, wie es die Staatsrechtslehre des Zweiten Reichs treuherzig ausgedrückt hat. Carl SCHMITT macht diese Bewegung rückgängig: er geht, gegenrevolutionär, von der Lex zum Rex. Das institutionelle Denken geht aber darüber hinaus, vom Rex zum Regnum. Der große Historiker Otto BRUNNER hatte das verstanden (46). Der Weg geht von der Legalität zur Realität. Es ist merkwürdig, daß im Italienischen und Spanischen das wort «real» sowohl wirklich als auch königlich bedeutet; hier ist die Ungeschiedenheit besser als die Differenzierung der anderen Sprachen.

In den *Drei Arten* wird der große Philosoph Georg Wilhelm Friedrich HEGEL mit Recht rühmend zitiert (47). Der Institutionalismus Carl SCHMITTs ist nichts anderes als HEGELs Lehre vom objektiven Geist, ins Juristische gewendet. Carl SCHMITT begegnet hier seinem Freund Carl ESCHWEILER in dessen äußerlich bescheidenem, sachlich aber hochbedeutsamen Buch über Johann Adam MÖHLERs Kirchenbegriff (48). ESCHWEILER war der Ansicht, HEGELs Lehre vom objektiven Geist sei durchaus zu trennen von seinem Idealismus. MÖHLERs Kirchenbegriff war HEGELs Staatsbegriff, ins Theologische gewendet. Im Hegelianismus treffen sich die beiden großen Freunde.

V. Staatsgefüge und Zusammenbruch des Zweiten Reiches

Diese Schrift erschien wenig später als die *Drei Arten*, eine erstaunliche Leistung, wenn man nicht auf den Umfang, sondern auf den Inhalt sieht. Carl SCHMITT schenkte mir das Buch mit der Widmung: *Ne simus faciles in verbis*. Dies stand im Gegensatz zu BISMARCKs *«In verbis simus faciles»* (49). Was ist richtig? Als später Schüler GREGORS DES GROSSEN kann ich nur sagen: beides, je zur rechten Zeit am rechten Ort. Papst GREGOR hätte das an Beispielen erläutert. Manchmal kommt es auf jedes Wort an, manchmal nicht. Die Frage ist nur, ob BISMARCK zur rechten Zeit am rechten Ort freigebig war. Wie ist übrigens das schöne lateinische *facilis* am besten zu übersetzen?

Das Wort, um das es ging, war Indemnität. Nach dem preußischen Verfassungskonflikt von 1862-66 suchte die Regierung beim Parlament um Indemnität nach, weil sie ohne ein mit dem Parlament zu vereinbarendes Budgetgesetz regiert, eine Heeresreform durchgeführt und zwei Kriege gewonnen hatte. Das alles also gesetzlos und damit verfassungswidrig, heute eine Unmöglichkeit, und die gerichtliche Nichtigkeitserklärung der Indemnitätsgewährung wäre eigentlich Aufgabe einer konsequenten Vergangenheitsbewältigung. Der ganze Vorgang ruft bei Carl SCHMITT starke Empörung hervor: «Ein Parlament, das alles getan hatte, um den Sieg unmöglich zu machen, gegen dessen lautes Geschrei und offenen Widerspruch die Heeresorganisation durchgeführt und der Sieg errungen war, wurde von dem Sieger um Indemnität gebeten und genehmigte den siegreichen Krieg» (50).

Carl SCHMITT knüpft in dieser Schrift an den *Begriff des Politischen* an (51) – eine Parallele zur Anknüpfung an die *Politische Theologie* in den *Drei Arten*. Er spricht von der Totalität des Politischen und jeder echten politischen Frage, die es mit sich bringt, daß jeder von seiner partiellen Zuständigkeit her in jeder politischen Frage mitreden kann. Mit Zuständigkeitsregeln ist also nichts getan: hier zeigt sich ein anderes Mal, was der Schritt vom Rex zur Lex bedeutet: Verwirrung. Eine klare Zuständigkeitsregelung enthält ein Interventionsverbot. Carl SCHMITT hat sich später in bemerkenswerter Weise mit völkerrechtlichen Interventionsverboten befaßt. Heute kann unter Aspekten der Humanität, Solidarität oder auch Demokratie jeder Staat, können aber auch nichtstaatliche Organisationen überall in der Welt mitreden; auch die Bundesrepublik interveniert ständig in Südafrika oder Chile; auch das gilt als Vergangenheitsbewältigung. Das Mitreden in fremden Angelegenheiten ist üblicherweise mit Schweigen in eigenen Angelegenheiten verbunden. Auch das gilt in ähnlicher Weise für nichtstaatliche Organisationen, Gewerkschaften wie Kirchen.

Im Zweiten Reich redete mithin jede zuständige Stelle überall mit; alle redeten über alles, und wir können diesen Zustand aus heutiger Sicht gut nachvollziehen. Schließlich siegten diejenigen, die am lautesten redeten; sie prägten den Zeitgeist, dem sich die Mehrheit überhaupt nicht und nur eine kleine Minderheit, die echte Elite, ganz entziehen kann. Das Ergebnis war, wie Carl SCHMITT meinte, der Sieg des Bürgers über den Soldaten und die Niederlage Deutschlands im ersten Weltkrieg. Es erhebt sich hier jedoch die Frage, wer es war, der über den Soldaten siegte. Der Besiegte steht fest, nicht der Sieger.

Der Soldat hatte in der Auseinandersetzung, die man mit dem Jahr 1848, dem «terror del 48», wie DONOSO CORTES sagte (52), beginnen lassen kann, die Initiative verloren. Carl SCHMITT zitiert dazu eine eindrucksvolle Äußerung Albrecht VON ROONs (53): «Unsere Gegner sind unausgesetzt in der Initiative. Die Vorteile der Initiative aber sind im Kampfe der Geister wie der Waffen gleich entscheidend». Wie klar und wie wahr! Man darf sich hier fragen, wer heute die Vorteile der Initiative hat. Die Frage mag der Leser selbst beantworten. Es darf aber darauf hingewiesen werden, daß es auch Schein-Initiativen gibt, die derjenige ergreift, der die notwendigen Initiativen nicht ergreifen kann oder will. Dann geht es darum, *«ut aliquid fieri videatur»*. Damit sind wir wieder bei den bekannten Chalturen. Genannt seien: in der Innenpolitik die Pläne, Gewalt in der Ehe strafrechtlich zu verfolgen – nachdem man kurz zuvor im Ehescheidungsrecht das Verschuldensprinzip ausgemerzt hatte mit der Begründung, schmutzige Wäsche dürfe nicht gewaschen werden; welch eine saubere Lösung! In der Außenpolitik gehören in die erste Reihe der Chalturen die unaufhörlichen Besuchsreisen deutscher Minister, Kirchenmänner und Gewerkschaftsführer auf der südlichen Halbkugel.

In der Äußerung war *in nuce* die Feststellung der Niederlage schon enthalten. Doch nun wenden wir uns der schon oben aufgeworfenen Frage zu, wer in Wahrheit der Sieger war. War es wirklich der Bürger? Antwort: Nein. Wie kam Carl SCHMITT zu dieser überstürzten Behauptung? Heterogene Einflüsse sind hier wirksam, es handelt sich um das, was man heute ein Syndrom, einen Zusammenfluß mehrerer Ursachen, nennt. Da sind zunächst Einflüsse aus der romanischen Welt. DONOSO CORTES verurteilte die Bourgeoisie als «clase discutidora» (54). Hier könnte man die Schuldfrage aufwerfen. Traf die Schuld die Bourgeoisie, weil sie durch unaufhörliche Diskussion die Entscheidung verhinderte? Oder aber die Regierung, weil sie die Diskussion nicht durch souveräne Entscheidung beendete? Für Spanien ist auch die letztere Möglichkeit erwägenswert. In Frankreich galt besonders der Haß des Katholiken Léon BLOY der Bourgeoisie, wohl vor allem um des um sich greifenden Laizismus willen; BLOY haßte vor allem auch die klerikale Bourgeoisie, und darin muß man ihm, auch angesichts des heutigen bundesrepublikanischen Klerus, recht geben (55). DONOSO und BLOY begegnen sich in ihrer Feindschaft gegenüber der Bourgeoisie mit keinem anderen als Karl MARX; ähnliche Berührungen hat Carl SCHMITT schon in der *Politischen Theologie* festgestellt (56). Er selbst war gegen MARX nicht völlig immun. Er übertrug also den Haß der DONOSO, BLOY und MARX auf das deutsche Bürgertum, und hierin war er im Irrtum, wie sich alsbald zeigen wird. Übrigens nannte auch Carl ESCHWEILER MARX «genial»; immerhin hat bei ihm das Wort genial schon den ihm zukommenden Hautgout. Völlig immun gegen MARX war nur BARION, der sich selbst als klassenbewußten Bürger bezeichnete. Es ist verständlich, daß man sich in der Jugend bei noch nicht sicherem Geschmack durch die Aggressivität der marxschen Polemik angezogen fühlt; die Elendsschilderungen tun das übrige. Weniger verständlich ist, daß ein reifer Mensch die Erbärmlichkeit des marxschen Stils, vor allem seiner Wortspiele, den sozusagen negativen Kitsch, die Haltlosigkeit der Utopien nicht durchschaut. Ein Feuerwerk wird abgebrannt; es folgen Dunkel, Langeweile und Leere; das Ganze nennt sich dann wissenschaftlicher Sozialismus. Vollends kompromittierend ist MARXens Epistularium (57).

Im Gegensatz zu Carl SCHMITT verkannte Rudolf SMEND, «mehr als befreundet, weniger als Freund», nicht den Unterschied zwischen dem Bourgeois der romanischen Länder und dem deutschen Bürger (58). Es ist merkwürdig, daß der erstere in seiner geradezu rauschhaften Begeisterung für alles Soldatische die Gestalt des preußischen, alsdann gesamtdeutschen Reserveoffiziers übersehen hat. Der Reserveoffizier war das Ideal des deutschen Bürgertums, das nicht nur verehrt, sondern auch realisiert wurde; das spanische *«se acata pero no se cumple»* galt hier nicht. In der Schicht von Bildung und Besitz mußte man Reserveoffizier sein; war man es nicht, so mußte man dies eingehend begründen; sowohl in Preußen als auch unter dem Nationalsozialismus hatte man durchaus Verständnis dafür, daß nicht jeder zum Soldaten und erst recht zum Offizier geboren ist. Wer aber keine überzeugende Begründung bieten konnte, hatte in der gehobenen, wenn auch bürgerlichen Gesellschaft keine Chance, wie man heute sagt, insbesondere auch nicht bei den Frauen; man registrierte ihn unter «Ferner liefen». Der Kolumbianer Nicolás GOMEZ DAVILA sagt sehr schön: «Dem 19. Jahrhundert gelang nur eine ethische Konstruktion großen Stils: das preußische Offizierskorps» (59). Das müssen sich die Epigonen der Preußen von einem Kolumbianer sagen lassen; allerdings ist das auch ein Schriftsteller, der einen Nobelpreis verdiente, wenn er ihn auch niemals erhalten wird. Zu dieser ethischen Konstruktion gehört auch der Reserveoffizier. Ganz ausgestorben ist Preußen jedoch selbst heute nicht. Franz KÖHNE, Vorstandsmitglied der Bayerischen Motorenwerke, sagte laut einem Pressebericht: Wer nicht in der Bundeswehr gedient habe, müsse dies bei BMW eingehend begründen (diese vortreffliche Formulierung habe ich oben schon benutzt), denn wer nicht bereit ist, Verantwortung für die Gesellschaft zu übernehmen, die uns erfolgreiches Wirtschaften gestattet, der wird auch später an anderer Stelle seiner Verantwortung nicht gerecht werden, wenn es darum geht, dem Unternehmen und seinen Menschen zu dienen.

Carl SCHMITT sprach verächtlich vom Sekuritätsbedürfnis des Bürgers. Aber das Sekuritätsbedürfnis ist allgemein menschlich und war auch Carl SCHMITT selbst keineswegs fremd; Verachtung verdient es wahrlich nicht. Carl SCHMITT erstreckte seinen Tadel sogar auf das Sekuritätsbedürfnis in Glaubenssachen; als man ihm das «Ein' feste Burg ist unser Gott» des hochgeschätzten Martin LUTHER entgegenhielt, wußte er keine Antwort. Hier ist doch wohl letzte und letztgültige Sekurität zu finden. Auf der anderen Seite ist nicht zu verkennen, daß auch Gefahr eine starke Anziehungskraft hat, und wäre es beim Sport. Der Tadel wäre also berechtigt, wenn er sich gegen diejenigen richtete, die eine solche Anziehungskraft nicht verspüren und anerkennen. Der große Krieger Percy HOTSPUR sagt: «Aus der Nessel Gefahr pflücken wir die Blume Sicherheit.» Auch für ihn ist Sicherheit eine Blume, wenn sie auch aus einer Nessel gepflückt werden muß. Auf der Erkenntnis dieses Zusammenhangs beruht ein großer Teil der Poesie. Auf der Verkennung dieses Zusammenhangs beruht ein großer Teil der Ideologie der Gegenwart.

Carl SCHMITT polemisierte auch gegen die Einrichtung des Einjährig-Freiwilligen-Dienstjahrs. Nach ihm sollten Bildung und Besitz keinen Einfluß auf die Dauer des Militärdienstes haben. Diese Ansicht beruht wohl darauf, daß ihm der Bildungsbegriff des bürgerlichen Liberalismus mißfiel, und insoweit kann man ihm durchaus folgen. Doch war diese Ansicht weltfremd. Wann sollte denn die Ausbildung des Akademikers beendet und er in die Lage versetzt sein, eine eigene Familie zu begründen? Michail BULGAKOV spricht von der «Unvollkommenheit unserer Gesellschaftsordnung, bei der die Menschen häufig erst gegen Ende ihres Lebens auf den richtigen Platz gelangen» (60). Statt dieser Unvollkommenheit entgegenzuwirken, hätte Carl SCHMITTs Polemik gegen Bildung und Besitz sie noch gesteigert. Offensichtlich besteht auch ein militärisches Interesse daran, die Ausbildung von Akademikern zu Offizieren tunlichst zu beschleunigen.

Wenn es nun gar nicht der Bürger war, der über den Soldaten gesiegt hatte – wer war es dann? Man kann vom Soldaten als Gestalt reden – welche Gestalt stand auf der anderen, siegreichen Seite? Antwort: überhaupt keine Gestalt. Man könnte von einer «Cohue» reden, einer Cohue von Intellektuellen, Journalisten, Advokaten, Bürokraten bis zu den von Carl SCHMITT sehr treffend erwähnten liberalen Geheimräten. Ein gemeinsamer Name ist nicht zu finden. Arnold GEHLENs schöne Prägung «Mundwerksburschen» existierte noch nicht, hätte auch den Sachverhalt nicht zutreffend bezeichnet (61). Die Cohue war gestaltlos.

Das alles ändert nichts daran, daß *Staatsgefüge und Zusammenbruch* ein schönes Buch ist, eine auch heute noch herzerfrischende Lektüre. Wenn man von der Verkennung des Bürgertums absieht, zeugt gerade diese Schrift von einem starken Gerechtigkeitsgefühl. Den Inhalt hatte Carl SCHMITT auch zum Gegenstand eines Vortrags gemacht, der wohl der Veröffentlichung der Schrift vorausgegangen war. Der Vortrag fand in festlichem Rahmen statt, woraus sich eine etwas gedrückte Atmosphäre ergab. Viele hohe Würdenträger waren zugegen. Carl SCHMITT hatte gehört, daß ein prominenter Gast, nämlich Konstantin HIERL, der Chef des berüchtigten Reichsarbeitsdienstes, mit dem stolzen Titel eines Reichsarbeitsführers (62) – wer denkt nicht wieder an Jonathan SWIFTs Rangklassen eines Glumgluffs und Nardaks? – sich gelangweilt habe. Das hätte ihn kalt lassen können, ließ ihn aber nicht kalt. Kritische Stimmen äußerten sich in der *Historischen Zeitschrift* (63). Man darf sie gar nicht ignorieren.

Die Widmung in meinem Exemplar von *Staatsgefüge und Zusammenbruch* trägt das Datum vom 22. Mai 1934. Wir nähern uns jetzt einem anderen Datum: dem 30. Juni 1934 und damit Carl SCHMITTs Aufsatz «Der Führer schützt das Recht». Viele kennen aus dem Werk Carl SCHMITTs nur diesen Aufsatz: richtiger, sie glauben ihn zu kennen. Daran, daß sie ihn wirklich kennen, darf man einen Gran von einem Skrupel, ja wohl gar einen ganzen Skrupel hegen. Eine sehr sorgfältige Würdigung finden wir in Günter MASCHKEs wichtiger Schrift *Der Tod des Carl Schmitt* (64). Ich freue mich, dieses Kapitel meiner Erinnerungen mit dem Hinweis auf diese Schrift abschließen zu können.

*
* *

TEIL 5

Das Jahr 1934

I. Das Röhm-Ereignis als Säuberung (Tschistka)

Wohl jeder weiß, daß die Bezeichnung dieses Ereignisses als «Röhm-Putsch» völlig verfehlt wäre. Ein Putsch wird nach dem Putschisten benannt, nicht nach dem Putsch-Gegner oder Putsch-Opfer. Der Stabschef der SA war am «Putsch» nicht aktiv, sondern passiv beteiligt. Man kann natürlich von einem «Putsch von oben» reden, aber das ist unüblich, und es würde dann die nähere Bezeichnung fehlen.

Das Wort «Säuberung» ist bei uns seit 1945 mit Recht in Verruf gekommen. Es ist aber im Zusammenhang mit RÖHM doch das richtige Wort. Noch eindrucksvoller ist aber das russische Wort «Tschistka». Hier zeigt sich die auch verbale Überlegenheit Rußlands, freilich von ihrer makabren Seite. Die echt russische Tschistka ist im nationalsozialistischen Reich nicht erreicht worden. Es sei an einen unveröffentlichten Ausspruch des zweiten Präsidenten des Bundesverfassungsgerichts, des bayerischen Richters Josef WINTRICH (65), erinnert, der auf dem Bochumer Katholikentag 1949 erklärte, im Vergleich zu den Bolschewisten seien die Nationalsozialisten «Waisenknaben» gewesen. WINTRICH ist verstorben, und das Zitat kann ihm nicht mehr schaden. Die extreme und auch ein Teil der nichtextremen Linken hat alle Ursache, den Vergleich zwischen deutschen und sowjetrussischen Missetaten zu verbieten.

Doch gehören Säuberungen, auch solche harmloser Art, nicht nur zu den *Arcana imperii* totalitärer Staaten. Sie gehören zu den unvermeidbaren Folgen erfolgreicher Revolutionen. Um zum Erfolg zu kommen, bedarf der oberste Führer entschlossener, ja oft skrupelloser Unterführer – er muß sie nehmen, wie sie sind: in solchen Fällen kann man kein moralisches Führungszeugnis fordern. Nach dem Sieg erwartet der Helfer für guten Dienst guten Lohn oder seinen Anteil an der Beute; schon damit sind, wie bei jeder Teilung, Meinungsverschiedenheiten, wie man heute sagt, vorprogrammiert. Ferner forderte RÖHM konsequente Fortsetzung der Revolution, eine zweite Revolution, und auch in der Umgebung Carl SCHMITTs wurde Kritik an dem allzu langsamen Vorgehen HITLERs laut; Carl SCHMITT selbst war ja auch nicht frei von antibourgeoisen Affekten. In solchen Situationen kann sich die Entschlossenheit und Skrupellosigkeit eines Unterführers auch gegen den neuen Staats- oder – wie im Falle HITLERs vor dem Tod HINDENBURGs – Regierungschef kehren. Überspitzt ausgedrückt: je unentbehrlicher vor dem Sieg, um so gefährlicher nach dem Sieg.

Selbst Francisco FRANCO mußte sich des tapferen und umsichtigen Verteidigers der Stadt Oviedo, des Generals Antonio ARANDA, nach dem Sieg entledigen (66); das andere Extrem bilden die Säuberungen eines STALIN, auch eines POL POT (67). Mit diesen beiden letzteren verglichen, erscheint die RÖHM-Säuberung noch als maßvoll. Damit wird nicht geleugnet, daß auch aus Anlaß dieser Säuberung Furchtbares geschah, vor allem in den Begleitmorden. Dazu gehört bereits die Ermordung VON SCHLEICHERs, die aber von HITLER gar nicht befohlen war – sie mag ihm willkommen gewesen sein –, und besonders auch die Ermordung seiner Frau. Angeblich war sie zwischen ihren Mann und die Mörder getreten; das wissen wir aber nur aus den Aussagen der Mörder selbst, und man glaubt nicht recht, daß dies nicht zu vermeiden war; vielleicht handelte es sich sogar nur um schlechte Schützen. Nicht unerwähnt bleibe hier die Ermordung von Mitarbeitern VON PAPENs (68) sowie des amtierenden Ministerialdirektor Erich KLAUSENER, des Leiters der «Katholischen Aktion», in seinem Amtszimmer (69).

Ob RÖHM selbst Putschabsichten hatte und wie weit seine Pläne gediehen waren, ist kaum mehr nachzuprüfen (70). War es beschlossene Sache oder gefiel er sich nur, wie SCHILLERs WALLENSTEIN, in dem Gedanken? Jedenfalls war ihm allerlei zuzutrauen; auch hatte er wilde Reden geführt und unter anderem gesagt: «Adolf ist gemein» und man müsse ihn «mindestens» in Urlaub schicken. Wieder einmal überspitzt gesagt: Je erregender eine Frage der Geschichte ist, um so aussichtsloser ihre restlose Aufklärung. «Schlüssige Beweise» für Putschpläne RÖHMs fehlen; aber bedarf es angesichts seiner Äußerungen noch solcher Beweise? Über «schlüssige Beweise» – schlüssig sind eigentlich nicht Beweise, sondern Behauptungen in Bezug auf rechtliche Folgerungen – werden wir alsbald noch mehr hören. Man mag HITLERs Vorgehen mit einem seiner Lieblingsworte brutal nennen, unverständlich war es nicht.

II. Der 13. Juli 1934

«Nichts zu suchen, das war mein Sinn», als ich am Abend des 13. Juli 1934, einem lauen Sommerabend, über die damalige Viktoriastraße, heute Leonorenstraße, eine schöne, lebhafte, doch nicht lärmige Straße des grünen Vororts Lankwitz, spazierte und bis zum dortigen Rathaus gelangte. Das war, wie schon früher erwähnt, der Ort, wo ich HITLERs Rechenschaftsbericht über die RÖHM-Säuberung vor dem Reichstag hörte, und ich hatte nicht den Eindruck, den Joachim FEST mitteilt, daß das eine «der schwächeren rhetorischen Leistungen» HITLERs gewesen sei (71). Wohl schien er gelegentlich mit den Worten zu ringen, aber das erschien mir als Beweis der Schwere der Entscheidung, die er hatte treffen müssen. Man kann HITLER nicht vorwerfen, daß er Mitstreiter leichtfertig fallen ließ. Im Gegenteil: er hielt an solchen fest, die es gar nicht verdienten und die er auch selbst nicht besonders schätzte. Zu diesen gehörte der halbgebildete Alfred ROSENBERG, dem er bei der unsinnigen Kampagne gegen KARL DEN GROSSEN als «Sachsenschlächter» unmöglich zustimmen konnte (72). Der große Raufbold und Alkoholiker Robert LEY verblieb gleichfalls in seiner Gunst; allerdings mußte er, anscheinend auf Befehl HITLERs, eine Rede gegen den Alkohol halten, die selbst vom Alkoholgenuß beeinflußt zu sein schien; diese Rede hat meines Wissens nur der *Kölner Stadt-Anzeiger* gedruckt; ich schätze mich glücklich, sie archiviert zu haben (73). Jetzt aber zwang die Auflehnung RÖHMs HITLER zum Durchgreifen. Endlich! konnte man sagen und sagten auch viele führende Parteimitglieder, so besonders Rudolf HESS, dem nach seinem ganzen Wesen RÖHM in tiefster Seele zuwider sein mußte. «Er war von je ein Bösewicht» – das war, mit den Versen aus dem *Freischütz,* der Tenor der Abrechnung HITLERs mit RÖHM –, «drum traf ihn jetzt das Strafgericht». Die unleugbaren militärischen und organisatorischen Fähigkeiten RÖHMs wurden nicht mehr benötigt (74).

Alles, was HITLER sagte, entsprach meinen eigenen Beobachtungen, Erfahrungen, Eindrücken. Die SA war keine Terrororganisation, aber es gab Brutstätten und Zellen des Terrors in ihr, von den obersten bis zu den unteren Rängen (75). Es gab sie in Berlin, es gab sie in der Provinz, dort vielleicht noch schlimmer, angesichts der Enge und weil man dort weniger Rücksichten, etwa auf das befreundete oder zu gewinnende Ausland zu nehmen brauchte. Den schlimmsten Ruf hatte der fürchterliche Obergruppenführer Edmund HEINES in Breslau, dem auch die Gruppe Berlin-Brandenburg, geführt von Karl ERNST, unterstand (76). Im Hinblick auf die sehr spürbare Beendigung dieses Terrors wirkte das RÖHM-Ereignis geradezu segensreich. So verschwand auch aus dem Sturm 15 der 2. Standarte im alten Westen Berlins Hauptsturmführer SCHLEGEL, von niemandem vermißt, am wenigsten von seinen integren Unterführern, die keine Möglichkeit gehabt hatten, sich gegen ihn aufzulehnen. Freilich war nun der Abstieg der SA unaufhaltsam, und es begann der unheilvolle Aufstieg der

SS. Deren Reichsführer Heinrich HIMMLER traf zum mindesten die Schuld an der Ermordung VON SCHLEICHERs, die auch von dem eigenmächtig handelnden GÖRING nicht befohlen war. Die SS war keine disziplinierte Truppe, aber HITLER konnte die Reichswehr nicht einsetzen, von der vergleichbare Übergriffe nicht zu befürchten gewesen wären. Es herrschte Unordnung, die wieder nur die Unordnung im Denken und Handeln HITLERs selbst widerspiegelte. Das Wort «Genie», das auf ihn durchaus anwendbar ist, schließt solche Unordnung ein.

Die Begleitmorde kamen mir damals nur vage zum Bewußtsein. Ein Zusammenwirken zwischen SCHLEICHER und RÖHM erschien mir nicht ausgeschlossen. Zwar lag ein großer Abstand zwischen ihnen; aber SCHLEICHER war, ähnlich wie im Jahre 1932, auch jetzt eine «Querfront» (77) zuzutrauen, und dann war sogar eine Verbindung zur Umgebung VON PAPENs vorstellbar. In den Verdacht der Beteiligung an solchen Verbindungen konnte sogar Carl SCHMITT kommen, und das muß ihm bewußt gewesen sein. Gesagt hat er mir davon aber nichts. Ein Lehrer wird sich nicht leicht entschließen, solche Besorgnisse einem noch weitgehend unreifen Schüler anzuvertrauen.

III. «Der Führer schützt das Recht»

Es liegt auf der Hand, daß Carl SCHMITT, als Herausgeber der *Deutschen Juristenzeitung* (78), sich gegenüber dem RÖHM-Ereignis nicht mit Schweigen begnügen konnte. Er sah sich einem *labor improbus,* einer bedrückenden Last, gegenüber: es galt, zum Gesetz über Maßnahmen der Staatsnotwehr vom 3. Juli 1934 Stellung zu nehmen (79).

Nun ist keine Aufgabe so undankbar, daß sie nicht auch Früchte in Gestalt von neuen Einsichten und Formulierungen abwirft. Auch *labor improbus* hat seinen Segen. Es lohnt sich, zum Aufsatz «Der Führer schützt das Recht» einige Worte zu sagen. Er wird weithin verurteilt, jedoch ohne rechtliches Gehör des wehrlosen Autors.

Die Hauptpunkte des Aufsatzes sind: eine ganz kurze rechtstheoretische Bemerkung, bestehend eigentlich nur aus einem Halbsatz (1), dann ein geschichtlicher Rückblick (2), dann ein Übergang zur Staatstheorie (3), gefolgt von der heute in besonders auffälliger Weise ignorierten Forderung nach Ahndung der in vermeintlichem oder sogar nur angeblichem Zusammenhang mit der Ausschaltung RÖHMs verübten Begleit-Morde (4), und schließlich eine erneute geschichtliche Rückbesinnung (5).

1. Der erste Punkt betrifft – im Anschluß an eine frühere HITLER-Rede – den «Gegensatz eines substanzhaften, von Sittlichkeit und Gerechtigkeit nicht abgetrennten Rechts zu der leeren Gesetzlichkeit einer unwahren Neutralität». Die Trennung des Rechts von Sittlichkeit und Gerechtigkeit führt

zur Zerstörung des Rechts. Wie kann man dann noch «mit Liebe seinem Recht ergeben sein», wie ein früherer Jurist einmal gesagt hat?
HITLER hatte die Trennung von Recht und Moral entschieden abgelehnt. Das brachte ihm Sympathien, auch die meinige. Das war doch etwas anderes als die «Säuberung» des Rechts von Moral und Ethik – letzteres Wort ist angesichts der Verengung der Bedeutung von «Moral» das bessere. Die Trennung von Macht und Ethik war ein Axiom der Rechtslehre der Weimarer Zeit, wurde den Rechtsbeflissenen schon vom ersten Semester an gepredigt und vergällte manchem von vornherein die Freude am Studium. Die Trennung führte zum «Rechtsbegriff des Rechts», nach der treffenden Formulierung Rudolph SOHMs. Daß ein solches «Recht» mit dem Wesen der Kirche im Widerspruch steht, ist eine bare Selbstverständlichkeit. Zu dem, was Carl SCHMITT über seine Fachgenossen erhob, gehört auch, daß er jene Trennung nicht mitvollzog.

Doch welche Ethik hatten HITLER und der Nationalsozialismus im Sinn? Das ist eine andere Frage. Zwischen BISMARCK und HITLER befand sich die Rechtslehre im ethischen Nichts. Aus diesem Nichts schoß nun eine Flamme empor, die anfangs wärmend und erleuchtend schien, dann aber zur verheerenden Feuersbrunst wurde. Daraus entstand ein neues Nichts. Der Nationalsozialismus hatte mit einem positiven Christentum auch eine positive Ethik und ein von dieser geformtes Recht versprochen (80). Dieses Versprechen wurde gebrochen. In diesem Sinne war das neue Nichts ein positives Nichts im Gegensatz zum früheren negativen Nichts.

Das aber war zu Anfang des nationalsozialistischen Reichs für die meisten nicht voraussehbar. Warum sahen es andere doch voraus? *Causae secundae:* Familie, Umwelt, Mitarbeit in der Kirche, Träume, Privatoffenbarungen, auch persönliche Betroffenheit durch Maßnahmen des neuen Regimes – auch eine Art Gnade: man darf von Gnade als *prima causa* reden. Viele glaubten, durch Mitarbeit Schlimmes verhindern zu können, und stellten ihre Bedenken zurück. Durch Teilwahrheiten, die HITLER gerade nach der Machtübernahme aussprach, anfängliche Mäßigung, die Tatkraft, mit der er seine Aufgabe anging, Leistungen und Erfolge dank der Hellsichtigkeit, die auch Dämonen vermitteln, konnte auch ein Carl SCHMITT getäuscht werden, kein schlechter, aber auch kein unfehlbarer Menschenkenner.

2. Unvermittelt, aber keineswegs unlogisch, schließt sich an die äußerst kurze rechtstheoretische Bemerkung eine geschichtliche Erinnerung an: an die Katastrophe des ersten Weltkriegs gegen dessen Ende, die Carl SCHMITT, damals rund dreißigjährig, mit der Wucht getroffen hatte, die der Intensität seines ganzes Wesens, besonders auch seines Rechtsbewußtseins, entsprach. Die Substanzlosigkeit des Rechtsbegriffs, der das Zweite Reich nach BISMARCKs Abgang verfiel, hatte reale Entsprechungen oder auch Folgen in der politischen Praxis. HITLER hatte in der für ihn bezeichnenden Wut – er lebte großenteils aus Wut – daran erinnert, daß das Reich

damals nicht die Kraft hatte, «von seinen Kriegsartikeln Gebrauch zu machen». Carl SCHMITT sagte: «Durch die Denkweise eines liberalen «Rechtsstaats» gelähmt, fand eine politisch instinktlose Zivilbürokratie nicht den Mut, Meuterer und Staatsfeinde nach verdientem Recht zu behandeln». In der Redewendung von der «Moral der Truppe» hat das Wort Moral noch seinen guten Sinn: hier fehlte nicht der Truppe, sondern der Zivilbürokratie die Moral; ganz allgemein ist die Frage erlaubt, welche Moral eine Zivilbürokratie überhaupt haben kann und jeweils hat; es fällt auf, daß in ernsten Situationen oft «unbürokratisches» Vorgehen verlangt wird. Am 9. Oktober 1917 hatte der Deutsche Reichstag erklärt, der Unabhängigen Sozialistischen Partei könne das «verfassungsmäßige Recht», sogar mit Meuterern zu verhandeln, nicht verkürzt werden, für das Vorliegen von Hochverrat fehlten «schlüssige Beweise». Carl SCHMITT fährt fort: «Nun, diese schlüssigen Beweise haben uns die Unabhängigen Sozialisten ein Jahr später ins Gesicht gespieen.» Heute werden die hierfür Verantwortlichen geradezu kanonisiert; was wird uns nicht heute alles ins Gesicht gespieen! Speien ist zum Kavaliersdelikt geworden.

3. Auf die rechtstheoretische Bemerkung und deren geschichtliche Exemplifizierung folgt sodann eine etwas ausführlichere Bemerkung staatstheoretischen Inhalts. Hier erfolgt eine dezidierte Absage an den Grundsatz der Gewaltenteilung, für den Kenner der *Verfassungslehre* nicht überraschend (81), wenngleich hier jenes Dogma in vorbildlicher Sachlichkeit und Klarheit dargestellt war, nicht ohne die Hervorhebung der Unvereinbarkeit des Gnadenrechts des Staatsoberhaupts mit diesem Dogma, die heute gröblich verkannt worden ist. Carl SCHMITT schreitet, auch hierin echter Gegenrevolutionär, über MONTESQUIEU, dessen *Cahiers* er übrigens schätzte (82), hinweg in die voraufklärerische Zeit zurück. Sein Denken ist hier, wie auch anderwärts, «mittelalterlich» in einem Sinne, der auch die Zeit bis zum Ende der Gegenreformation und ihrer protestantischen Entsprechungen mitumfaßt. Das heißt: es ist christlich. Wie paßte das zum Nationalsozialismus? Nun: auch dieser wandte sich ab von Aufklärung und Freimaurerei. So ergaben sich Berührungspunkte, bei aller sonstigen Unvereinbarkeit. Das hatte unter anderen Papst PIUS XI. gesehen.

Der entscheidende Satz Carl SCHMITTs lautet in diesem Zusammenhang: «Der wahre Führer ist immer auch Richter». Natürlich darf man heute nicht mehr Führer sagen, und es ist nicht leicht, hier das richtige Wort zu finden. Staatsoberhaupt ist blaß, Staatschef war HITLER noch nicht; das Mittelalter sagte *princeps*. Das war in aller Regel ein König oder sogar Kaiser. Von diesem erwartete man den letztinstanzlichen Schutz des verletzten Rechts, auch gegenüber den Vorinstanzen. Selbst in der Demokratie sind solche an die Person des Staatsoberhauptes geknüpfte Erwartungen dem Volk nicht völlig auszutreiben. HITLER war also oberster Richter oder, wie er selbst sagte, oberster Gerichtsherr des deutschen Volkes. Er leitete dieses Amt aus seiner Verantwortlichkeit für das Schicksal der Nation ab.

Wem diese Verantwortung anvertraut war, der durfte als oberster Richter auch Gerichtstag halten.

Die richterliche Unabhängigkeit ist damit begrenzt, doch nicht aufgehoben. Der Richter bleibt unabhängig von anderen staatlichen und, was heute wichtiger ist, nichtstaatlichen, nebenstaatlichen Gewalten. Diese letzteren sind schon weit mächtiger als ein schwacher Staat, der seine Schutzpflichten nicht mehr erfüllen kann: Massenmedien, die jeden Unschuldigen verurteilen können, Gewerkschaften und alle möglichen alternativen und autonomen Terrorgruppen, die sich eines verhetzbaren, zum Teil aus Ausländern, den sog. ausländischen Mitbürgern, bestehenden Mobs bedienen. Die richterliche Unabhängigkeit muß gegenüber allen diesen gesichert werden, wird dann aber von dem Schirmherrn abhängig. Der Satz *Protego ergo obligo* macht den Schützer der richterlichen Unabhängigkeit auch zum obersten Gerichtsherrn.

Die Trennung von Staatsführung und Richtertum ist die institutionelle Entsprechung der Trennung von Ethik und Recht. Wohin dies alles führt, zeigt Carl SCHMITT am Ausspruch eines führenden Strafrechtslehrers der nachbismarckischen Zeit: Franz VON LISZT (83). Dieser hatte das Strafgesetzbuch, insbesondere dessen Analogieverbot, zur *«Magna Charta»* des Verbrechers erklärt. Da hätte die Rechtswissenschaft doch aufhorchen müssen, was sie aber nicht tat. Es ist ein Satz von jener Frivolität, die oft Vorbotin des Zusammenbruchs ist: der moralische Zusammenbruch geht dem realen Zusammenbruch voraus. Die historische Magna Charta von 1215 war ein von den Baronen aus Adel und Klerus einem schwachen König abgenötigtes Privileg (84). Barone sind jetzt die Kriminellen. Damit wird die ganze Gesellschaft zu einer *société politico-criminelle,* deren meiste Mitglieder allerdings nur einen Passivstatus haben. Wir erleben heute in erschütternder Weise die Privilegierung politischer Mörder und anderer Verbrecher, so daß uns die unpolitischen Kriminellen schon wieder leid tun.

Hier zeigt sich auch der enge Zusammenhang von Verfassungsrecht und Strafrecht, und es ist kein Zufall, sondern eher typisch, daß Carl SCHMITT vom Strafrecht zum Staatsrecht gelangt war: von der Frühschrift *Über Schuld und Schuldarten* über *Der Wert des Staates und die Bedeutung des Einzelnen* zur *Diktatur*. Es folgt der sehr fruchtbare, auch für die Gegenwart aufschlußreiche Satz: «Das Verfassungsrecht mußte dann in gleicher Weise zur Magna Charta der Hoch- und Landesverräter werden.» Die Frage drängt sich auf: wessen Magna Charta ist eigentlich das der ganzen Welt gegenüber als vorbildlich gepriesene Grundgesetz? Es geht um den an erster Stelle stehenden Grundrechtsabschnitt. An dessen Anfang (Artikel 2) steht die wertneutrale Persönlichkeitsentfaltung. Ein kurzer Überblick: der folgende Artikel ist Grundlage eines ausufernden Feminismus. Dann folgt das nunmehr mit Unterstützung lautstarker kirchlicher Kreise massenhaft ausgeübte Recht, sich im Ernstfall dem Schutz des Volkes zu versagen.

Die dann folgende Kunstfreiheit schützt Obszönität und Blasphemie. Das – im Text des Grundgesetzes nicht einmal zum Ausdruck kommende – Demonstrationsrecht schützt Randalierer und Terroristen und behindert den nicht selten lebenswichtigen *transitus innoxius* der Verkehrsteilnehmer. Die Koalitionsfreiheit sichert ein Streikrecht, das sich nicht in erster Linie gegen den Arbeitgeber und Gegner im Arbeitskampf, sondern gegen völlig unbeteiligte Dritte, die Masse der Bevölkerung, sogar einschließlich der Streikenden selbst, richtet. Die schrankenlose Gewährleistung des Asylrechts kommt Kriminellen und Asozialen aus der ganzen Welt zugute, auch Drogentraffikanten und Terroristen, sogar Bürgerkriegsparteien aus fremden Ländern, die ihre Machtkämpfe auf dem Boden des Gastlandes austragen, von dem nach feierlichen Erklärungen nie wieder ein Krieg ausgehen darf, der aber in der Praxis zum Schauplatz eines importierten Bürgerkriegs wird. Das sind nur Beispiele, die genügen müssen, zu zeigen, daß Grundrechtsverbürgungen, die Menschenwürde und Menschenrechte schützen sollen, kriminogen und, allgemeiner gesprochen, karzinogen werden können und geworden sind. Man sieht, wie fruchtbar die Gedanken Carl SCHMITTs gerade auch heute sind. Bonn ist nicht Weimar, in vielem aber Fortsetzung jener Zustände und Gesinnungen, die zur Weimarer Zeit zu HINDENBURG-PAPENs Preußenschlag vom 20. Juli 1932 führten, «still worse and worse» (85) und dabei ohne das Instrumentarium, das die insoweit ungleich realistischere Weimarer Verfassung zur Aufrechterhaltung der öffentlichen Sicherheit und Ordnung darbot.

Alle diese Erwägungen sind ohne weiteres aus dem Zusammenhang mit dem Anlaß lösbar und müßten für die gesamte westliche Welt eine Warnung sein. Carl SCHMITT beschließt diesen Abschnitt mit dem Satz: «Das übrige» – nämlich was nicht aus dem Lebensrecht des Volkes stammt – «ist kein Recht, sondern ein «positives Zwangsnormengeflecht», dessen ein geschickter Verbrecher spottet». Der Satz enthält zwei Zitate: von einem «abstrakten Zwangsnormengeflecht» war schon in der Diskussion zum «Rechtsbegriff des Rechts» die Rede, und der Satz «Der Schuldige spottet des Rechts» stammt von dem großen, noch im bismarckischen Geiste wirkenden Rechtslehrer Karl BINDING, dem Gegner Franz VON LISZTs (86).

4. Der folgende Abschnitt beginnt mit der in Zeiten des Umbruchs üblichen Aufforderung zur Überprüfung der «juristischen Begriffe, Argumente und Präjudizien», «die ein altes und krankes Zeitalter hervorgebracht hat». Doch bleibt auch der berechtigte Widerstand der Gerichte «gegen die Korruptheit des damaligen Systems» nicht unerwähnt. Dann folgt die anerkennende Erwähnung der französischen Verwaltungsrechtslehre, die Carl SCHMITT bekanntlich sehr hoch schätzte, und zwar hier der Lehre vom *acte de gouvernement* (DUFOUR), der der «Verteidigung der Gesellschaft» gegen ihre Feinde dient und der gerichtlichen Nachprüfung entzogen ist.

Dann aber folgt ein besonders wichtiger Punkt des Aufsatzes, von den Gegnern oder sogar Feinden Carl SCHMITTs übersehen oder unterschlagen: die Forderung nach Rückkehr vom Ausnahmezustand zum Normalzustand und vor allem nach Bestrafung der von HITLER nicht ermächtigten Gewaltakte aus Anlaß der Ausschaltung RÖHMs und seiner Gefolgschaft. Hier ist das wörtliche Zitat besonders vonnöten: «Außerhalb oder innerhalb (!) des zeitlichen Bereiches der drei Tage fallende, mit der Führerhandlung in keinem Zusammenhang stehende, vom Führer nicht ermächtigte «Sonderaktionen» sind umso schlimmeres Unrecht, je höher und reiner das Recht des Führers ist. Nach den Erklärungen des preußischen Ministerpräsidenten GÖRING vom 12. Juli und des Reichsjustizministers GÜRTNER vom 20. Juli 1934 ist eine besonders strenge Strafverfolgung solchen unzulässigen Sondervorgehens angeordnet» (87). Bemerkenswert ist, daß hier auch Sonderaktionen genannt sind, die noch innerhalb der Dreitagefrist liegen, deren Ende Carl SCHMITT im Eifer des Gefechts auf den 1. Juli, nachts, statt auf den 2. Juli, legt. Wozu aber hatte HITLER ermächtigt? Möglicherweise wußte er es selber nicht mehr. Das ist in solchen Fällen nicht ungewöhnlich und war es bei HITLER, dem Mann der Unordnung, am wenigsten. Um den wichtigsten Fall zu nennen: die Erschießung VON SCHLEICHERs war, wie gesagt, von ihm nicht ermächtigt. Doch sollte nun HITLER gegen HIMMLER, einen Mörder, vorgehen? Er war nun einmal auf Helfer angewiesen und konnte gegen diese unheilvollen Helfer nicht weitere Helfer ins Treffen führen. So geht es jedem in solchen Situationen.

Von der besonders strengen Strafverfolgung des unzulässigen Sondervorgehens hat man meines Wissens nie etwas gehört. Die Forderung Carl SCHMITTs ging also ins Leere. Doch muß man folgendes vermuten: sicherlich wurde sie von denen vernommen, deren Bestrafung er so nachdrücklich gefordert hatte. Er fand also durchaus Gehör, allerdings in einem unheilvollen Sinn: die spätere Feindschaft des *Schwarzen Korps* (88) – das man nun nicht mit der ganzen SS gleichsetzen darf, trotz seines sicherlich beträchtlichen Einflusses – geht möglicherweise schon auf den Aufsatz «Der Führer schützt das Recht» zurück. Dann brachte er ihm damals Feindschaft, und heute ergeht es ihm aus ganz anderen Gründen, unter denen Ignoranz ungewollt und auch gewollt, eine Rolle spielt, ebenso.

Ohne schlüssige Beweise in Händen zu haben, muß ich annehmen, daß Carl SCHMITT, der sich der Stellungnahme zu einzelnen konkreten Aktionen enthielt, die Morde an VON SCHLEICHER, dessen Frau, den Mitarbeitern VON PAPENs und KLAUSENERs – den letzteren kannte er wohl nicht näher – mißbilligte. Sagte er dies, so konnte er sich ebensogut gleich neben die Erschossenen legen. Der bewährte Spruch *«Non possum scribere in eum qui potest proscribere»* darf auch für Carl SCHMITT in Anspruch genommen werden. Nicht einmal der große römische Jurist PAPINIAN (89), der ermordet wurde, nicht einmal der nicht minder bewundernswerte große Jurist Thomas MORE, der hingerichtet wurde, haben sich in Publikationen gegen Kaiser CARACALLA und König HEINRICH VIII., deren Taten sie mißbilligten, gewandt.

Aus der besonders strengen Strafverfolgung, die den nicht ermachtigten Mördern vom 30. Juni 1934 und von den folgenden Tagen angedroht war und die von Carl SCHMITT in Erinnerung gebracht wurde, wurde – aus der Rückschau leicht voraussehbar – nichts. Das Ergebnis des Aufsatzes von Carl SCHMITT war höchstens der Rufmord durch das Sprachrohr der SS im Jahre 1936.

5. Den Schluß des Aufsatzes bildet ein erneuter Rückblick auf die Jahre 1917 bis 1919. Dieser Schluß ist von brennender Aktualität. Es wird hingewiesen auf den Mißbrauch, der mit dem verführerischen Wort Rechtsstaat, einem Wieselwort im Sinne F.A. HAYEKs (90), getrieben wird, und auf die «merkwürdige Einmütigkeit», in der sich Kapitalisten und Kommunisten, Klerikale und Atheisten befanden und auch heute noch befinden. Kapitalisten verkaufen Kommunisten und deren Helfern nicht nur den Strick, an dem sie gehängt werden, sondern finanzieren ihn auch noch; lehrreich ist das Studium der Inserate in Nachrichtenmagazinen, die die «veröffentlichte Meinung» darstellen. Klerikale verbünden sich mit Atheisten in Befreiungsbewegungen und finanzieren sie auf dem Wege über bischöfliche Hilfswerke; man kann bereits von Kleriko-Atheisten, Kleriko-Anarchisten, Kleriko-Chaoten reden.

Der Aufsatz «Der Führer schützt das Recht» erweist sich als in jeder Hinsicht lehrreich. Carl Schmitt war niemals ein Opportunist. Er war auch kein Schmeichler: das *foedum crimen servitutis,* von dem TACITUS spricht, war ihm fremd. Allerdings war er von HITLER damals noch fasziniert. Diese Faszination war damals verbreitet; auch andere große Persönlichkeiten des Geistes erlagen ihr. Das ist ein Vorgang, der sich in der Geschichte stets wiederholt: schon in der Antike erlagen große Dichter und Philosophen blutigen Tyrannen. Man darf die Frage stellen: Wer erlag nicht wem?

IV. Weiteres aus dem Jahr 1934

Dieses ganze Jahr hatte ich der Arbeit an meiner Dissertation zu widmen. Das Thema war, wie schon früher gesagt, schnell gefunden. Aber die Anfangsschwierigkeiten waren groß. Es begann mit einem katastrophalen Fehlstart. Mein erster Entwurf war völlig unbrauchbar. Er war journalistisch-feuilletonisch, weit mehr Weltanschauung als Wissenschaft, wenn auch schon mit einigen Argumenten, die verwertbar waren. Statt mich an Vorbildern wie den Dissertationen der älteren Carl-SCHMITT-Schüler wie Ernst Rudolf HUBER und Werner WEBER, die in der *Verfassungslehre* lobend erwähnt sind (91), und auch Ernst FORSTHOFF (92) zu orientieren, war ich der Ansicht verfallen, das sei jetzt alles anders geworden und es komme jetzt auf eine Art Bekenntnis an. Diese abwegige Auffassung hat sich ab 1945 erneut eingestellt; Franz ALTHEIM hat ihr nachdrücklich widersprochen (93). Die Kritik Carl SCHMITTs war vernichtend. Ich konnte ihr nicht entgegentreten, sondern nahm sie, wie man sagt, in strammer Haltung hin. Er erklärte sogar, er selbst sei an der Fehlentwicklung nicht unschuldig. Es kam in keiner Weise zu einem Konflikt.

Es gab jedoch einen anderen Konflikt auf einem anderen Gebiet. Es handelte sich dabei um einen meiner besten Freunde, den späteren Kollegen Dr. Hubertus BUNG, zuletzt wohnhaft in Bad Godesberg (94). BUNG, aus dem oldenburgischen Münsterland stammend, war schon seit Jahren ein Bewunderer Carl SCHMITTs. Als im Nationalsozialistischen Rechtswahrerbund, zunächst Juristenbund genannt, eine Wissenschaftliche Abteilung unter Leitung Carl SCHMITTs eingerichtet wurde, übernahm er auf dessen Veranlassung die Geschäftsführung in dieser Abteilung, mit dem Titel, wie ich glaube, eines Adjutanten. Er war für diese Aufgabe in jeder Hinsicht qualifiziert. Er hatte ein sehr gutes Referendarexamen abgelegt, mit einer strafrechtlichen Hausarbeit über den Rechtsirrtum, die von dem Berliner Ordinarius Professor Eduard KOHLRAUSCH (95) mit dem höchsten Prädikat bewertet war. Ferner hatte er einen großen Sinn für Ordnung und dadurch für Organisation. Nicht zuletzt besaß er auf Grund ausgedehnter Studien eine hervorragende theologische Bildung, die etwa der meinigen weit überlegen war; auch dies qualifizierte ihn zur Mitarbeit bei Carl SCHMITT. In seine Tätigkeit in der Wissenschaftlichen Abteilung hatte er sich vorzüglich eingearbeitet; sie machte ihm Freude. Er geriet jedoch in eine Auseinandersetzung mit einem hochgestellten Funktionär des Rechtswahrerbundes, an deren Einzelheiten ich mich nicht mehr erinnere. Ich weiß nur noch, daß hierbei ein Portier des Bundes eine verhängnisvolle Rolle spielte. Frau DUSCHKA, die BUNG zwar nicht näher kannte, aber stets für die jungen Mitarbeiter ihres Mannes eintrat, schob die Hauptschuld an dem Zwischenfall auf den nach ihrer Meinung typischen «Berliner Portier»; sicher hatte dieser Beruf seine Tücken für Nichteingeweihte. Carl SCHMITT aber war erregt über diese Angelegenheit, schob die Schuld auf BUNG und lehnte es ab, ihn im Rechtswahrerbund in Schutz zu nehmen. Hierüber war wieder BUNG empört und nahm seinen Abschied. Ich aber stellte mich ganz auf die Seite BUNGs und versuchte in einem langen, aufbegehrerischen Telefonat, Carl SCHMITT umzustimmen, umsonst. Der Vorfall gab mir sehr zu denken, und ich berichtete darüber dem alten Freund Paul ADAMS, jetzt in München bein dortigen Rundfunk (96). ADAMS antwortete ausführlich. Sein Brief – vom 3. Dezember 1934 – ist ein kostbares Dokument. Einige Stellen seien hier wiedergegeben:
ADAMS war nur von mir, also einseitig, informiert, aber meine Mitteilungen entsprachen seinen Erfahrungen:

«Die Lage von SCHMITT ist ja furchtbar. Er hat mich in München aber vergleichsweise noch gut behandelt. Neu war mir seine abrupte Art, meine Ansichten und ihre Darlegung abzuwerten.»

In der Tat: er konnte in verletzender Weise abrupt sein. Nervosität führt zu solcher Abruptheit. ADAMS kritisierte auch seine Verhimmelung des preußischen Generalstabs, eine Kompensationserscheinung, und seinen schon damals starken Antisemitismus. Er erläuterte dann die Furchtbarkeit der Lage Carl SCHMITTs, die ich unterschätzt hatte:

«Politisch wird er m.E. niemals von den Nationalsoz. acceptiert werden. Sein Stil, seine Genialität, seine im Grunde solitäre Existenz werden immer Anstoß erregen. Er wäre besser nach München gegangen und hätte an der Peripherie existiert. Er ist diesen ständigen Belastungen nicht gewachsen.»

Doch erhebt sich aus der Rückschau die Frage: Konnte Carl SCHMITT an der Peripherie existieren? Wenn er für seine Ideen nachdrücklich eintreten wollte, was er für notwendig hielt, genügte die Peripherie nicht. Sicher trieb ihn auch Ehrgeiz. «Ehrgeiz hat uns nie besiegt», heißt es in einer schönen geistlichen Arie Georg Friedrich HÄNDELs nach einem Gedicht von BROCKES (97). Doch ist ein Mann wie Carl SCHMITT ohne Ehrgeiz überhaupt möglich? Kann man seine Leistungen ohne den Sporn des Ehrgeizes vollbringen? Ich meine: nein.

Bei ADAMS heißt es dann noch:

«Die nahe Beziehung zu den Engeln ist klar. Ich glaube, daß sie immer dagewesen ist.»

Frau DUSCHKA hatte auf die – zutreffende – Bemerkung, ihr Mann habe keinen Instinkt, geantwortet: «Keinen Instinkt, aber einen guten Engel». Eine sie ehrende Replik, aber es gab um ihn nicht nur gute Engel zu jener Zeit. Hierin sah ADAMS klarer.

Was BUNG betrifft, so hat er Carl SCHMITT den damaligen Konflikt nicht nachgetragen, nicht vor 1945, erst recht nicht später. Er war stets hilfsbereit, manchmal von Carl SCHMITT unbemerkt.

Der geneigte Leser wird mir zugestehen, daß ich nicht daran denke, Schwächen und Fehler Carl SCHMITTs zu vertuschen. Süßlichkeit liegt mir fern, jedenfalls hier. Es handelt sich auch nicht um eine *Legenda Aurea*. Trägt sich aber nicht mancher, wenn auch vielleicht nicht explizit, mit dem Gedanken, einen Nachtrag zu DANTEs *Göttlicher Komödie* zu schreiben? Wohlan: dann treffen wir Carl SCHMITT auf dem Berg der Läuterung, und zwar schon in einem oberen Kreis, noch weiter oben aber Franz KRAMER, Paul ADAMS, Carl ESCHWEILER, Konrad WEISS, Heinrich OBERHEID und seine Frau, Justus KOCH, Hans BERGER und «last but not least» Frau Duschka. Roger VERCEL, den Autor des «Capitaine Conan», habe ich persönlich und aus Lebensbeschreibungen nie kennengelernt; auch ihn vermute ich jedoch dort oben (99).

(1) (PT) Odo MARQUARD (geb. 1928), *Abschied vom Prinzipiellen. Philosophische Studien,* Stuttgart: Reclam, 1981, 146 S.; dort S. 6.

(2) (PT) *Thule. Altnordische Dichtung und Prosa,* Darmstadt: Wissenschaftliche Buchgesellschaft, 1963-67, 24 Bände. Band 3 enthält die Saga vom Skalden Egil; Band 5 die Saga von Grettis, dem Geächteten; Band 6 die Saga von den Leuten aus dem Lachswassertal; die Bände 14-16 die vom isländischen Gelehrten und Politiker Snorri STURLUSON (1179-1241) redigierte Saga von den alten norwegischen Königen (das sog. Königsbuch). Die erste Edition dieser umfangreichen Sammlung erschien 1912-30 bei Diederichs in Jena und war eine Leistung von Felix NIEDNER (1859-1934) und seinen kompetenten Mitarbeitern, u.a. Andreas HEUSLER (1865-1940), Gustav NECKEL (1878-1940) und Felix GENZMER (1878-1959). – Der im Text genannte König HARALD III. Hardrade (= der Harte; 1015-1066) versuchte, England zu erobern: Es war die letzte Wikingerexpedition.

(3) (PT) Justus KOCH (1891-1962) war Verteidiger im 11. Kriegsverbrecherprozess (Wilhelmstrasse) und in Entnazifizierungsverfahren. Im Düsseldorfer Rhein-Ruhr-Klub hielt er am 9. Dezember 1949 einen Vortrag über Aspekte der Nürnberger Rechtsprechung. Über G.K. kam die Verbindung zu C.S. zustande; Anfang Mai 1948 unterhielten die beiden sich ausführlich über die Stellung der Staatssekretäre im Dritten Reich, ein Thema, über das C.S. in Nürnberg für den stellvertretenden Hauptankläger Robert M.W. KEMPNER (geb. 1899) eine schriftliche Antwort erteilt hatte (*Verfassungsrechtliche Aufsätze aus den Jahren 1924-1954. Materialien zu einer Verfassungslehre,* Berlin: Duncker & Humblot, (1958)[3] 1985, 517 S.; dort S. 440-450: «Das Problem der Legalität»). Übrigens hat KOCH Pate gestanden bei der Wiederaufnahme der Beziehungen zwischen C.S. und dem Berliner Rechtsanwalt Kurt BEHLING (geb. 1906); letzterer hat C.S. zu Rate gezogen im Rahmen seiner Verteidigung des Generalfeldmarschalls Georg VON KÜCHLER (1881-1968) und seiner Verteidigung der Angeklagten vor dem Luxemburger Gerichtshof (1949).

(4) (PT) Gemeint sind die anonymen Angriffe: «Eine peinliche Ehrenrettung» und «Es wird immer noch peinlicher!», *Das Schwarze Korps,* Folgen 49 und 50 vom 3. und 10. Dezember 1936, S. 14 und S. 2. Günter MASCHKE (geb. 1943) zufolge könnte der Hauptschriftsteller der SS-Wochenschrift, Gunter D'ALQUEN (geb. 1910), diese Artikel verfasst haben («Ein Dokument aus dem Jahre 1937», *Zweite Etappe,* Oktober 1988, S. 96-100; dort S. 96 FN 5). Der angebliche Anlass dieser Attacke war ein Aufsatz von G.K., «Zum Neubau deutscher Staatslehre. Die Forschungen Carl Schmitts», *Jugend und Recht,* 10. Jahrg. Nr. 11, 10. November 1936, S. 252-253. Dazu schrieb mir G.K. unter dem 30. Oktober 1985 Folgendes: «... Natürlich habe ich C.S. die Angriffe im Schw.K. eingebrockt. Wenn die Sache aber genau dargestellt werden soll, muss auch gesagt werden, dass ich das MS dem Herausgeber von "Jugend und Recht", Knöpfel, gegenüber ausdrücklich zurückgezogen hatte, womit er auch einig ging; wir hielten es gemeinsam nicht für ausgereift. Ich habe das MS aber nicht zurückerhalten, und plötzlich erschien es im Druck. Man vermutete hier eine Intrige. Kn. liess sich damals nicht sprechen. Wir waren befreundet, und ich traue ihm eine Beteiligung an einer Intrige nicht zu. Möglich ist, dass hier ein Stellvertreter gehandelt hat, vielleicht absichtlich, vielleicht aus Unkenntnis». Früher (Brief vom 19. Mai 1972) hatte G.K. mir schon mitgeteilt, dass andere 'Junge Rechtswahrer', insbesondere ein gewisser Wolfgang MENSCHELL, sehr bemüht gewesen sind, «die ganze Angelegenheit in Ordnung zu bringen». Wie dem auch sei, die Attacken hatten das Ende der Mesalliance C.S.s mit den Nazis zur Folge: Ein Thema für sich.

(5) (PT) Wegen Betrugs an der Berliner Stadtbank und Bestechung leitender Beamter der Berliner Stadtverwaltung, sogar des Oberbürgemeisters Gustav BÖSS (1873-1946), wurde gegen die Brüder Leo, Max und Willy SKLAREK, eingewanderte jüdische Textilkaufleute, Ende September 1929 Strafanzeige erstattet. Das Urteil ist im Juni 1932 verkündet worden.

(6) (PT) a) Julius BARMAT und seine Brüder, ostjüdischer Herkunft, wurden 1924 zahlungsunfähig. Prominente Mitglieder der SPD und der ehemalige Reichspostminister und Zentrums-Politiker Anton HÖFLE (1882-1925) wurden in den Prozess verwickelt. Das Urteil des Schöffengerichts Berlin-Mitte, Abt. 206, erging am 30. März 1928. Aus Anlass des Todes des Ministers während seiner Untersuchungshaft kam es zu der Untersuchungshaftnovelle vom 28. Dezember 1926, meistens *Lex Höfle* genannt.

b) Die gesetzwidrigen Geschäftshandlungen der Ostjuden Iwan und Alexander KUTISKER sollen die Preussische Staatsbank etwa 14 Millionen Goldmark gekostet haben.

(7) (PT) U.a. infolge des Konkurses der Norddeutschen Wollkämmerei war die von Jakob GOLDSCHMIDT (1882-1955) geleitete Danatbank (= Darmstädter und Nationalbank) gezwungen, am 11. Juni 1931 ihre Schalter zu schliessen. Durch energische Massnahmen der Reichsregierung konnte der Zusammenbruch des ganzen deutschen Grossbankensystems verhindert werden. Später kam es zur Fusion der Danatbank und der Dresdner Bank. Über GOLDSCHMIDT, vgl. das ihm gewidmete (tendenziöse) Kapitel in dem zeitgenössischen Buch von Kurt ZIELENZIGER: *Juden in der deutschen Wirtschaft,* Berlin: Der Heine Bund, 1930, 287 S.

(8) (PT) a) Gemeint ist der Konzern der Favag (= Frankfurter Allgemeine Versicherungs AG), der im Herbst 1929 zusammenbrach, kurz nach dem Tod des Generaldirektors Paul DUMCKE, des Hauptschuldigen, wie sich im anschliessenden Prozess herausstellen sollte.

b) G.K. hätte getrost noch den Schultheiss-Skandal erwähnen können, einen vom Generaldirektor Ludwig KATZENELLENBOGEN (1877-1944) verursachten riesigen Getränkeherstellerkonkurs (1931). Pikantes Detail: Für diesen Getreidehändlersohn bettelte seine Frau in zweiter Ehe, die Schauspielerin Tilla DURIEUX (Ps. von Ottilie GODEFROY; 1880-1971), die schon nach dem jähen Ende der Münchner Räterepublik Ernst TOLLER (1893-1939) geholfen hatte, mühsam die Kaution zusammen. Erwähnenswert sind die Memoirenbände der DURIEUX: *Eine Tür steht offen. Erinnerungen,* Berlin-Grünewald: Herbig, 1954, 342 S., und: *Eine Tür fällt ins Schloss,* Berlin: Silver & Goldstein, 1989, 256 S.

(9) (PT) a) Merkwürdigerweise werden diese und ähnliche Vorfälle in fast keiner Geschichte der Weimarer Republik (gebührend) berücksichtigt. In einem Fall stiess ich jedoch auf einen Hinweis mit neutralisierender Tendenz, und zwar bei Walter LAQUEUR (geb. 1921), *Weimar. A Cultural History 1918-1933,* London: Weidenfeld and Nicolson, 1974, IX-308 S.; dort S. 84: «... The cases of Sklarek, Barmat and Kutisker attrackted much publicity, even though these men were small fry indeed in comparison with the great profiteers of the inflation such as Stinnes...».

b) Am 12. Juli 1988 bestätigte mir G.K., dass er bei der Redaktion dieser Abschnitte einen Bildband von Edmund SCHULZ (1901-1965) und Friedrich-Georg JÜNGER (1898-1977) handgriffbereit hatte: *Das Gesicht der Demokratie. Ein Bilderwerk zur Geschichte der deutschen Nachkriegzeit,* Leipzig: Breitkopf & Härtel, $(1931)^2$ 1931, VIII-152 S.

(10) (PT) Freilich regten Fälle wie der Kranz-Prozess (eine Pennälerliebe mit Mord als Folge) die Diskussion der Sexualmoral an. Der Paragraph 175 StGB stand sowieso im Mittelpunkt einer vehementen Kampagne: Vor allem Magnus HIRSCHFELD (1868-1935), Autor des fünfbändigen Werkes *Geschlechterkunst* (1925-30) und Begründer des *Jahrbuchs für sexuelle Zwischenstufen unter besonderer Berücksichtigung der Homosexualität* (Leipzig: Spohr, 1899-1923: 23 Bände; vgl. die Auswahl, Frankfurt a.M.: Qumran Verlag, 1983-84, 2 Bände = 296 und 312 S.), hat sich für seine Abschaffung eingesetzt (vgl. James D. STEAKLEY, *The Homosexual Emancipation Movement in Germany,* New York: Arno Press, 1975, 121 S.). Über HIRSCHFELD berichtet Hans BLÜHER (1888-1955), *Werke und Tage. Geschichte eines Denkers,* München: Paul List Verlag, 1953, 475 S.; dort S. 332-335. Erwähnenswert ist auch Liliane CRIPS, «Magnus Hirschfeld (1868-1935), un eugéniste social-démocrate», *L'homme et la société,* Nr. 87, 1988. S. 104-114.

(11) (PT) a) Hofprediger Adolf STOECKER (1835-1909), Initiator der Christlich-Sozialen Bewegung (1878), machte den Antisemitismus in den österreichischen Massen sozusagen lebendig und wurde vom Sozialistenführer Eduard BERNSTEIN (1850-1932) 1931 nicht ohne Grund 'Vater des Antisemiten' getauft. Vgl. über ihn u.a. die Dissertation von Walter FRANK (1905-1945), *Hofprediger Stoecker und die Christlich-Soziale Bewegung,* Hamburg: Hanseatische Verlagsanstalt, $(1928)^2$ 1935, 347 S.

b) Rechtsanwalt Karl LÜGER (1844-1910) betrieb als Wiener Bürgermeister (1897-1910) eine antisemitische Mittelstandspolitik; von ihm stammt der Ausspruch: «Was a Jud is, b'stimm ich». Über ihn u.a. Karl SKALNIK, *Dr. Karl Lüger. Der Mann zwischen den Zeiten,* Wien/Düsseldorf: Herold Verlag, 1954, 182 S.

(12) (PT) Der Journalist Edouard DRUMONT (1844-1917) schrieb u.a. das aufsehenerregende Buch: *La France juive. Essai d'histoire contemporaine,* Paris: Marpon et Flammarion. 1886, 2 Bände = XX-579 und II-610 S. Über ihn u.a. G. BERNANOS (vgl. FN 13), *La grande peur des bien-pensants,* Paris: Grasset, 1931, 459 S. (vgl. die Rezension vom Prinzen ROHAN, 1898-1975, in: *Europäische Revue,* 7. Jahrg. Nr. 12, Dezember 1931, S. 903-905), und Thomas P. ANDERSON, «Edouard Drumont and the Origins of Modern Anti-Semitism»; *The Catholic Historical Review,* 53. Jahrg. Nr. 1, April 1967, S. 28-42.

(13) (PT) Der katholische Romancier und Essayist Georges BERNANOS (1888-1948) schrieb u.a. eine eigenwillige DRUMONT-Biographie (vgl. FN 12), die C.S. gelesen hat. Über ihn u.a. Michel WINOCK (geb. 1937), *Edouard Drumont et Cie. Antisémitisme et fascisme en France,* Paris: Eds du Seuil, 1982, 221 S. (dort S. 181-202: «Le cas Bernanos») und neuerdings der Tagungsband: *Bernanos. Continuités et ruptures* (hrsg. von Pierre GILLE und Max. MILNER), Nancy: Presses Universitaires, 1988, 177 S., in der Reihe 'Travaux et mémoires. Recherche littéraire'.

(14) (PT) Über ihn P. TOMMISSEN (Hrsg.), *Schmittiana I,* Brüssel: EHSAL, 1988, 130 S., Nr. 71-72 in der Reihe «Eclectica»; dort S. 65.

(15) (PT) Über den katholischen Dichter Konrad WEISS (1880-1940), vgl. C.S., *Ex captivitate salus. Erfahrungen der Zeit 1945-47,* Köln: Greven Verlag, 1950, 95 S.; dort S. 51-52. Ausserdem: *Marbacher Magazin,* Sonderheft 15, 1980, 80 S.

(16) (PT) Werner GILLES (1894-1961), dessen Gemälde 1937 als entartete Kunst eingestuft wurden, hatte am Bauhaus u.a. bei Lyonel FEININGER (1871-1956) studiert. Er gehörte zu den von C.S. und seiner Frau geförderten Künstlern; öfters verweilte er wochenlang in ihrer Wohnung, so vom November 1939 bis Mitte März 1940.

(17) (PT) a) Walter GÖRLITZ (geb. 1913) und Herbert A. QUINT (Ps. des Motorjournalisten und Sportwagenrennfahrer Richard VON FRANKENBERG UND LUDWIGSDORFF, 1922-1973), *Adolf Hitler. Eine Biographie,* Stuttgart: Steingruben Verlag, 1952, 656 S.; dort S. 481. Demgegenüber Joachim FEST (geb. 1926), *Hitler. Eine Biographie,* Frankfurt a.M./Berlin: Propyläenverlag, 1973, 1192 S.; dort S. 745. Eine dritte Lesart ergibt Louise Margarethe: So bei Robert WISTRICH, *Wer war wer im Dritten Reich,* München: Harnack, 1983, 319 S.; dort S. 24.
b) Generalfeldmarschall Werner VON BLOMBERG (1878-1946) heiratete am 12. Januar 1938 die hübsche, aber keineswegs unbescholtene GRUN; Adolf HITLER (1889-1945) und Hermann GÖRING (1893-1946) waren Trauzeugen. Dessenungeachtet führte eine seine Frau betreffende Polizeiakte zu seinem Sturz im Februar 1938. Sein Nachfolger als Oberbefehlshaber des Heeres, Generalleutnant Werner Freiherr VON FRITSCH (1880-1939), fiel seinerseits 1938 einer wohl von Heinrich HIMMLER (1900-1945) und Reinhard HEYDRICH (1904-1942) eingefädelten Intrige zum Opfer (vgl. Johann Adolf Graf KIELMANNSEGG, geb. 1906, *Der Fritsch-Prozess 1938,* Hamburg: Hoffmann und Campe, 1949, 152 S.).

(18) (PT) Der Antikriegsroman des Handwerkersohns Erich Maria REMARQUE (Ps. von Erich Paul REMARK, 1989-1970) *Im Westen nichts Neues* (1929), wurde ein Welterfolg und vom amerikanischen Regisseur Lewis MILESTONE (wahrscheinlich Ps. von Léon MILSTEIN; 1895-1980) verfilmt («All Quiet on the Western Front», 1930), Josef GOEBBELS (1897-1945) behauptete, REMARQUE heisse in Wirklichkeit KRAMER, und liess die Vorführung dieses Films mit Hilfe von Stinkbomben und weissen Mäusen sprengen; kurz danach wurde der Film in Deutschland verboten, weil er «das deutsche Ansehen im Ausland gefährde».

(19) (PT) Der Dortmunder Bäckergeselle Karl ERNST (1904-1934), Stabschef des SA-Gausturms Berlin-Brandenburg und seit 1932 Mitglied des Reichstags, ging, ungeachtet seiner homosexuellen Veranlagung, 1934 eine Ehe ein. Auf dem Wege zur Hochzeitsreise nach Madeira aus Bremen zurückgeholt, wurde er im Rahmen der sog. Röhm-Affäre (vgl. FN 21) in Berlin erschossen.

(20) (PT) Der preussische Landtagsabgeordnete Otto HÖRSING (1874-1937) und einige Freunde gründeten am 22. Februar 1924 in Magdeburg das Reichsbanner Schwarz-Rot-Gold. Aus diesem Selbstschutzverband linksrepublikanischer Kriegsteilnehmer, Gegenspieler des Stahlhelms (1918 gegründet) und des Roten Frontkämpferbundes (im Juli 1924 gegründet), erwuchsen 1930 para-militärische Schufos (= Schutzformationen),

die der SPD zur Verfügung standen. Als Reaktion auf den Zusammenschluss der rechten Opposition gegen die Regierung Brüning (am 11. Oktober 1931), die sog. Harzburger Front (Stahlhelm, NSDAP, usw.), schloss das Reichsbanner sich am 16. Dezember 1931 mit anderen linksrepublikanischen Verbänden (ADGB = Allgemeiner Deutscher Gewerkschaftsbund, 1919 gegründet; Arbeitersportvereine; usw.) zur Eisernen Front zusammen. Diese hatte drei Pfeile als Emblem, eine «Erfindung» des Sachverständigen Serge TSCHAIKOTIN (1883-?), der schon LENIN (1870-1924) beraten hatte und später das erfolgreiche Buch: *Le viol des foules par la propagande politique* (Paris: Gallimard, (1939)[2] 1952, 605 S., in der Reihe «Problèmes et documents») schreiben sollte; vgl. sein Buch: *Dreipfeil gegen Hakenkreuz,* Kopenhagen: Verlag Aktiver Sozialismus, 1933, 132 S. TSCHAIKOTINs Name fehlt in der Monographie von Helga GOTSCHLICH, *Zwischen Kampf und Kapitulation. Zur Geschichte des Reichsbanners Schwarz-Rot-Gold,* Berlin-Ost: Dietz Verlag, 1987, 196 S. + 47 Abb.

(21) (PT) Über die Hintergründe der Röhm-Affäre besteht nach wie vor Uneinigkeit. Dennoch dürfte die blutige Ausschaltung des Stabes der SA mit Wissen höherer Reichswehroffiziere durchgeführt worden sein. Alfred SOHN-RETHEL (geb. 1899) zufolge soll HITLER sogar von der Spitze der Reichswehr zu der Operation gezwungen worden sein; vgl. seine Aufsatzsammlung: *Oekonomie und Klassenstruktur des deutschen Faschismus. Aufzeichnungen und Analysen,* Frankfurt a.M.: Suhrkamp, 1973, 210 S., Nr. 630 in der Reihe 'Edition Suhrkamp' (dort S. 200-210: «Die Geschichte des 30. Juni 1934»).

(22) (PT) Edmund HEINES (1897-1934) war als Leutnant a.D. und Mitglied des Freikorps Rossbach 1923 am Hitler-Putsch in München beteiligt. 1929 wurde er, eines Fememordes wegen, zu einer fünfjährigen Haftzeit verurteilt. Nach seiner infolge einer Generalamnestie erfolgten vorzeitigen Freilassung avancierte er 1932 zum Mitglied des Reichstags und wurde SA-Obergruppenführer, nach 1933 sogar Polizeipräsident von Breslau. Er gehörte zu den ersten Opfern der Röhm-Affäre.

(23) (PT) G. KRAUSS, *Der Rechtsbegriff des Rechts. Eine Untersuchung des positivistischen Rechtsbegriffe im besonderen Hinblick auf das rechtswissenschaftliche Denken Rudolf Sohms,* Hamburg: Hanseatische Verlagsanstalt, 1936, 107 S.

(24) (PT) H. BARION (1899-1973), *Rudolph Sohm und die Grundlegung des Kirchenrechts. Bonner Antrittsvorlesung,* Tübingen: Mohr, 1931, 28 S., Nr. 81 in der Reihe «Recht und Staat in Geschichte und Gegenwart», übernommen in: H. BARION, *Kirche und Kirchenrecht. Gesammelte Aufsätze* (hrsg. von Werner BÖCKENFÖRDE), Paderborn: Schöningh, 1984, X-712 S. (dort S. 79-104). Es darf hinzugefügt werden, dass die Drucklegung der Vorlesung durch Vermittlung von C.S. erfolgt ist, wie BARION später und zu seiner grossen Überraschung erfuhr; vgl. seine Erwiderung, S. 203-219 in: *Eunomia. Freundesgabe für Hans Barion am 16. Dezember 1969,* o.O. o.J., 221 S. (dort S. 208).

(25) (PT) R. SOHM (1841-1917), *Kirchenrecht, 1. Band: Die geschichtlichen Grundlagen,* München/Leipzig: Duncker & Humblot, (1892) anastatischer Nachdruck = 1923, XXIII-700 S.; dort S. 1: «Das Kirchenrecht steht mit dem Wesen der Kirche im Widerspruch». Der 2. Band ist, infolge der Beschäftigung des Gelehrten mit einem Artikel für eine Festschrift und seines unerwarteten Todes, ein Torso geblieben. Erwin JACOBI (1884-1965) und Otto MAYER (1846-1924) veröffentlichten das vorhandene Bruchstück: *Katholisches Kirchenrecht,* 1923, VII-395 S. Als erster Einstieg in das SOHMsche Denken ist seine kleine Schrift geeignet: *Wesen und Ursprung des Katholizismus,* Darmstadt: Wissenschaftliche Buchgesellschaft, (1909)[2] o.J., XXXIV-68 S., Nr. XVIII in der Reihe «Libelli». C.S.s Deutung der SOHMschen These findet sich in: *Römischer Katholizismus und politische Form,* Stuttgart: Klett-Cotta, (1923)[3] 1984, 65 S.; dort S. 49.

(26) (PT) Martin PREISS (1905-1987) hat ab 1933 drei Semester in Berlin studiert und bei C.S. gehört. Gegen Ende des Jahres 1936 trat er aus dem Jesuitenorden aus und wurde Priester der Diözese Speyer. Die Gestapo hat sich 1937 für ihn interessiert. Diese Einzelheiten verdanke ich dem Archiv der Oberdeutschen Provinz des Jesuitenordens (Brief vom 17. August 1988).

(27) (PT) Carl ESCHWEILER (1886-1936), *Die zwei Wege der neueren Theologie: Georg Hermes, Matth. Jos Scheeben. Eine kritische Untersuchung des Problems der theologischen Erkenntnis,* Augsburg: Filser, 1926, 337 S.

(28) (PT) Willigis ERREN (1871-1944) war 1907-12 Seelsorger in Köln, 1912-13 in Dominikanerklöstern tätig, 1931-44 von neuem Seelsorger in Köln. Ich danke dem Archiv der Dominikanerprovinz Teutonia für diese Auskunft (Brief vom 3. August 1988).

(29) (PT) Victor LEONTOVITSCH war Dozent am Institut für Auslands- und Wirtschaftsrecht Berlin. Von ihm gibt es einen vorzüglichen Aufsatz über «Die Theorie der Institution bei Maurice Hauriou», *Archiv für Rechts- und Sozial-Philosophie,* 29. Jahrg. Nr. 3-4, Mai 1936, S. 363-405, und 30. Jahrg. Nr. 2, Januar 1937, S. 202-237.

(30) (PT) In den mir zur Verfügung stehenden Schriften des katholischen Philosophen Josef PIEPER (geb. 1904) habe ich den Ausdruck nicht gefunden.

(31) (PT) Francisco Javier CONDE Y GRAUPERA (1908-1974), *Teoría y sistema de las formas políticas,* Madrid: Instituto de Estudios políticos, 1944, 209 S.

(32) (PT) Der Musikhistoriker Hugo RIEMANN (1849-1919) hat u.a. das hier gemeinte Werk geschrieben: *Handbuch der Musikgeschichte,* Leipzig: Breitkopf & Härtel, 1904-13, 2 Bände = LIV-2063 S. und 1 Tafel.

(33) (PT) Arnold SCHMITZ (1893-1980), *Das romantische Beethovenbild. Darstellung und Kritik,* Darmstadt: Wissenschaftliche Buchgesellschaft, (1927)[2] 1978, X-183 S. Das Buch wurde von einem anderen eminenten BEETHOVEN-Kenner «un livre qui est à lire d'un bout à l'autre» genannt; vgl. Ernest CLOSSON (1870-1950), *L'élément flamand dans Beethoven,* Brüssel: Eds Universitaires, (1927) [2]1946, 279 S. (dort S. 201).

(34) (PT) C.S. beherrschte von Jugend an die Gabelsbergersche Kurzschrift. Dazu äusserte er sich folgendermassen: «... überaus lehrreich, in ihrer Art sogar genial ist die alte Gabelsbergersche Stenographie. Achten Sie nur einmal auf solche Ton-Bilder: A durch Verdickung, I durch Höher-Stellung, U durch Tieferstellung, O durch Rundung des folgenden Konsonanten auszudrücken. Woher kommt das? Ich begnüge mich mit diesem andeutenden Hinweis» (handschriftliche Notiz ohne Datum).

(35) (PT) Vgl. in diesem Buch S. 128.

(36) (PT) Johannes HECKEL (1889-1963), Hochschullehrer in München, war vor allem zuständig für evangelisches Kirchenrecht und für Staats- und Verwaltungsrecht. Auf Ersuchen von C.S. schickte er am 2. Juli 1935 ein kleines Gutachen zu einer verordnungsmässigen Verbesserung des Wehrgesetzes; C.S. brauchte es für eine Beratung im Reichskriegsministerium, worüber ich noch nichts gefunden habe.

(36a) (PT) N. LENIN (1870-1924), *Der 'Radikalismus', die Kinderkrankheit des Kommunismus,* Leipzig: Franckes Verlag, 1920, 95 S.

(37) (PT) Elisabeth NOELLE-NEUMANN (geb. 1916), «Die Schweigespirale. Über die Entstehung der öffentlichen Meinung», S. 299-330 in: Ernst FORSTHOFF (1902-1974) und Reinhard HÖRSTEL (Hrsg.), *Standorte im Zeitstrom. Festschrift für Arnold Gehlen zum 70. Geburtstag am 29. Januar 1974,* Frankfurt a.M.: Athenäum Verlag, 1974, VIII-428 S. Die Autorin hat das Thema inzwischen zu einem Buch erweitert: *Öffentliche Meinung. Die Entdeckung der Schweigespirale,* Frankfurt a.M.: Ullstein, 1989, 320 S.

(38) (PT) William SHAKESPEARE (1564-1616), *Complete Works,* London/Glasgow: Collins Clear Type Press, o.J., XXXII-1312 S.; dort S. 495-520 («Second Part of King Henry IV»: 2. Aufzug, 2. Szene), insbesondere S. 500: «You have misled the youthful prince./The young prince hath misled me: I am the fellow with the great belly, and he my dog.»

(39) (PT) C.S., *Politische Theologie. Vier Kapitel zur Lehre von der Souveränität,* Berlin: Duncker & Humblot, ([2]1934) [4]1985, 84 S.; dort S. 8.

(40) (PT) C.S., *Politische Theologie II. Die Legende von der Erledigung jeder Politischen Theologie,* Berlin: Duncker & Humblot, (1970) [2]1984, 126 S.; dort S. 15-16.

(41) (PT) W. SHAKESPEARE, *op. cit.* (FN 38), S. 673-715 («The Life and Death of King Richard III»: 5. Aufzug, 3. Szene); dort S. 714: «March on, join bravely, let us to 't pellmell; If not to heaven, then hand in hand to hell.»

(42) (PT) G. MASCHKE, «Die Zweideutigkeit der 'Entscheidung'. Thomas Hobbes und Juan Donoso Cortés im Werk Carl Schmitts», S. 193-221 in: Helmut QUARITSCH (geb. 1930), *Complexio oppositorum. Über Carl Schmitt,* Berlin: Duncker & Humblot, 1988, 610 S., Nr. 102 in der 'Schriftenreihe der Hochschule Speyer'; dort S. 195-196.

(43) (PT) Bernd NELLESSEN (geb. 1924) (Hrsg.), *José Antonio Primo de Rivera, der Troubadour der spanischen Falange. Auswahl und Kommentar seiner Reden und Schriften,*

Stuttgart: Deutsche Verlags-Anstalt, 1965, 117 S., Nr. 11 in der 'Schriftenreihe der Vierteljahrshefte für Zeitgeschichte'; dort S. 105 FN 1: «In der zeitgeschichtlichen Forschung besteht heute Klarheit darüber, dass die treibende und entscheidende Kraft für die Vorbereitung des Aufstandes das Militär war». Dieser Aufstand läutete den spanischen Bürgerkrieg ein.

(44) (PT) C.S., *op. cit.* (FN 39), S. 67-84: «Zur Staatsphilosophie der Gegenrevolution (De Maistre, Bonald, Donoso Cortés)».

(45) (PT) Gemeint ist Hans MAYER (geb. 1907), «Aus den Erinnerungen eines entlaufenen Kölner Juristen», *Anwaltsblatt* (Köln), Jahrg. 1988 Nr. 1, S. 3-5. Dazu die Erwiderung von G.K., *Anwaltsblatt* (Köln), Jahrg. 1988 Nr. 8-9, S. 449. – Ich benutze die Gelegenheit, um mein Befremden zum Ausdruck zu bringen über die arge Leichtfertigkeit, mit der Hans MAYER, Wanderer zwischen zwei Welten, Ungenauigkeiten über C.S. verbreitet. Nur zwei Beispiele: (a) *art. cit.*, S. 5: «... gerichtet gegen Friedrich Schlegel und vor allem gegen Adam Müller, den er erwiesenermassen nicht wirklich gelesen hatte,...» (ich besitze handgeschriebene Exzerpte SCHMITTs aus Büchern dieses Adam MÜLLER); (b) ein Gespräch mit drei Italienern, «Una manciata di ricordi», *Linea d'Ombra*, Mai 1986, S. 11-19, dort S. 12: «Quando era professore a Bonn, molto giovane, brillantissimo, estremamente cinico, si voleva anche molto aristocratico e per questo cadde in una disavventura. Sposò una contessa ungherese, una contessa Dorotics, Per un certo tempo firmó così i suoi libri: Schmitt-Dotorics, ma per sua disgrazio la moglie non era né contessa né ungherese, era solo divorziata da un conte ungherese, e Schmitt dovette firmare di nuovo col suo solo nome. Non voleva restare a Bonn, aspirava all'università di Berlino» (nichts stimmt in diesem Abschnitt!). Vollständigkeitshalber teile ich noch mit, Professor MAYER am 22. Dezember 1986 schriftlich gebeten zu haben, seine Aussagen zu belegen: Eine Antwort ist jedoch nie eingetroffen.

(46) (PT) Gemeint ist Otto BRUNNER (1898-1982), *Land und Herrschaft. Grundfragen der territorialen Verfassungsgeschichte Südost-Deutschlands im Mittelalter*, Baden-bei-Wien/Brünn/Leipzig/Prag: Rohrer, 1939, IV-512 S., Nr. 1 in der Reihe 'Veröffentlichungen des österreichischen Instituts für Geschichtsforschung'. In diesem *opus magnum* werden die Antrittsvorlesung von BARION (vgl. FN 24) und die Dissertation von G.K. (vgl. FN 23) positiv gewertet (dort S. 178). Übrigens standen C.S. und BRUNNER über den Krieg hinaus miteinander in Verbindung, wie an Hand von dedizierten Sonderdrukken BRUNNERs nachweisbar ist (z.B. «Europäisches Bauerntum», *Geschichte in Wissenschaft und Unterricht*, 2. Jahrg. Nr. 7, 1951, S. 400-411).

(47) (PT) C.S., *Über die drei Arten des rechtswissenschaftlichen Denkens*, Hamburg: Hanseatische Verlagsanstalt, 1934, 67 S., in der Reihe 'Schriften der Akademie für deutsches Recht'; dort S. 45-47.

(48) (PT) C. ESCHWEILER, *Joh. Adam Möhlers Kirchenbegriff. Das Hauptstück der katholischen Auseinandersetzung mit dem deutschen Idealismus*, Braunsberg i.Pr.: Herdersche Buchhandlung, 1930, 175 S. – Der bedeutende katholische Theologe J.A. MÖHLER (1796-1838) gab u.a. ein Buch heraus, das zwischen 1832 und 1838 fünf Auflagen erlebte: *Symbolik oder Darstellung der dogmatischen Gegensätze der Katholiken und Protestanten nach ihren öffentlichen Bekenntnisschriften*, Darmstadt: Wissenschaftliche Buchgesellschaft, Band 1 (921 S.) = 1958 und Band 2 (800 S.) = 1960, Nr. III/1 und III/2 der 'Gesammelten Werke' des Theologen (nur 3 der 6 vorgesehenen Bände sind erschienen).

(49) (PT) Otto Fürst VON BISMARCK (1815-1898), *Gedanken und Erinnerungen*, Stuttgart/Berlin: Cotta'sche Buchhandlung Nachfolger, 1905 (Volksausgabe), 2. Band = 398 S.; dort S. 90.

(50) (PT) C.S., *Staatsgefüge und Zusammenbruch des Zweiten Reiches. Der Sieg des Bürgers über den Soldaten*, Hamburg: Hanseatische Verlagsanstalt, 1934, 49 S., Nr. 6 in der Reihe 'Der deutsche Staat der Gegenwart'; dort S. 20.

(51) (PT) *Der Begriff des Politischen* ist eine Schlüsselschrift. So nennt Francesco MERCADANTE (geb. 1926) *Staat, Bewegung, Volk* «testo indissociabile dal Begriff»: S. 70 FN 7 in seinem Buch: *La democrazia plebiscitaria*, Mailand: Giuffré, 1974, 315 S.

(52) (PT) Weder mir noch Günter MASCHKE, dem besten deutschen Kenner des Denkens von Juan DONOSO CORTES (1809-1853) (vgl. seine reichhaltig annotierte Uebersetzung des *Essay über den Katholizismus, den Liberalismus und den Sozialismus, und an-*

dere Schriften aus den Jahren 1851 bis 1853, Weinheim: VCH Verlagsgesellschaft, 1989, LI-485 S.), ist es gelungen, diese Formel in irgendeiner Publikation des Spaniers zu entdecken. Es handelt sich wohl um einen (von vielen übernommenen) Ausdruck C.S.s, der jedenfalls die Meinung des DONOSO CORTES wiedergibt.

(53) (PT) C.S., *op. cit.* (FN 50), S. 17. – Generalfeldmarschall Albrecht Graf VON ROON (1803-1879) war 1859-71 preussischer Kriegsminister.

(54) (PT) Auch in diesem Fall trifft die obige Feststellung zu (vgl. FN 52).

(55) (PT) Vgl. vor allem Léon BLOY (1846-1917), *Exégèse des lieux communs,* Paris: Union générale d'éditions, (1902) Taschenbuchausgabe = 1983, 415 S., Nr. 1550 in der Reihe '10/18'. Dazu jetzt Maurice BARDÈCHE (geb. 1909), *Léon Bloy,* Paris: La Table Ronde, 1989, 411 S.; dort S. 333: «... Car il faut que son imagination lui crée un ennemi, non seulement pour sentir plus vivement son malheur et sa déréliction, mais surtout pour s'expliquer: l'ennemi au Danemark, c'étaient les protestants, avant les protestants, c'étaient des journalistes, à Lagny, ce sont les bourgeois. C'est ce cataplasme de petits-bourgeois qui lui inspire une sorte de dégoût aggravant sa misère...».

(56) (PT) C.S., *op. cit.* (FN 39), S. 79.

(57) (PT) G.K. benutzte die Edition des Amerikaners Saul Kussiel PADOVER, *Karl Marx in seinen Briefen,* München: Beck, 1981, 611 S.

(58) (PT) Rudolf SMEND (1886-1975), *Bürger und Bourgeois im deutschen Staatsrecht. Rede, gehalten bei der Reichsgründungsfeier der Friedrich-Wilhelms-Universität Berlin am 18. Januar 1933,* Berlin: Preussische Druckerei- und Verlags-Aktiengesellschaft, 1933, 24 S. Wiederabdruck S. 309-325 in: R. SMEND, *Staatsrechtliche Abhandlungen und andere Aufsätze,* Berlin: Duncker & Humblot, (1955) ^{2}1968, 521 S.

(59) (PT) Nicolas GOMEZ DAVILA, *Einsamkeiten. Glossen und Texte in einem,* Wien: Karolinger Verlag, 1987, 182 S.; dort S. 140. Über die Ansichten dieses kolumbianischen Autors vgl. Reinhart MAURER (geb. 1938), «Reaktionäre Postmoderne. Zu Nicolas Gomez Dávila», *Nürnberger Blätter,* 4. Jahrg. Nr. 11, Juni-August 1989, S. 1-2 und 4.

(60) (PT) Michael A. BULGAKOV (1891-1940), *Die Weisse Garde 1925,* Darmstadt: Luchterhand, 1980, 318 S.

(61) (PT) Den Ausdruck von Arnold GEHLEN (1904-1976) konnte ich bislang nicht wiederfinden.

(62) (PT) Adolf HITLER (1887-1945) beauftragte 1930 Oberst d.R. Konstantin HIERL (1875-1955) mit dem Auf- und Ausbau des N.S.A.D. (= National-Sozialistischer Arbeitsdienst) und 1933 mit der Gleichschaltung der übrigen F.A.D. (= Freiwilliger Arbeitsdienst)-Organisationen. Ab September 1936 amtierte HIERL als Reichsleiter, 1943 avancierte er sogar zum Reichsminister.

(63) (PT) Vgl. Fritz HARTUNG (1884-1973), «Staatsgefüge und Zusammenbruch des Zweiten Reiches», *Historische Zeitschrift,* 151. Jahrg. Nr. 3, 1935, S. 528-544, übernommen S. 376-392 in seinem Aufsatzband: *Staatsbildende Kräfte der Neuzeit,* Berlin: Duncker & Humblot, 1961, 520 S. Der Aufsatz hat den Bruch zwischen C.S. und HARTUNG herbeigeführt: Als HARTUNG erfuhr, dass C.S. aufgefordert worden war, auf dem von Theodor MAYER (1883-1972) und Walter PLATZHOFF (1881-1969) veranstalteten Nürnberger Historiker-Tag vom 7./8. Februar 1941 zu sprechen, teilte er letzterem Folgendes mit: «Die Begegnung mit C. Schmitt ist mir unangenehm. Wenn ich davon gewusst hätte, würde ich meinen Vortrag nicht übernommen haben...». Beide Herren hielten jedoch ihren Vortrag, wie aus dem Tagunsband hervorgeht: v.a., *Das Reich und Europa,* Leipzig: Köhler & Amelang, (1941) ^{2}1943, XXII-158 S. (und Kartenteil). Ich bin Herrn Michael MATTHIESEN für die Ueberlassung einer Photokopie des Dokuments (Fundort: Staatsbibliothek, Preussischer Kulturbesitz, Berlin: Nachlass Hartung) zu Dank verpflichtet.

(64) (PT) G. MASCHKE, *Der Tod des Carl Schmitt. Apologie und Polemik,* Wien: Karolinger Verlag, 1987, 164 S.

(65) (PT) Josef WINTRICH (1891-1958), ehemaliger bayerischer Richter, wurde 1954 zum 2. Präsidenten des Bundesverfassungsgerichts bestellt.

(66) (PT) Seiner Verdienste um die Verteidigung der Stadt Oviedo wegen wurde Oberst Antonio ARANDA MATA (1888-1979) vom Caudillo FRANCO (1892-1975) zum General

befördert. Später enttäuschte er jedoch FRANCO, indem er sich auf royalistische Konspirationen einliess, und wurde vorzeitig in den Ruhestand versetzt. König JUAN CARLOS (geb. 1938) hat ihn aus denselben Gründen 1976 zum Generalleutnant ernannt.

(67) (PT) Über die ausserordentlich hohe Opferzahl der von Josef STALIN (1879-1953) durchgeführten Säuberungen besteht heute kein Zweifel mehr. Die rücksichtslose Politik des ehemaligen Führers der Roten Khmer POL POT (auch: SALOTH SAR; geb. 1925) in Kambodscha und ihre hunderttausenden Toten hat jeder noch in schlimmer Erinnerung.

(68) (PT) Erich KLAUSENER (1885-1934), Vorsitzender der Katholischen Aktion in Berlin, galt als notorischer Gegner des Nationalsozialismus und seiner Anhänger.

(69) (PT) Gemeint ist vor allem Edgar Julius JUNG (1894-1934), Autor des berühmten Buches: *Die Herrschaft der Minderwertigen. Ihr Zerfall und ihre Ablösung durch ein Neues Reich* (Berlin: Verlag Deutsche Rundschau, [1927] ²1929, 692 S.) und Verfasser der bekannten Marburger Rede von Franz VON PAPEN (1879-1969) (der Text jetzt S. 154-174 im Buch von Edmund FORSCHBACH, geb. 1903, *Edgar J. Jung, ein konservativer Revolutionär. 30. Juni 1934,* Pfullingen: Neske, 1984, 184 S.)

(70) (PT) Meistens wird das Gegenteil behauptet, z.B. von Karl Dietrich BRACHER (geb. 1922), *Die deutsche Diktatur. Entstehung, Struktur, Folgen des Nationalsozialismus,* Köln/Berlin: Kiepenheuer & Witsch, 1969, VIII-580 S., in der Reihe 'Studien-Bibliothek'; dort S. 261.

(71) (PT) J. FEST, *op. cit.* (FN 17), S. 116.

(72) (PT) Alfred ROSENBERG (1893-1946) zufolge war nicht KARL DER GROSSE (742-814), sondern sein Widersacher, der Sachsenherzog WIDUKIND, der Begründer des ersten deutschen Reiches; vgl. u.a. S. 245 in seiner Sammlung von Reden und Aufsätzen von 1919 bis 1933: *Blut und Ehre,* München: Eher Verlag, 1938, 380 S. Diese These wurde von Carl ERDMANN (1898-1945) und anderen Mediävisten erfolgreich widerlegt; in seinem als «rassenpsychologische Analyse» gedachten Buch: *Riche. Eine geschichtliche Studie über die Entwicklung der Reichsidee* (München: Oldenbourg, 1943, 204 S.) feierte Oswald TORSTEN KARL DEN GROSSEN als einen deutschen Idealkönig.

(73) (PT) Der gelernte Chemiker Robert LEY (1890-1945) leitete die D.A.F. (= Deutsche Arbeitsfront) und war gleichzeitig Reichsorganisationsleiter der NSDAP. Über ihn jetzt Roland SMELSER (geb. 1942), *Robert Ley. Hitlers Mann an der 'Arbeitsfront',* Paderborn: Schöningh, 1989, 320 S., in der 'Sammlung Schöningh zur Geschichte und Gegenwart'. Der von G.K. hervorgehobene exzessive Alkoholkonsum LEYs fand bekanntlich seinen gebührenden Platz im Volkswitz über das national-sozialistische Menschenbild: «Blond wie Hitler, gross wie Goebbels, schlank wie Göring und trinkfest wie Ley».

(74) (PT) Ernst RÖHM (1887-1934) hat bekanntlich die SA zu einer numerisch starken paramilitärischen Organisation ausgebaut. Über ihn u.a. Conan FISCHER (geb. 1951), «Ernst Julius Röhm – Stabschef der SA und unentbehrlicher Aussenseiter», S. 212-222 in: R. SMELSER und Rainer ZITELMANN (geb. 1957) (Hrsg.), *Die braune Elite. 22 Biographische Skizzen,* Darmstadt: Wissenschaftliche Buchgesellschaft, 1989, XIV-323 S.

(75) (PT) Vgl. jetzt Peter LONGERICH, *Die braunen Bataillone. Geschichte der SA,* München: Beck, 1989, 285 S.

(76) (PT) Vgl. FN 19.

(77) (PT) General Kurt VON SCHLEICHER (1882-1934), der letzte Kanzler der Weimarer Republik, entwickelte den Plan, durch eine gezielte Spaltung der NSDAP und eine Versöhnungspolitik in Richtung SPD und Gewerkschaften – daher die Bezeichnung 'Querfront' – die rechtsradikale Gefahr zu bannen. Aus dem Plan ist allerdings nichts geworden. Dazu u.a. Ernst Rudolf HUBER (geb. 1903), *Deutsche Verfassungsgeschichte seit 1789. Band 7,* Stuttgart: Kohlhammer, 1984, XLVII-1282 S.; dort S. 1158-1159.

(78) (PT) Hermann WEBER, «Alfred Flemming und Walter Lewald», S. 325-340 in der Festschrift zum 225jährigen Jubiläum des Verlags C.H. Beck: *Juristen im Porträt. Verlag und Autoren in 4 Jahrzehnten,* München: Beck, 1988, 757 S. und 6 Bildtafeln; dort S. 327-328.

(79) (PT) C.S., «Der Führer schützt das Recht. Zur Reichstagsrede Adolf Hitlers vom 13. Juli 1934», *Deutsche Juristen-Zeitung,* 39. Jahrg. Nr. 15, 1. August 1934, Sp. 945-950.

(80) (PT) Im 24. Punkt des 25-Punkte-Programms der NSDAP hiess es, die Partei als solche vertrete den Standpunkt eines positiven Christentums, ohne sich konfessionell an ein bestimmtes Bekenntnis zu binden.

(81) (PT) C.S., *Verfassungslehre,* Berlin: Duncker & Humblot, (1928) ^{7}1989, XX-404 S.; dort S. 182-199 («Die Unterscheidung (sog. Teilung) der Gewalten»).

(82) (PT) Ich nehme an, dass ein Versehen vorliegt. Statt 'Cahiers' ist wohl 'Pensées' gemeint. Vgl. S. 974-1574 in: MONTESQUIEU (1689-1755), *Oeuvres complètes* (hrsg. von Roger CAILLOIS, 1913-1978), Paris: Gallimard, 1949, 1. Band = IV-XXXVI-1675 S., Nr. 91 in der 'Bibliothèque de la Pléiade'.

(83) (PT) Franz VON LISZT (1851-1919), Vetter des gleichnamigen Komponisten (1811-1886), lehrte zunächst in Giessen, später in Marburg, Halle und Berlin. 1912 wurde er Mitglied des Reichstags. Obzwar er auch als Völkerrechtler veröffentlichte, beruht sein Ruhm doch auf seinem Einsatz für eine empirische Erforschung des Verbrechens und auf dem daraus abgeleiteten Präventivgedanken. Diese sog. soziologische Strafrechtsschule stand im schroffen Gegensatz zu der Vergeltungstheorie (vgl. FN 86).

(84) (PT) Die grossen Vasallen erzwangen am 15. Juni 1215 auf der Wiese Runnymede bei Windsor Castle vom König JOHANN OHNE LAND (1167-1216) die 'Magna Charta libertatum', die, in Ermangelung einer geschriebenen Verfassung, bis heute die Grundlage der englischen Verfassungswirklichkeit bildet.

(85) (PT) Unter dem Preussenschlag versteht man die am 20. Juli 1932 von der Reichsregierung von Papen verfügte Amtsenthebung der sozialdemokratischen preussischen Regierung Braun-Severing und die Einsetzung von Reichskommissaren. Es kam zum Prozess von Leipzig mit seinem salomonischen Urteil vom 25. Oktober 1932.

(86) (PT) Karl BINDING (1841-1920), Vater des Schriftstellers Rudolf G. BINDING (1867-1938), lehrte in Basel, Freiburg, Strassburg und Leipzig. Er vertrat die der Lehre VON LISZTs (vgl. FN 83) diametral entgegengesetzte Vergeltungstheorie im Strafrecht (vgl. sein vierbändiges Werk: *Die Normen und ihre Übertretung,* 1872/1877/1918/1920) und forderte noch kurz vor seinem Tod Straflosigkeit für Euthanasie. Mit dem Psychiater Alfred Erich HOCHE (1865-1943) gab er eine Schrift heraus, die viel Aufsehen erregte: *Die Freigabe der Vernichtung lebensunwerten Lebens. Ihr Mass und ihre Form,* Leipzig: Meiner, 1920, 62 S.

(87) (PT) Dazu das grundlegende Werk von Lothar GRUCHMANN (geb. 1929), *Justiz im Dritten Reich, 1933-1940. Anpassung und Unterwerfung in der Aera Gürtner,* München: Oldenbourg, 1988, XXXVIII-1297 S., Nr. 28 in der Reihe 'Quellen und Darstellungen zur Zeitgeschichte', dort S. 448-455 («Die 'Legalisierung' der Aktion: Entstehung des Staatsnotwehrgesetzes vom 3. Juli 1934 und seine Beurteilung»). – Franz GÜRTNER (1881-1941) amtierte 1932-41 als Justizminister. C.S. schrieb in einem Brief an Gottfried NEESZE (1911-1987) vom 6. Oktober 1963 Folgendes: «... Ich habe den Vater (*sc.* GÜRTNER) stets verehrt und behalte sein Andenken in ehrenvoller Erinnerung...». Ueber GÜRTNER, vgl. Ekkehard REITTER, *Franz Gürtner. Politische Biographie eines deutschen Juristen 1881-1941,* Berlin: Duncker & Humblot, 1976, 238 S., Nr. 13 in der Reihe 'Beiträge zu einer historischen Strukturanalyse Bayerns im Industriezeitalter'.

(88) (PT) Vgl. FN 4.

(89) (PT) Der vermutlich aus Syrien stammende Aemilius PAPINIANUS (um 140-212) gehört, mit ULPIANUS (um 170-228) u.a., zu den grossen Rechtsgelehrten des goldenen Zeitalters Roms.

(90) (PT) Diesen Ausdruck Friedrich August (von) HAYEKs (geb. 1899) vermochte ich nicht zu 'entdecken'.

(91) (PT) C.S., *op. cit.* (FN 81), S. 33, (besonders) 191, 255.

(92) (PT) Über ihn, vgl. u.a. Karl DOEHRING, «Ernst Forsthoff», in: *op. cit.* (FN 78), S. 341-349.

(93) (PT) Der Althistoriker Franz ALTHEIM (1898-1976) hat in Halle und Berlin gelehrt. G.K. meinte wohl die drei ersten Seiten der «Einleitung» des Buches: *Gesicht vom Abend und Morgen. Von der Antike zum Mittelalter,* Frankfurt a.M./Hamburg: Fischer, 1955, 243 S., Nr. 79 in der 'Fischer-Bücherei'; dort S. 6-11 (also S. 6-8).

(94) (PT) Hubertus BUNG (1908-1981) hat auch weiterhin eine Rolle gespielt im Leben C.S.s. Ich weise nur darauf hin, dass er am 24. November 1965 als Testamentsvollstrek-

ker eingesetzt wurde; Anfang 1972 regte er an, die Bevollmächtigung aufzuheben, und C.S. ist dieser Anregung am 13. April 1972 gefolgt.

(95) (PT) Eduard KOHLRAUSCH (1874-1948), Schüler VON LISZTs (vgl. FN 83), schrieb u.a. über Strafrechtsreformaspekte.

(96) (PT) Über Paul ADAMS (1894-1961), vgl. *op. cit.* (FN 14), S. 62 FN 17. Hinzuzufügen ist, dass er 1934 beim Rundfunk in München beschäftigt war und zusammenarbeitete mit Veit ROSSKOPF (1898-1976), einem anderen C.S.-Bekannten. Als er 1945 entlastet wurde, lebte er bei München bei einer russischen Fürstin DURNOVO. In späteren Jahren wurde seine Lage durch Krankheiten immer schwieriger und ist er von C.S. und anderen finanziell unterstützt worden.

(97) (PT) Vom Dichter Barthold Heinrich BROCKES (1680-1747), der nach dem Vorbild des Engländers James THOMSON (1700-1748) die Rückkehr zur Natur suchte, besass C.S. in seiner Bibliothek die von Friedhelm KEMP (geb. 1914) besorgte Auswahl: *Brokkes,* Lorch: Bürger-Verlag, 1947, 64 S.

(98) (PT) a) Zu J. KOCH, H. OBERHEID, K. WEISS, C. ESCHWEILER und P. ADAMS, vgl. sukzessive die FN 3, 14, 15, 27 und 96. Zu Fr. KRAMER (1900-1950), vgl. *op. cit.* (FN 14), S. 62 FN 18; hinzuzufügen ist, dass er das noch immer lesenswerte Buch: *Das rote Imperium* geschrieben hat, das rezensiert wurde von E. JÜNGER, «Ein neuer Bericht aus dem Lande der Planwirtschaft», *Widerstand,* 8. Jahrg., 1933, S. 279-283.
b) Hans BERGER (1909-1985) weigerte sich, der NSDAP beizutreten, wurde dennoch Richter und nachher Mitarbeiter des Reichskommissars für Preisbildung, des Gauleiters Josef WAGNER (1899-1945). Nach 1945 war er zunächst Landgerichtspräsident in Düsseldorf, dann Richter beim Obersten Gerichtshof der Britischen Besatzungszone, schliesslich Staatssekretär im Bundespräsidialamt unter Bundespräsident Heinrich LÜBKE (1894-1972). Er beendete seine Karriere als Botschafter beim Heiligen Stuhl. Erwähnenswert ist die Tatsache, dass er sich – mit anderen – erfolgreich eingesetzt hat für die Regelung der Pensionsansprüche von C.S. (Anfang 1952). Ich bin G.K. zu aufrichtigem Dank verpflichtet für diese und weitere Einzelheiten in Sachen BERGER (u.a. Brief vom 21. April 1989): auch Herr Dr. Wilhelm SCHMITZ gebührt Lob für ergänzende Informationen (Brief vom 8. Oktober 1989).

(99) (PT) Über ihn *op. cit.* (FN 14), S. 65 FN 31. Hinzuzufügen ist, dass VERCEL (1894-1957), der eigentlich Roger CRETIN hiess, einmal dem Nürnberger Parteitag beigewohnt hat. G.K. war mit seinem Übersetzer eng befreundet.

PIET TOMMISSEN

STATT EINER REZENSION. BIO-BIBLIOGRAPHISCHE GLOSSEN ZU EINEM TAGUNSBAND (1)

Dem vom 8. bis 10. Mai 1987 in den Räumen der Theodor-Heuß-Akademie zu Gummersbach durchgeführten C.S.-Symposium habe ich beigewohnt, ohne mich zu Wort zu melden. Hinterher sind mir jedoch Zweifel gekommen, ob das richtig war, vor allem nach der Lektüre des negativen Zeitungsberichts von Rainer ERD (geb. 1944) (2). Schließlich entschloß ich mich dazu, für den geplanten Tagungsband einen bescheidenen Aufsatz bereitzustellen, sozusagen als freiwillige Bußübung (3). Von einer systematischen kritischen Durchleuchtung und entsprechender Begutachtung der einzelnen Vorträge konnte allerdings nicht die Rede sein, denn dazu fehlen mir sowohl die wissenschaftliche Kompetenz wie die Freude an der Polemik (4). Infolgedessen habe ich Herrn Dr. Klaus HANSEN (geb. 1948), dem stellvertretenden Direktor der Akademie und Initiator der Veranstaltung, kurzerhand biographische Adnoten und bibliographische Ergänzungsvorschläge zugeleitet. Es stellte sich aber bald heraus, daß die etwaige Eingliederung meines Textes in den Tagungsband kein Vorteil gewesen wäre, denn einige Referate waren von ihren Autoren drastisch überarbeitet worden, ein interessantes Intermezzo war unter den Tisch gefallen, auf den Abdruck der Diskussionen hatte man sowieso verzichten müssen. Für diese Schwierigkeiten hatte ich durchaus Verständnis, und ich verüble es den Herausgebern nicht, daß die Drucklegung meines Beitrags unterblieben ist.

Dennoch betrachte ich diese Glossen als Bausteine zu der längst fälligen wissenschaftlichen Biographie C.S.s, und eben aus diesem Grunde werden sie hier mitgeteilt, freilich in einer der geänderten Lage entsprechenden Neufassung. Ich möchte deswegen jedoch nicht in dem von Armin MOHLER (geb. 1920) aufgestellten und an sich richtigen trinitarischen Schema (Links-, Rechts- und Establishment-Schmittisten) (5) angesiedelt werden. Meine bio-bibliographische Kärrnerarbeit steht jenseits von links und rechts; sie ist ausschließlich den Interessen einer objektiven C.S.-Forschung untergeordnet, unbeschadet meiner großen Sympathie für den bedeutenden Gelehrten. Insofern fühle ich mich solidarisch mit dem Kollegen Helmut QUARITSCH (geb. 1930), dessen C.S.-Monographie durch Akkuratesse und Scharfsinn besticht (6). Vorsorglich weise ich noch darauf hin, daß ich im Prinzip nur neue Materialien beisteuere und tunlichst bestrebt bin, meine Quellen anzugeben und meinen Korrespondenten meinen aufrichtigen Dank abzustatten. Der Uniformität wegen bediene ich mich von neuem des in Speyer erprobten Darstellungsverfahrens. Uebrigens findet der geneigte Leser am Schluß dieses Beitrags noch eine Ergänzungsliste (Anlage III), die sich selbstverständlich auf die Speyerer Bausteinesammlung bezieht (7).

I. Materialien zum Thema Heeresdienst (8)

1. Im Anschluß an das einleitende Referat von Rüdiger ALTMANN (geb. 1922) (GT, S.27-35) wurde in Gummersbach die Tatsache erwähnt, daß C.S. den ersten Weltkrieg ohne jegliche Fronterfahrung überstanden hat. Der Dienst in der Etappe war ihm indes schon vom Staatsrechtslehrer Otto KOELLREUTTER (1883-1972) zum Vorwurf gemacht worden, und zwar in einem an seinen Kollegen Werner WEBER (1904-1976), in dessen Eigenschaft als Sekretär der Klasse II der in der Akademie für Deutsches Recht errichteten Rechtsforschungsabteilung, gerichteten Schreiben vom 12. Juni 1937 (9):

«Daß ich als Frontsoldat einem Mann wie Carl Schmitt, der zwar besonders gern über den Krieg schreibt, der aber m.W. nie eine Kugel pfeifen hörte, sondern darüber hinaus, während andere an der Front waren, in der Heimat Schriften voll schwülstigen Aesthetizismus schrieb (1916 Theodor Däublers Nordlicht), nicht als Bannerträger des Nationalsozialismus anerkennen kann, vertrete ich jederzeit».

Wie ich in Speyer ausgeführt habe, war C.S. immerhin Kriegsfreiwilliger (10) und, als offenkundig besonders begabter Jurist - er hatte bereits drei Bücher veröffentlicht -, beim stellvertretenden Generalkommando des bayerischen I. Armeekorps eingesetzt. Diesem Generalkommando unterstand u.a. das Referat oder die Abteilung P, geführt von Hauptmann Christian ROTH (1873-1934), mit sieben Subreferaten, zwei Verteilungsstellen und der Zentralstelle für die gesamte chemische Postprüfung (11); C.S. leitete in Zimmer Nr. 156 der Herzog Max Burg, Pfandhausstrasse 2, München, das Subreferat P 6, zuständig für:
- die Friedensbewegung;
- die Unabhängige sozialdemokratische Partei;
- die Alldeutsche Bewegung;
- die Einfuhr von Druckschriften einschließlich ausländischer Zeitungen;
- die Ueberwachung und Verhinderung der Verbreitung feindlicher Propa-

gandaschriften und Flugblätter;
- die Beschlagnahme von Druckschriften;
- die Ueberwachung der Ausfuhr von Druckschriften;
- die Genehmigung von Vorträgen und Versammlungen (außerhalb Münchens);
- die Theatervorstellungen für die kriegsbeschäftigte Arbeiterschaft;
- Kriegssammlungen.

2. Nur wenige der von C.S. bearbeiteten und aktenkundig belegten Fälle sind erwähnenswert (12):

(a) des Ersuchen des päpstlichen Nuntius Eugenio PACELLI (1876-1939), des späteren Papstes PIUS XII., die beabsichtigte Sendung von zwei Kisten Bücher theologischer und philosophischer Art an das Dominikanerkloster in Graz in entgegenkommender Weise zu behandeln (Juli 1917; positiver handschriftlicher Antwortvorschlag von C.S. vom 16. Juli 1917);

(b) die Aufhebung der Beschlagnahme des berühmten Romans «Le Feu» (1916) des französischen Erzpazifisten Henri BARBUSSE (1873-1935) (13) auf Grund der Ueberlegung, daß die sehr deutschfreundliche «Züricher Post» schon angefangen hatte, die deutsche Uebersetzung als Feuilleton abzudrucken (positiver handschriftlicher Antwortvorschlag von C.S. vom 15. Oktober 1917; die positive Entscheidung ist 15. Januar 1918 datiert);

(c) Beschwerden des in Oberösterreich ansässigen Philosophen Rudolf PANNWITZ (1881-1956) (14) über die vermeintliche Verzögerung seiner Korrespondenz (Brief vom 15. August 1918; verneinender handschriftlicher Antwortvorschlag von C.S. vom 20. August 1918).

3. In seiner Biographie des Philosophen Ernst BLOCH (1885-1977) erörtert Peter ZUDEICK (geb. 1946) die Meinung der königlich-bayerischen Militärzensur über das Buch «Geist der Utopie» (handschriftlicher Vorschlag vom 29. September 1917) und über einen Artikel in der schweizerischen Zeitschrift «Die Friedenswarte» (handschriftlicher Vorschlag vom 24. November 1917). Von der Harmlosigkeit der Texte voll überzeugt, soll «der Zensor, der offenbar Spezialist für politische Propaganda war», einige Streichungen vorgeschlagen haben (15). Als ich in Speyer referierte, kannte ich die Unterlagen noch nicht. Inzwischen erhielt ich Photokopien und bin nunmehr in der Lage zu bestätigen, daß die Vorschläge bestimmt nicht von C.S. geschrieben wurden. Dennoch ist sein Einfluß bei der Formulierung nicht ohne weiteres auszuschließen. «Geist der Utopie» entstand ja vom April 1915 bis Mai 1917 in der Nähe von München. C.S. und BLOCH lieferten Beiträge für das erste Heft der von Franz BLEI (1871-1942) herausgegebenen Vierteljahresschrift «Summa» (16), und Günter MASCHKE (geb. 1943) zufolge soll C.S. die erste Fassung des Buches bei Duncker & Humblot in München untergebracht haben (17). Nicht zu ver-

gessen ist außerdem die aufschlußreiche Stelle in einem von mir teilweise veröffentlichten Brief von Ludwig FEUCHTWANGER (1885-1947) vom 18. Juni 1923 (17a). Weitere Sucharbeit wäre also dringend erwünscht (18).

4. Seiner Kriegstätigkeit wegen wurde der nach der Kapitulation zum bayerischen Justizminister (vom 16. Juli 1920 bis 11. September 1921) avancierte Hauptmann ROTH (vgl. I.3.) in der «Frankfurter Zeitung» scharf angegriffen. C.S. und sein lebenslänglicher Freund Georg VON SCHNITZLER (1884-1962), im Kriege zuständig für das Subreferat P 5 (Presseprobleme; Devisenhandel; usw.), ließen in der «München-Augsburger Abendzeitung», Nr. 318 vom 7. August 1920, S. 2 Spalte 2, eine Erwiderung erscheinen. Es handelt sich um einen bislang weder von mir bibliographisch erfassten noch von anderen Forschern erwähnten Gelegenheitstext. Die Intervention zugunsten des früheren Vorgesetzten hat einen ehemaligen Angehörigen des Bayerischen Kriegsministeriums, den 1915-19 im Pressereferat (später: Pressesektion) tätigen Hauptmann d.R. Otto BOECKNER (1882-?) veranlaßt, dem Duo C.S.- SCHNITZLER ein vierseitiges Schreiben voller Anerkennung zu schicken. C.S. hat seine Kopie sorgfältig aufbewahrt und mir damit mittelbar die Möglichkeit verschafft, dem offenen Brief auf die Spur zu kommen (19):

«Der jetzige bayerische Justizminister Dr. Roth, früher Hauptmann beim stellvertr. Generalkommando 1. B. A.-K. in München, wird in Nr. 531 der «Frankf. Ztg.» wegen seiner Tätigkeit am Generalkommando als Scharfmacher und Repräsentant der Reaktion hingestellt. Die «Süddeutsche Presse», die dabei zum Beleg zitiert ist, nennt ihn einen «typischen Repräsentanten der Vereinigung von verfolgungssüchtigem Polizeigeist mit militärischem Machtdünkel». - Wir waren jahrelang in der von Dr. Roth geleiteten Abteilung des Generalkommandos tätig und standen, wie Dr. Roth bekannt war, auf einem ganz anderen politischen Standpunkt als er selbst. Der Kommunist Otto Thomas, der mit Dr. Roth dienstlich zu tun hatte, ist gerecht genug, um in der «Neuen Zeitung» dessen persönliche Tüchtigkeit rückhaltlos anzuerkennen. Die Gerechtigkeit verlangt es, daß auch wir gegenüber den Versuchen, aus Dr. Roth, dieser Personifizierung des gesunden Menschenverstandes, den Popanz eines bornierten Reaktionärs zu machen, einfach erklären, was wir doch am besten wissen müssen. Die Abteilung Roth was kein Scharfmacherbüro und Dr. Roth alles andere als ein bornierter Militarist. Die Zensur, übrigens ein kleiner Teil des riesigen, hauptsächlich wirtschaftlichen Referats, unterstand den Weisungen des Kriegsministeriums. Bei der Abteilung waren offen demokratische Mitarbeiter, was Dr. Roth wußte, ohne sie in ihrer Selbständigkeit zu beeinträchtigen. Einer von ihnen, ein notorischer Pazifist, hat 1917 einen ausgesprochen pazifistischen Artikel in der «Münchener Post» veroffentlicht, wegen dessen ihn jeder auch nur etwas scharfmacherische Vorgesetzte gemaßregelt hätte. Es wird auch wenige militärische Stellen in Deutschland gegeben haben, die Ausländer, darunter besonders polnische und belgische Arbeiter, so liberal behandelten, wie diese Abteilung.

Ob der Justizminister Roth im Amt bleibt, interessiert uns nicht. Aber zu der karikierenden Darstellung seiner Tätigkeit am Generalkommando dürfen wir der Wahrheit wegen nicht schweigen.

Dr. G. v. Schnitzler
Direktor der Höchster
Farbwerke

Dr. Karl Schmitt
hauptamtl. Dozent der Handelshochschule
München».

5. Die Herren vom Referat P haben sich hinterher noch öfters getroffen, wie mindestens zwei Dokumenten zu entnehmen ist. Der Jurist Alex MÜNCH (1885-?), ehemals Leiter des Subreferats P 7 (Ueberwachung der Ausländer; Belohnung für die Festnahme entwichener Kriegsgefangener; Monatsberichte), teilte C.S. mittels Eil-Postkarte unter dem 26. Februar 1926 Folgendes mit (20):

«Ich bin gebeten worden, über die Fürstenenteignung vom jurist. Standpunkt aus zu sprechen u. wende mich vertrauensvoll an Sie, mit der Bitte, mir umgehend das zu schicken, was Sie darüber veröffentlicht haben. Ich las davon in den M.N.N. Wenn Sie sonst etwas wissen, was darüber in einer Zeitschrift erschienen ist, teilen Sie es mir bitte auch umgehend mit. Aber es muß wirklich gleich sein, sonst kommt es zu spät!
Gestern war wieder Abend der Abteilung P, wobei auch über Sie gesprochen wurde. Ich würde mich sehr freuen, wieder mal ausführlich von Ihnen zu hören».

Als C.S., im Rahmen einer Osterreise nach Italien, am 31. März 1933 in München Station machte, erhielt er in seinem Hotel ein Telegramm, das ihn nach Berlin beorderte für jene Sitzung im Staatsministerium, die seine Mésalliance mit dem Nationalsozialismus einläutete (21). Einer Tagebuchnotiz zufolge sah er sich deshalb gezwungen, die Verabredung mit den Kameraden des Referats P telefonisch abzusagen.

II. Ueber eine Initiative der Friedrich List-Gesellschaft (22)

1. Nicht von ungefähr kam in Gummersbach die sogenannte braune Episode im Leben C.S.s des öfteren zur Sprache. Es lohnt sich also, das Auge auf eine m.W. noch ungenügend berücksichtigte Begebenheit zu lenken (23). Ich meine den Plan der bekannten Friedrich List-Gesellschaft (24), dem Phänomen des Nationalsozialismus im Rahmen einer wissenschaftlichen Tagung auf den Grund zu kommen. Daß auf die Mitarbeit C.S.s großer Wert gelegt wurde, wird aus dem Schreiben von Bernhard HARMS (1876-1939) (25) vom 18. November 1930 ersichtlich:

«der Vorstand der Friedrich List-Gesellschaft hat in seiner letzten Sitzung beschlossen, der Ausführungsmöglichkeit eines Planes näherzutreten, in einer Konferenz das Thema: «Der Nationalsozialismus, seine geistigen, wirtschaftlichen und politischen Grundlagen» zu behandeln. Eine kleine Kommission soll den Versuch machen, für diese etwaige Konferenz ein Programm auszuarbeiten. Namens des Vorstandes bitte ich Sie, sehr verehrter Herr Kollege, der Kommission Ihre Mitarbeit zur Verfügung zu stellen. Die erste und hoffentlich einzige Sitzung soll am Sonnabend, den 29. November (eventuell noch Sonntag früh), vormittags 10 Uhr, in Köln im Hotel «Excelsior» stattfinden. Die Reisekosten werden den Teilnehmern vergütet».

C.S. antwortete am 21. November 1930, zu seinem Bedauern ausserstande zu sein, der Einladung Folge zu leisten. Friedrich SAEMISCH (1869-1945) (26) schaltete sich nunmehr ein und führte in Berlin am 26. November 1930 ein einstündiges Gespräch mit C.S. Der Brief vom 27. November 1930 (mit dem Vermerk: «unkorrigiertes Diktat!»), worin er HARMS über seine Erfahrungen und seine Impressionen Bericht erstattete, scheint mir so aufschlußreich, daß ich ihn wohl am besten *in extenso* mitteile (27):

«In Verfolg Ihres Briefes vom 25. habe ich gestern eine Reihe von Telephongesprächen gehabt, die mich veranlassten, heute Herrn Professor Schmitt persönlich aufzusuchen. Das Gespräch hat 1 Stunde gedauert und war in verschiedener Richtung äußerst interessant. Ich nehme das Ergebnis vorweg: an der Kölner Konferenz kann Professor Schmitt schon aus äußeren Gründen wegen anderweitiger Inanspruchnahme nicht teilnehmen; er würde aber wohl nach dem Ergebnis meiner «Sondierung» bereit sein, einer Einladung zur Teilnahme an der Beratung in Berlin am 13. Dezember nachmittags 4 Uhr zu folgen. Darüber, ob Sie eine solche Einladung für angängig und zweckmässig halten, werden Sie zu entscheiden haben; meinerseits möchte ich die gestellte Frage gutachtlich bejahen.

Professor Schmitt ist offenbar eine etwas komplizierte Persönlichkeit, die, wie ich vermute, überraschende Einladungen ohne vorherige Vorbereitungen nicht zu lieben scheint. Er vertritt ferner einen Gelehrtentyp, der bei jedem Schritte genau die möglichen Folgen erwägt und sich dabei unter allen Umständen in den Grenzen seines «Faches» halten will, womit aber keineswegs gesagt ist, daß er eine Einflußnahme auf die Gestaltung der öffentlichen Dinge etwa ablehnt; nach seinen Aeußerungen über Smend scheint er zu diesem gerade in Bezug auf den in Rede stehenden Punkt in einem gewissen Gegensatz zu stehen.

Mitbestimmend für die allerdings jetzt durch äußere Umstände bedingte Ablehnung ist offenbar auch eine gewisse Skepsis über die Möglichkeit gewesen, unser Thema wirklich wissenschaftlich zu behandeln und durch die wissenschafliche Behandlung die Erkenntnis der Zielsetzungen, Triebkräfte und veranlassenden Umstände der ns-Bewegung zu ergründen. Es scheint mir so zu liegen, daß sein Zweifel mehr nach der Richtung geht, ob dies gerade mit Hilfe einer Aussprache in einer Konferenz möglich sei. Vor allem aber scheint er zu fürchten, daß doch ein gewisses «Ergebnis» der Konferenz herausgestellt würde, was dann u.U. vor dem Urteil der Geschichte nicht bestehen könne. Mit alledem ist nicht gesagt, daß er die Untersuchung des Themas, namentlich in seinen Beziehungen zu den Wandlungen bei den anderen Gruppen für unfruchtbar oder etwa unerwünscht halte. Im Gegenteil, ich glaube, wenn das Thema die eine Zeit lang im Vordergrund gestandene Formulierung «Wandlungen im deutschen Parteiwesen und ihre Ursachen» überhaupt gefunden hätte oder noch finden würde, daß dann seine Einstellung eine wesentlich positivere sein würde. Es läßt sich das alles natürlich, da das Gespräch hin und her ging und auch viele am Rande liegende Fragen berührte, nicht genau wiedergeben, so daß auch die von mir im vorstehenden gewählten Formulierungen vielleicht nicht das Richtige treffen. Aber Sie sollten nur von mir einen ungefähren Eindruck erhalten, wobei ich allerdings darauf verzichten muß, die positiven Gedanken von Professor Schmitt im einzelnen wiederzugeben. Immerhin hat er doch als Staatsrechtslehrer so viel zu unserem Thema zu sagen und kann vielleicht doch noch rechtzeitig gewisse Bedenken äußern, daß Sie es verstehen werden, wenn ich das Gespräch auch nach der Ablehnung der Beteiligung in Köln nicht abbrach, sondern es bis zu einer Sondierung wegen einer Beteiligung in Berlin fortsetzte.

Er nannte mir übrigens den Jenenser Staatsrechtler Köllreuther *(sic!)*, den er für besonders geeignet hielt, sein Fach bei den Vorbesprechungen und Beratungen zu vertreten. Im übrigen klagte er sehr über die Schärfe der Gegensätze unter den Staatsrechtlern und betonte, daß unter allen Umständen bei einer etwaigen Konferenz ein möglichstes Gleichgewicht durch Beteiligung von Vertretern der verschiedenen Richtungen hergestellt werden müsse.

Zusammenfassend möchte ich zweierlei sagen:

1) Die Unterredung mit Professor Schmitt hat mir gezeigt, daß wir bei der Gestaltung und Behandlung des Themas äußerste Vorsicht walten lassen müssen, damit die Friedrich List-Geselschaft ihren Ruf einer objektiven wissenschaftlichen Gesellschaft, die neue Erkenntnisgrundlagen schaffen will, nicht verliert.
2) Daß bei feinsinnigen Gelehrten - und zu ihnen gehört Professor Schmitt - die nicht unberechtigte, persönliche Sorge vorliegt, durch Beteiligung an einer Kollektivarbeit in einen Nexus verstrickt zu werden, von dem sich fernzuhalten er im Interesse seines wissenschaftlichen Ansehens sorgsam bemüht ist.

Ich würde mich freuen, wenn es gelingt, in Köln zu einem positiven Ergebnis zu kommen, welches alle Besorgnisse in den angedeuteten Richtungen ausräumt. Hoffentlich gelingt es, Sie am 13. vor der Sitzung ausgiebig zu sprechen; wir treffen uns ja um 1/2 2 Uhr bei Hiller. ...»

2. Am 13./14. Dezember 1930 fand in Berlin tatsächlich die entscheidende Sitzung des geschäftsführenden Vorstands der Gesellschaft statt. Nur am ersten Tag was C.S. dabei, wie er Adolf FRISÉ (geb. 1910), dem Kenner des Werkes von Robert MUSIL (1880-1942), am 27. September 1971 brieflich bekundete (28):

«...Persönlich habe ich Musil nur einmal gesehen und gesprochen. Das war allerdings ein intensives Gespräch, das in einem für mich besonders pathognomischen Moment stattfand (nach einer aufregenden Tagung der Friedrich-List-Gesellschaft... über die Beurteilung des damaligen Nationalsozialismus), am Sonntag, den 14. Dezember 1930, abends 8 bis 1/2 12...»

Dem internen Protokoll der Sitzung vom 13. Dezember 1930 zufolge ging die Schlußfolgerung der Diskussion dahin, daß

«das Programm der Kölner Kommission nicht durchführbar sei, da einerseits die Nationalsozialisten sich nicht beteiligen würden, andererseits dem Programm der Nationalsozialisten vorwiegend propagandistische Bedeutung zukäme. Die Voraussetzung für eine wissenschaftliche Zusammenarbeit mit den Nationalsozialisten sei nicht gegeben».

Darüber hinaus ergab die Abstimmung über die Frage, «ob überhaupt ein politisches Thema behandelt werden soll», sechs negative und vier positive Stimmen. Für die Durchführung der Konferenz optierten Erwin VON BEKKERATH (1889-1964), Friedrich LENZ (1885-1968), Alfred MEUSEL (1896-1960) und Edgar SALIN (1892-1974). Interessanterweise hatte letzterer den Vorschlag unterbreitet, wofür - SAEMISCH *dixit* (vgl. II.1) - C.S. sich hätte begeistern können: «Gestaltwandel des Parteiwesens der Gegenwart».

III. Aspekte des frühen Einflußes von C.S.

1. In zwei Gummersbacher Diskussionsrunden wurde die Frage laut nach der Erklärung des derzeitigen Interesses an der Person und dem Denken C.S.s (GT S. 9-14). M.E. sollte man sich darüber im klaren sein, daß der Gelehrte früh und rasch bekannt geworden ist. Nicht ohne Grund hieß es in der «Kölnischen Volkszeitung» vom 29. Juni 1924: «Die Werke des Bonner Juristen Carl Schmitt werden immer stärker beachtet» (29). Aus einem interessanten vierseitigen Brief der Studentenschaft der (Berliner) Friedrich-Wilhelms-Universität vom 16. November 1922 zitiere ich diese kennzeichnende Stelle (30):

«...Fast stündlich fragte ich beim Hauptpförtner nach dem Telegramm. Da ich es aber bis zum Beginn des Vortrags nicht erhalten hatte, glaubte ich, Ihnen sei ein Kommen nur im Dezember möglich. Infolgedessen haben wir den nächsten Vortragsabend wenigstens noch in einen Besprechungsabend über die bisherigen Vorträge umwandeln zu müssen geglaubt. Erst nach dem Vortrag erhielten wir dann das Telegramm, obwohl dies bereits um 7 Uhr eingetroffen sein muss. Es ist nicht unsere Art, nach geschehenen Dingen und Ereignissen noch lange nach der Schuld zu fragen. Für uns handelte es sich jetzt nur darum, Ihnen selbst und den Hörern unserer Vorträge dienlich zu sein. Wir überlegten, daß Sie wahrscheinlich alles Erforderliche für Ihren Vortrag bereits erledigt hätten, und ein Widerruf Ihnen unangenehm sei. - Doch wir hielten diese Einwände für weniger bedeutungsvoll als die Gegengründe. Bei der Psyche des Berliner Publikums ist es auch nach Meinung von Herrn Prof. Dr. Spranger für den Vortragenden stets schädlich, wenn der Widerruf eines Vortrages selbst noch widerrufen werden muß...»

In diesem Zusammenhang gehört auch eine Briefkarte, die Leopold WENGER (1874-1953), österreichischer Professor für römisches Zivilrecht und deutsches bürgerliches Recht, in seiner Eigenschaft als Editor des «Archivs für Rechts- und Wirtschaftsphilosophie» C.S. am 8. April 1922 geschickt hat (31):

«Vielen Dank für die freundliche Zusage der Mitarbeit am Archivheft. Wenn ich einen Wunsch äußern dürfte, so wäre es mir schon lieber, wenn Sie das Thema auf die Auseinandersetzung bedeutender kath. Publizisten mit der Revolution ausdehnten, doch überlasse ich das ganz Ihrem Ermessen und bin auch mit dem angeführten speziellen Thema sehr einverstanden. Es liegt mir daran, der Aussenwelt von der k.R. Phil. eine Vorstellung zu geben. In einem ganz neutralen Archiv liest man ausserhalb der eigenen Kreise bekanntlich unbefangen. Dürfte ich, da der Verleger möglichst früh drucken will, bitten, mir den Aufsatz bis Mitte Juli längstens zu senden. Gute Ostern! Ihr (s)».

Erwähnenswert ist ebenfalls die Aufforderung zur Mitarbeit am «Jahrbuch für Soziologie» durch den Herausgeber Gottfried SALOMON (-DELATOUR; 1896-1964) (32):

«Gestatten Sie mir, Ihnen bestens für die Uebersendung Ihrer Flugschrift zum Rheinproblem zu danken, die mir als Auftakt der juristischen Untersuchung des Imperialismus sehr bedeutsam scheint. Unter den Büchern, die ich übersetzen lasse, erscheint in meiner Bibliothek: Legal foundation of Capitalism, die mehr das interne Problem der Trust-Gesetzgebung behandelt. Ihre Ergänzung in Bezug auf den Imperialismus hat eigentlich nur Löwenstein bis jetzt versucht. Könnte ich anregen, daß Sie für das zweite Jahrbuch der Soziologie mir bis 1. Oktober einen Beitrag über Recht und Imperialismus geben. Jedenfalls bitte ich Sie hiermit um Ihre Mitarbeit, und werde mir gestatten, Ihnen das Anfang Juni erscheinende 1. Jahrbuch zu übersenden» (Datum des Schreibens: den 18. Mai 1925).

Aufschlußreich ist übrigens noch eine von Elias HURWICZ (1884-?) (33) überlieferte Aeußerung des soeben erwähnten SALOMON. In seiner Eigenschaft als Hauptorganisator der Davoser Hochschulkurse 1928 (HURWICZ schreibt irrtümlicherweise: 1927) habe dieser ihm gegenüber stolz Namen genannt, um die Vielseitigkeit und die Neutralität der Veranstaltung zu unterstreichen, und dann «bedeutungsvoll» hinzugefügt: «Wenn aber erst Carl Schmitt kommt!» (34).

Befremden erweckt indes eine vereinsoffizielle Mitteilung der «Deutschen Gesellschaft für Soziologie», der zufolge C.S., zusammen mit Alfred VIERKANDT (1867-1953), Hans FREYER (1887-1969), Theodor GEIGER (1891-1952), Karl MANNHEIM und Andreas WALTHER (1879-1960) - alle ausgewiesene Soziologen - als Ratsmitglied dieser Gesellschaft gewählt wurde. Dazu schrieb vor kurzem Helmuth BERKING (geb. 1950) (34a);

«Natürlich erleichtert der «gute Ruf» als Wissenschaftler, über den Carl Schmitt zweifellos und zu Recht verfügt, die Artikulation des politischen Ausdrucksinteresses, soweit es sich eben der Formen bedient, die der wissenschaftliche Diskurs als die Seinen anerkennt. Hinsichtlich der Soziologie erscheint den selbsernannten Statthaltern die Schmittsche Position immerhin so maßgebend, daß sie bereit sind, einen Teil ihrer Macht auf ihn zu übertragen. Carl Schmitt wird 1928 in den «Rat», das heißt, in eine Leitungsfunktion der «Deutschen Gesellschaft für Soziologie» gewählt».

2. Daß Kollegen C.S. zu Rate zogen, unterliegt keinem Zweifel. So leitete Eugen ROSENSTOCK (-HUESSY; 1888-1973) ihm am 22. Mai 1931 einen Brief zu, in dem es heißt (35):

«Hier erhalten Sie die ersten Bogen der «Revolutionen»... Ich bin Ihnen dankbar, daß Sie das opus bei sich einlassen wollen. Ich habe es 1915-17 entworfen, in Abschüttelung des Historizismus; der Anfang enthielt gleich den Satz: «Im Frieden schlafen die politischen Gedanken der Völker»... Die Seiten 107-158 möchte ich besonders gern von Ihnen beurteilt haben...»

Nicht ohne Belang in diesem Kontext ist ferner ein Schreiben des damaligen Berliner Privatdozenten Peter Richard ROHDEN (36):

«Sie werden sich vielleicht entsinnen, daß wir vor längerer Zeit einmal über meine de Maistre-Auffassung debattiert haben, ohne uns freilich einigen zu können. Ich erlaube mir daher, Ihnen heute mein Buch über die Staatstheorie de Maistres zu übersenden.
Auch wenn Sie bei Ihrer abweichenden Ansicht beharren, würde ich mich doch sehr freuen, wenn Sie meine Arbeit - ev. wieder in der «Zeitschrift für die gesamten Staatswissenschaften» - besprechen wollten».

Ein Gelehrter der hier nicht fehlen darf, ist Karl MANNHEIM (1893-1947). In seinem bedeutenden Aufsatz über «Das konservative Denken» sind ihm zwei sachliche Fehler unterlaufen: Der Titel eines Buches von C.S. wurde unrichtig zitiert und zwei Anmerkungen wurden vertauscht zum Nachteil C.S.s (37). C.S. hat sich beim Mitherausgeber der Zeitschrift, dem Soziologen Emil LEDERER (1882-1939), beschwert und dieser hat MANNHEIM den Inhalt dieses Briefes mitgeteilt. Letzterer zog es vor, auch persönlich zu antworten. Am 4. April 1927 teilte er C.S. mit, durch eine Krankheit daran gehindert gewesen zu sein, die Korrekturen ganz gründlich zu lesen. Ueberraschenderweise ließ er es nicht bei dieser Rechtfertigung bewenden und fügte hinzu (38):

«... Ich bedauere von Herzen, daß diese Umstände bei Ihnen den Anschein erweckten, als würde ich Ihre Werke nur vom Hörensagen kennen. - Ich erlaube mir Ihnen als Gegenbeweis meine Handexemplare einzusenden, die nicht nur von einer Lektüre, sondern von einer emotionalen Lektüre Zeugnis ablegen können.
Leid tut mir dieser durch mich verursachte unliebsame Auftakt umsomehr, als ich stets gehofft hatte, einmal Gelegenheit zu finden, gerade Ihr Urteil über meine Arbeit kennen zu lernen - denn den Eindruck werden Sie, sehr verehrter Herr Professor, auch so gewonnen haben, daß es wenige Leser geben kann, auf deren Urteil es mir so sehr ankommen muß als auf das Ihrige».

Mehrere Autoren haben sogar das Bedürfnis gespürt, ihre Dankespflicht C.S. gegenüber öffentlich kundzutun. Zum Beweis mögen diese Zeilen dienen, die 1931 verfaßt wurden von Otto GESSLER (1875-1955), der 1920-28 als Reichswehrminister amtierte (39):

«Es ist mir aber ein aufrichtiges Bedürfnis, wenigstens in diesem Vorwort, Herrn Prof. Dr. Carl Schmitt, dem Staatsrechtslehrer der Handelshochschule Berlin, herzlich zu danken nicht nur für die gewährte Gastfreundschaft, sondern vor allem für die reiche Anregung, die ich gerade seiner wissenschaftlichen Arbeit verdanke. Dies gilt neben seinen trefflichen Monographien vor allem von seiner Verfassungslehre, für die ich gerne die Bezeichnung «Meisterwerk» anwenden möchte, wenn nicht auch dieser Ehrenname von unserer Zeit schon so verschliffen wäre».

3. Eine erstaunliche und zugleich zutreffende Würdigung der Sachlage verdanken wir indes Ludwig FEUCHTWANGER, dem bereits herangezogenen (vgl. I.3.) Chef-Lektor des Verlags Duncker & Humblot in München (40). Am 6. Mai 1932 unterbreitete er C.S. seine sachlichen Bedenken gegen die von dem Gelehrten angeregte Publikation eines von Wilhelm Ritter VON SCHRAMM (1898-1983) eingereichten Manuskripts in einem wissenschaftlichen Verlag (41). Ganz am Schluß heißt es:

«... Wie ich Ihnen vertraulich schreiben möchte, hat mein Anliegen an Sie, ..., einen doppelten Sinn. Es soll mir keineswegs die Entscheidung abnehmen oder nur erleichtern, aber erstens wollte ich, daß Sie mir bestätigen, daß ich hier richtig sehe, nämlich daß hier eine recht verschwommene Tagesbroschüre vor mir liegt, aber keine Arbeit, die einen wissenschaftlichen Verlag beanspruchen kann. Zweitens wollte ich Ihnen *ad oculos* demonstrieren, welchen ungeheuerlichen Missverständnissen Ihre Bücher ausgesetzt sind, wie sie Mode werden, wie sie im schlimmsten Sinne unverstanden bleiben und böse Schule machen. Das kann Sie natürlich nicht bekümmern. Aber es liegt doch hier ein Schulbeispiel von den Freunden vor, die schlimmer sind als die Feinde...»

Eine wichtige Spielart der von FEUCHTWANGER zur Sprache gebrachten Problematik stellt der Plagiatsverdacht dar. Dazu hat Ernst HÜSMERT (geb. 1928) hinsichtlich des hochbetagten C.S. Folgendes bemerkt: «Dabei wogen für ihn die materiellen Diebstähle weit weniger als die geistigen» (42). Aber in früheren Jahren hätte der Gelehrte deontologische Ueberscheitungen nicht auf sich beruhen lassen, wie sich an Hand eines symptomatischen Falles illustrieren läßt. Als ihm eines Tages ein gedruckter Vortrag von Heinz MARR (1876-1940) in die Hände fiel (43), beklagte er sich bei Eduard ROSENBAUM (1887-1979) (44) über die Verfahrensweise des Frankfurter Privatdozenten. Die Antwort des Briefpartners vom 10. Oktober 1925 ließ an Deutlichkeit wenig zu wünschen übrig (45):

«... Dies brauchte ihn freilich, selbst wenn man die starke Inanspruchnahme durch das Amt berücksichtigt, nicht zu hindern, seine Bücher auch selbst zu verfassen. Da ich auch schon in seinem Verhältnis zu Tönnies eine durch Fußnoten mangelhaft unterbaute Einfühlung empfunden habe, so wäre ich sehr bereit, den neuesten Sachverhalt im Wirtschaftsdienst in den kritischen Blättern in ruhiger und bestimmter Weise festzustellen und dabei einige sachliche Fragen an den Autor zu richten...»

Dementsprechend war die Rezension ROSENBAUMs in der Tat nichts weniger als gelinde (46):

«Wenn Worte überhaupt Gewicht und Sinn behalten sollen, wird man unter einer «gelehrten» Arbeit immer eine solche verstehen müssen, mit der der Verfasser wesentlich das Ergebnis eigenen Forschens und Nachdenkens vorlegt. Wird dagegen nur ein Bericht über den Stand einer wissenschaftlichen Frage geboten, so kann dies sehr nützlich sein, vor allem um Laien an eine ihnen sonst fremde Literatur heranzubringen: aber eine gelehrte Leistung ist dies nicht.

Der Vortrag von Marr kann in der vorliegenden Form nur als eine missbräuchliche Benutzung der Denkergebnisse eines wirklichen Gelehrten bezeichnet werden. Alle entscheidenden Gedanken sind der bedeutenden, neuerdings auch von Robert Michels als grundlegend anerkannten Abhandlung von Carl Schmitt entnommen: «Die geistesgeschichtliche Lage des heutigen Parlamentarismus» (in Bonner Festgabe für Ernst Zitelmann, München und Leipzig 1923, auch als Sonderdruck). Die Aufnahme des Titels in einem dem Vortrag angehängten Verzeichnis von 15 sehr verschiedenartigen Schriften ist ein völlig unzulänglicher Ausdruck für den Grad geistiger Hörigkeit, in dem sich Marr gegenüber Schmitt befindet. Der Raummangel verbietet, Parallelstellen abzudrucken. Aber der von Marr mit so viel Bestimmtheit übernommenen Lehre von den «Identitäten» wird man eine weitere hinzufügen dürfen: überall, wo in der soziologischen Literatur zum Wesen der Demokratie der Name Marr zitiert wird, ist richtig Carl Schmitt einzusetzen».

Offenbar hat C.S. auch an Ort und Stelle sondiert. Denn der Frankfurter Straf- und Kirchenrechtler Joseph HEIMBERGER (1865-1933) ließ ihm am 8. März 1926 diese Auskunft und Stellungnahme zugehen (47):

«Von der Sache «Marr» scheint hier niemand etwas zu wissen. Allerdings kenne ich von der wirtschaftswissenschaftlichen (fünften) Fakultät nur ein paar Leute flüchtig, auch den Dekan (Gerloff) nur sehr wenig. Gestern hatte ich Gelegenheit, mit Giese, dem Dekan der jurist. Fakultät, von der Angelegenheit zu reden. Dieser war auf Höchste erstaunt u. sagte, er habe M. immer für einen sehr soliden und gewissenhaften Arbeiter gehalten, u. diese Meinung sei auch bei Andern verbreitet. Er, Giese, kenne den Verleger Schlosser, bei dem der Vortrag von M. erschienen ist, sehr gut u. er sei bereit, wenn Sie es wünschen, ihn und auch Gerloff auf die Rezension von Rosenbaum aufmerksam zu machen...»

IV. C.S. alias Dr. Haustein

In Gummersbach stand der von mir eruierte Aufsatz zum Grundgesetz der Bundesrepublik Deutschland, den C.S. 1949-50 schrieb und unter dem Pseudonym Dr. HAUSTEIN veröffentlichte, kein einziges Mal zur Debatte. Aus nicht ersichtlichen Gründen ist er dennoch im Tagungsband nachgedruckt (GT, S. 171-194). Außerdem geht dem Nachdruck ein langes editorisches Vorwort des Mitherausgebers Hans LIETZMANN (geb. 1952) voran (GT, S. 157-169), das geradezu als die Probe auf das Exempel meiner erstmals in Speyer formulierten These in Betracht kommt: Infolge des Fehlens einer Biographie C.S.s können nach wie vor fehlerhafte Informationen in Umlauf gesetzt, bzw. paraphrasiert und manipuliert werden (48). Ich werde daher zuerst die kaum durch Fakten gestützte Rekonstruktion LIETZMANNs zusammenfassen und ihr dann meine Analyse gegenüberstellen. Verfassungsprobleme im allgemeinen und das Grundgesetz im besonderen klammere ich absichtlich aus, zumal ich kein Jurist bin. Andererseits erlaubte ich mir, hier und da weiter auszuholen, als streng genommen notwendig wäre.

1. LIETZMANN zufolge befand C.S. sich «nach dem Krieg ganz offensichtlich in einem Zustand weitgehender und seiner Situation und Vergangenheit durchaus angemessener Demoralisierung» (GT, S. 157-158). Dieser Demoralisierung sei er mittels «Selbstüberhöhung kraft Mythenbildung» zu Leibe gegangen (GT, S. 162). Sie habe schon in der Haft angefangen, als er «Selbstvernebelungsschriften» abfaßte, die 1950 unter dem signifikanten Titel «Ex captivitate salus» erscheinen konnten (GT, S. 160): Es handele sich um «Bekenntnisse», die «eher der Immunisierung gegen besseres Wissen und schlechteres Handeln als einer realen Orientierung» dienten (GT, S. 167 FN 19). Negativ beeindruckend sei in diesen Texten die ständige Betonung der «eigenen schuldlosen Verstrickung in den Faschismus», mündend in die Selbststilisierung zu einem christlichen Epimetheus (GT, S. 161). Aus dieser «spezifisch-mystischen Selbststilisierung» sei nach der Entlassung aus der Haft eine neue Schaffensperiode hervorgegangen. Bis 1950 habe sich C.S. allerdings einer «Veröffentlichungsstrategie» bedient, die um drei Achsen kreiste: Das schützende Dunkel des Pseudonyms und der Anonymität (GT, S. 163); die Pseudo-Objektivität, d.h., «eine(r) weitgehende(n) Abstinenz von vordringlich politischen Argumentationen» (GT, S. 164); die geschickte Annäherung an die völkerrechtliche Thematik (GT, S. 164). LIETZMANN erwähnt drei Beispiele; (a) Den als «peinliche(n) Aufruf» zur eigenen Amnestie (GT, S. 163), ja sogar als «Manuskript zur Selbstrettung» charakterisierten Aufsatz «Amnestie, die Kraft des Vergessens» (49); (b) ein Torso gebliebenes völkerrechtliches Repetitorium; (c) den Aufsatz zum Grundgesetz, um den es ihm (*sc.* LIETZMANN) in erster Linie geht. Auch macht er in einer Fußnote Anzeige von «Aufsätze(n) zu Donoso Cortés in: «Die neue Ordnung» (1949)» (GT, S. 167 FN 34). Diese erste Schaffensperiode C.S.s nach Kriegsende wird präsentiert und gedeutet als eine neue Wende in seiner opportunistisch-wandlungsreichen Laufbahn, so daß einige Seiten über frühere Wenden nicht fehlen durften (GT, S. 158-161). Zwischendurch läßt LIETZMANN Einzelheiten (semi-)biographischer Art mit einfließen: C.S. soll (a) 1943 versucht haben, Kollegen der Leipziger Universität «zu einer Neuorientierung jenseits des Nationalsozialismus zu bewegen» (GT, S. 160); (b) sich 1945-46 «in dreister opportunistischer Manier» den Russen und den Amerikanern als Berater zur Verfügung gestellt haben (GT, S. 160); (c) den Kollegen Erich KAUFMANN (1880-1972) 1947 in Nürnberg desavouiert haben (GT, S. 160); (d) von Bundeskanzler Kurt Georg KIESINGER (1904-1988) «mehr oder minder häufig» als Berater herangezogen worden sein (GT, S. 167 FN 38).

2. Zunächst möchte ich in Abrede stellen, daß C.S. nach seiner Freilassung demoralisiert gewesen sei. Man überlege sich, was er bis dahin alles erlebt und überlebt hatte! Angefangen hatte es mit der Zerstörung seiner (Berlin-)Dahlemer Wohnung, Kaiserwerther Straße 17, durch eine Luftmine in der Nacht vom 23./24. August 1943 (50). Es folgte die Einziehung in die Volkssturmeinheit des sehr gebildeten Majors d.R. Hans LISS, dessen Bruder Konrad und Schwester Käthe er 1949 in Lüdenscheid kennen-

lernen sollte (51). Dann wurde er am 30. April 1945 von einem sowjetrussischen Offizier vernommen (52):

«Vor der russischen Kommission behauptet er, man müsse seine angeblich nationalsozialistische Vergangenheit nach dem Muster des Experiments von Pettenkofer verstehen. Der Untersuchungsoffizier, obwohl anscheinend ein gebildeter Mann, hat natürlich keine Ahnung, wovon die Rede ist. Max von Pettenkofer, ein deutscher Naturwissenschaftler, vertrat zu Anfang des Jahrhunderts die These, Infektionskrankheiten würden nicht durch den Bazillus allein verursacht; entscheidend sei vielmehr die Krankheitsbereitschaft des Menschen selbst. Und um die These zu beweisen, trank er vor seinen Studenten in einem Glas Wasser eine ganze Kultur von Cholera-Bazillen - und blieb in der Tat gesund. Und nun die Konklusion von Carl Schmitt: «Sehen Sie, genau dasselbe habe ich gemacht: ich habe den NS-Bazillus getrunken, aber er hat mich nicht infiziert!» - was ja, wenn es stimmte, in Wirklichkeit sein Verhalten erst recht unentschuldbar machen würde. Aber man lacht bewundernd und verfügt seine Entlassung...»

Am 26. September 1945 wurde C.S. jedoch ins amerikanische Internierungslager Berlin-Wannsee eingeliefert und bald danach in das Internierungslager Berlin-Lichterfelde/Süd überführt. Am 27. Juni 1946 wurde er von einem deutschen Sicherheits- und Prüfungs-Ausschuß vernommen und auf Grund eines von sieben ehrenwerten Bürgern zu seinen Gunsten abgegebenen Zeugnisses einstimmig als entlassungswürdig befunden. Am 2. August 1946 verfügte der zuständige amerikanische Ausschuß seine Entlassung. Infolge der Auflösung des Lagers und der am 12. September 1946 erfolgten Ueberführung der Inhaftierten in das alte Lager Berlin-Wannsee zog sich die effektive Freilassung bis zum 10. Oktober 1946 hinaus. C.S. ist am 19. März 1947 erneut von den Amerikanern festgenommen und abermals in das Internierungslager Berlin-Wannsee gebracht worden. Ende März 1947 ging es nach Nürnberg, wo er in einer Zelle des dortigen Justizpalastes I.S.D. isoliert eingesperrt wurde (abends mußte er sogar seine zwei Brillen abliefern). Am 3., 21. und 29. April 1947 fanden Verhöre durch den stellvertretenden Hauptankläger Robert M.W. KEMPNER (geb. 1899) statt (vgl. IV.6.b.). Am 6. Mai 1947 wurde C.S. aus der Haft entlassen, aber er war verpflichtet, im Haus der freiwilligen Zeugen, Müggenhoferstraße 2a, zunächst zur Verfügung zu stehen. Er erhielt Zeugengeld und mit der Ernährung gab es keine Probleme mehr. Er verbrachte einen Abend mit dem in Nürnberg als Rechtsanwalt auftretenden Rechtsgelehrten Hermann JAHRREISS (geb. 1894) und seiner Frau, und er wohnte einem Vortrag des katholischen Kirchenhistorikers Joseph Adam LORTZ (1887-1975) bei. Am 21. Mai 1947 traf C.S. im Elternhaus in Plettenberg, Ortsteil Eiringhausen, ein.

3. Als er heimkehrte, war seine Frau gerade dabei, die Reste des Berliner Haushalts aufzulösen (53). Zwar gehörten Ernährungs-, Heizungs- und ähn-

liche Sorgen nunmehr zu seinem Alltag, aber deren Lösung wurde ihm von Frau und Schwestern aus den Händen genommen. Dank Spargeldern saß die Familie nicht einmal finanziell völlig auf dem Trockenen, wenigstens nicht bis zur Währungsreform vom Juni 1948. Nur das Problem der beruflichen Aussichten hing wie ein Damokles-Schwert über dem Haupt C.S.s. Wegen der Opportunität eines Entnazifizierungsverfahrens hat er Freunde zu Rate gezogen, aber solange der Gegenbeweis nicht erbracht ist, müssen wir davon ausgehen, daß er den entscheidenden Schritt nicht getan und sich im Grunde die Reintegrierung in den Hochschulbetrieb verbaut hat. Auch hat er vermutlich 1949 bei der Notgemeinschaft der Deutschen Wissenschaft (heute: Deutsche Forschungsgemeinschaft) einen Antrag gestellt, ihn aber wohl zurückgezogen, als er von Generalsekretär Kurt ZIEROLD (1899-1989), einem Bekannten, davon in Kenntnis gesetzt wurde, daß der Fachausschuß negativ entscheiden würde (54). Schließlich ist ebensowenig etwas geworden aus dem Plan (und der Möglichkeit) der Emigration nach Argentinien (55); dazu schrieb er seiner Frau am 3. November 1949: «Es wäre gerade Wahnsinn gewesen, wenn ich nach Buenos Aires gefahren wäre». Gleichzeitig nahm C.S. gelassen hin, daß z.B. der Parlamentarische Rat 1949 zwei seiner Forderungen aus der Weimarer Republik erfüllte (56), und daß die Düsseldorfer Richter in ihrer Begründung des Barion-Urteils vom 1. Dezember 1949 seine Lehre von der institutionellen Garantie anwendeten (57). In jenen Jahren hat der Gelehrte übrigens viel gelesen, viel geschrieben, viel korrespondiert. Es trafen andauernd Gäste ein, darunter völlig unerwartete, z.B. am 27. November 1949 sein ehemaliger Bonner Doktorand Otto KIRCHHEIMER (1905-1965) (vgl. VI.2.) (58):

«... Vorgestern, sonntag mittag, fuhr plötzlich ein dicker, gelber amerikanischer Wagen vor, mit der dicken Inschrift USA. Ich dachte schon, ich würde wieder einmal abgeholt. ... Es war Otto Kirchheimer. Dick geworden, sonst unverändert. Wir haben uns 2 1/2 Stunde gut unterhalten, dann fuhr er weiter nach Düsseldorf. Er ist in Washington beim State Department und wollte nur sehen, wie es mir geht. Mit Ex captivitate salus war er nicht zufrieden, weil eine Erklärung über mein Verhalten 1933 fehle. Den Vitoria-Aufsatz gab ich ihm mit. Mir hat der Besuch Freude gemacht. Ich glaube im übrigen nicht, daß er in der Sache viel bedeutet. Es war eine Regung menschlichen Interesses an meinem Schicksal, mehr nicht...»

Das alles wäre unmöglich gewesen ohne günstige Faktoren: (a) Die bewährte sorgsame Hand seiner Frau; (b) die Erleichterungen, die sein Freund und CDU-Abgeordneter Peter-Heinrich KIRCHHOFF (1885-1973) und sein ehemaliger Berliner Doktorand Serge MAIWALD (1916-1952) ihm angedeihen ließen (59); (c) die von der Academia Moralis ermöglichte finanzielle Unterstützung (60).

4. Wie gesagt hat C.S. in der ersten Nachkriegszeit viel geschrieben. Es lag ihm besonders daran, ein während des zweiten Weltkriegs in Berlin ab-

gefaßtes völkerrechtliches *opus magnum* zu veröffentlichen (61), obwohl er sich außerdem mit anderen Plänen trug: Mit der Buchausgabe seiner Studien über Juan DONOSO CORTES (1809-1853) und mit der Edition seiner Reflexionen aus dem Internierungslager (62). Einige am Rande dieser Vorhaben entstandene Aufsätze ließ er mit der Schreibmachine vervielfältigen (63), und diese Kopien schickte er kenntnisreichen Freunden zu. Während eines Aufenthalts im Dominikanerkloster Walberberg bei Köln, die sogenannte Albertus-Magnus-Akademie, hat er wahrscheinlich von einem neuen DONOSO-CORTES-Aufsatz gesprochen, denn Pater Eberhard WELTY (1902-1965), Schriftleiter der Zeitschrift «Die neue Ordnung» (64), schlug ihm am 22. Dezember 1948 vor:

«... Ich möchte mir heute zunächst die ergebene Bitte erlauben, daß Sie uns Ihren Aufsatz über Donoso Cortés zur Veröffentlichung überlassen. Ich lege wirklich allergrößten Wert auf diesen Aufsatz und würde ihn als Leitartikel unseres 3. Jahrgangs bringen. Bitte, gehen Sie auf diesen Vorschlag ein und machen Sie uns die Freude, Ihre Ausführungen der Oeffentlichkeit vorlegen zu dürfen. Sollten Schwierigkeiten bestehen, so sind diese dadurch zu lösen, daß ich als Schriftleiter die Verantwortung übernehme...»

Ohne Zweifel ist es auf diese editorische Oeffnung nach vorn zurückzuführen, daß C.S. auch das Typoskript eines Aufsatzes über den großen spanischen Völkerrechtslehrer Francisco DE VITORIA O.P. (1483?-1546) eingereicht hat. Die Empfangsbestätigung von Pater WELTY ist 9. März 1949 datiert, seine Entscheidung im Brief vom 6. April 1949 enthalten:

«Gerade habe ich nochmals Ihre Abhandlung über Franziskus de Vitoria aufmerksam durchgelesen. Die Abhandlung ist gewiss nicht einfach und stellt an den Leser gehörige Anforderungen. Trotzdem möchte ich Sie bitten, mir die Abhandlung für unsere Zeitschrift zu überlassen. Ich glaube mich zu erinnern, daß Sie Ihre Zustimmung bereits gegeben haben».

Wegen des DONOSO-CORTES-Aufsatzes gingen bei der Redaktion der Zeitschrift keinerlei Rückfragen ein (65), aber der VITORIA-Aufsatz (66) wurde nicht übersehen. Eine in der Schweiz publizierte Entgegnung von Friedrich August Freiherr VON DER HEYDTE (geb. 1907) (67) veranlaßte die «Frankfurter Hefte» zu einer für die damalige Lage recht signifikanten redaktionellen Notiz (68):

«Carl Schmitt redivivus. - Im Juli-Heft der «Neuen Ordnung», Monatsschrift der deutschen Dominikaner, ist ein 24-seitiger Aufsatz erschienen «Francisco de Vitoria und die Geschichte seines Ruhmes». Der Verfasser ist nicht genannt. Dem Beitrag liegt eine Reihe von Thesen zugrunde, gegen die im Oktober-Heft der Genfer «Friedenswarte» der Völkerechtler Friedrich August von der Heydte eine Erwiderung geschrieben hat. Wie aus der «Friedenswarte» hervorgeht, handelt es sich bei jenem Verfasser um

Carl Schmitt, den Erfinder der «Freund-Feind-Theorie im Recht». Uns liegt ein Manuskript von Professor Karl Thieme vor, das in diesem Zusammenhang scharf mit Carl Schmitt abrechnet. Wir haben uns mit der Schriftleitung der «Neuen Ordnung» in Verbindung gesetzt und festgestellt, daß die Umstände wesentlich komplizierter sind, als es den Anschein hatte. Wir halten sie noch nicht für so geklärt, daß wir bereits Stellung nehmen möchten. Die Schriftleitung der «Neuen Ordnung» wird es vorerst in der Dezember-Ausgabe der Zeitschrift selbst tun.

Es liegt uns daran, den Lesern der «Frankfurter Hefte» zu sagen, daß wir die «Neue Ordnung» für eine höchst empfehlenswerte Zeitschrift halten. (Carl Schmitt und sein Wiederauftreten lehnen wir um so radikaler ab). In ihrer September-Ausgabe bringt die «Neue Ordnung» eine längere Auseinandersetzung mit dem 1947 bei uns veröffentlichten Aufsatz von Walter Dirks «Marxismus in christlicher Sicht». Die Erwiderung hat jenes Niveau, auf dem wir Rede und Gegenrede für fruchtbar ansehen; Argumenten, wie sie dort vorgebracht werden, setzen wir zur Klärung der Sache und zum Nutzen der beiderseitigen Leserschaft demnächst gerne unsere Gegenargumente entgegen».

Die angezeigte Stellungnahme der Zeitschrift «Die neue Ordnung» lautete (69):

«5. Gegen den Aufsatz «Francisco de Vitoria und die Geschichte seines Ruhmes», der im Juli-Heft dieser Zeitschrift erschienen ist (1949, S. 289-313), wendet sich in längeren Ausführungen Herr Dr. von der Heydte in der Schweizer Zeitschrift «Die Friedenswarte», 1949, Nr. 4/5, S. 190-197. Die «Frankfurter Hefte» weisen in ihrer November-Nummer (S.985) auf diese Entgegnung hin und teilen gleichzeitig mit, daß sie nach Rücksprache mit uns von der Veröffentlichung einer weiteren Entgegnung, die Herr Prof. Karl Thieme geschrieben hat, vorerst absehen; sie fügen hinzu, daß «Die Neue Ordnung» im Dezember-Heft selbst Stellung nehmen würde. Wir glauben jedoch, und zwar aus verschiedenen Gründen, daß eine Stellungnahme unsererseits noch verfrüht ist. Wir werden deshalb zu einem Zeitpunkt und in einer Form, die wir für die richtige halten, auf die Sachen zurückkommen, und jedenfalls unsere Leser, soweit notwendig, über die Angelegenheit unterrichten».

Wie ist diese Sprachregelung überhaupt zustande gekommen (70)? Auf telefonischen Anruf von Eugen Michael KOGON (geb. 1903), dem Herausgeber der «Frankfurter Hefte» (71), ist Pater WELTY am 20. Oktober 1949 nach Frankfurt gefahren; die offensichtlich erreichte Waffenruhe widerspiegelt sich in der oben nachgedruckten redaktionellen Notiz. Begleitet von seinen Ordensbrüdern Laurentius SIEMER (1888-1956) und Dominikus KOSTER (1901-1981) begab er sich Anfang November 1949 abermals nach Frankfurt. Haben die Bereitschaft des C.S.-Doktoranden Günther

KRAUSS (1911-1989), nötigenfalls für die Dominikanerzeitschrift einen Gegenaufsatz zu schreiben, und die spanische Uebersetzung des VITORIA-Aufsatzes - mit Namensnennung! - den Ausschlag gegeben (72)? Jedenfalls ist die Veröffentlichung des Artikels von Karl Otto THIEME (1902-1963) unterblieben (73) und brachte «Die neue Ordnung» die gleichfalls oben mitgeteilte Notiz. Pater WELTY hatte Festigkeit gezeigt, und 1950 konnte er in seiner Zeitschrift sogar einen dritten, diesmal nicht anonymen Beitrag von C.S. publizieren (74). Indes hat die ganze Geschichte C.S. stärker berührt, als er damals wahrhaben wollte, und ich glaube, daß der Ursprung seines von Ernst HÜSMERT diagnostizierten Verfolgungswahns (75) hier zu suchen ist. Diese Mutmaßung ist um so plausibler, wenn man sich überlegt, daß der Gelehrte anfing, von «meinen Verfolgern» zu reden und in dieser Auffassung ohne Zweifel bestärkt werden mußte, als die von Ko-Editor Hans PAESCHKE (geb. 1911) angetragene Mitarbeit am «Merkur» zur Folge hatte, daß einige Autoren - vor allem der Romanist Ernst Robert CURTIUS (1886-1956) (76) und Theodor W. ADORNO (1903-1969) - Protest erhoben (77):

«... Dieser Beitrag löste den Protest einiger wichtiger Mitarbeiter der Zeitschrift aus, in dem Sinne, daß sie nichts mehr im «Merkur» veröffentlichen würden, wenn von C.S. noch einmal etwas in der Zeitschrift erschiene ... Sie selbst fragen also richtig: Nicht der Inhalt des Beitrages löste den Einspruch aus, sondern der Name C.S. (sprich: seine politische Rolle im Dritten Reich)...»

5. Wenn es C.S. schon vergönnt gewesen ist, aus eigenem Entschluß verfaßte Studien der Oeffentlichkeit zu übergeben, so konnte dies allerdings aus zeitgemäßen Gründen nur ohne Namensnennung geschehen. Aus einem anderen zeitgemäßen Grund heraus, nämlich der Möglichkeit, nach der bereits erwähnten Währungsreform (vgl. IV.3.) etwas Geld zu verdienen, hat er auch «Gelegenheitsaufsätze» geschrieben. Es handelt sich u.a. um die von LIETZMANN genannten Texte. Zu zwei dieser Texte steuere ich Hintergrundinformationen bei:

(a) Der früher in Berlin tätige Rechtsanwalt Heinrich FREYMARK gab nach Kriegsende in seinem Verlag für Rechts- und Wirtschaftswissenschaften zu Salzgitter in zwangloser Folge erscheinende Repetitorien heraus. Die Mitarbeiter traten nach außen hin in keinerlei Weise in Erscheinung, d.h., die Anonymität der Rechtsgelehrten Heinrich LANGE (1900-1977) (bürgerliches Recht), Heinrich HENKEL (1903-1981) (Strafrecht), Hans SCHNEIDER (geb. 1912) (öffentliches Recht), Hans BARION (1899-1973) (Kirchenrecht) und C.S. (Völkerrecht) wurde sorgfältig gehütet. C.S. wurde am 13. Juli 1948 brieflich zur Mitarbeit aufgefordert (78); gegenüber dem Verleger und der Außenwelt ist nur dieser Kollege aufgetreten, der bei C.S. vorgesprochen hat, so daß FREYMARK nie den Namen des Verfassers seines völkerrechtlichen Repetitoriums erfahren hat. C.S.s Lieferungen fanden Anklang, wie u.a. dieser Brief des Verlegers belegt:

«Der cand. jur. N. Sombart, Heidelberg, bestellt bei uns das Juristische Repetitorium Serie B und schreibt dabei folgendes: «Wenn alles die Qualität der beiden Völkerrechtshefte hat, die ich schon besitze, seien Sie gewiss, daß ich Ihr Unternehmen fleißig empfehlen werde».»

(b) Im Falle des Aufsatzes zum Grundgesetz ist die Initiative von dem Verkehrsrechtler Werner HAUSTEIN (1894-1959) (79) ausgegangen: Er überredete C.S. zur Abfassung eines Aufsatzes über Wahlfragen (GT, S. 171-174) (80). Sein Brief vom 24. März 1949 enthielt diesen Passus:

«... Ihr Aufsatz ist tatsächlich erschienen. Ich füge ihn bei. Leider ist eine Panne passiert. Denn obwohl ich ausdrücklich darauf hingewiesen hatte, ich sei nicht der Verfasser, bin ich als solcher bezeichnet worden. Das ist mir umso peinlicher, als ich dabei auch noch als Präsident aufgeführt worden bin. Der Schriftleitung habe ich das mitgeteilt. Ich nehme aber Ihr Einverständnis dazu an, daß wir nicht viel Aufhebens von der Sache machen, wenn sich sonst niemand rührt...»

Schon am 15. Juli 1949 wurde HAUSTEIN wiederum vorstellig:

«Darf ich Ihnen heute eine persönliche Bitte unterbreiten? Unsere Fachzeitschift für Unterricht und Bildung «Der Eisenbahner» hat mich gebeten, in mehreren Artikeln, von denen jeder nicht mehr als 200 Schreibmaschinenzeilen umfassen soll, die Grundfragen der neuen Verfassung zu behandeln. Sie waren bereits einmal so liebenswürdig, für diese Zeitschrift einen sehr schönen und anschaulichen Artikel über Wahlfragen zu veröffentlichen. Würden Sie mir nicht den Gefallen tun und in etwa 4 bis 6 Abhandlungen das gewünschte Thema erörtern? Ich glaube, die Artikel werden Ihnen kaum viel Mühe und Arbeit machen. Wir alle aber würden uns über Beiträge aus Ihrer Feder sehr freuen. Selbstverständlich stelle ich Ihnen das Honorar zur Verfügung. Wäre es Ihnen Recht, wenn ich als Verfasser auftrete? Sie wissen, ich tue so etwas nicht gern; ich würde aber das Verfahren in diesem Fall im Augenblick noch für zweckmässig halten ...»

Und so entstand der C.S.-Aufsatz zum Grundgesetz (GT, S. 175-194). Dem ist hinzuzufügen, daß C.S. sich bei der Ausarbeitung der Themen große Mühe gegeben hat. Solche «Pflichtübungen» liebte er aber nicht, denn der Auftraggeber (auch im Falle des völkerrechtlichen Repetitoriums) mußte meistens auf Lieferung des nächsten Aufsatzes drängen.

6. Es bleibt nur noch die Feststellung, daß die von LIETZMANN ins Feld geführten (semi-)biographischen Einzelheiten teils zu beanstanden, teils zu ergänzen sind:

(a) Der von Wolfgang ABENDROTH (geb. 1906) berichtete Leipziger Versuch C.S.s (81) steht nicht vereinzelt da. Beispielshalber entnehme ich dem bereits herangezogenen Brief von Hans PAESCHKE (vgl. IV.4.) diese Stelle (82):

«... Ich selbst lernte C.S. als Chefredakteur der «Neuen Rundschau» im Jahre 1940 kennen, und zwar in Begleitung meines Verlegers Peter Suhrkamp bei einem Abendempfang von C.S. in Berlin-Zehlendorf. Anwesend waren etwa 10 Personen, darunter der mit C.S. befreundete Maler Werner Gilles sowie 2 Herren von der Dienststelle Rosenberg, die wir als Spitzel empfanden. – Trotzdem führte uns C.S. in sein Arbeitszimmer und zeigte uns mit den Worten «Das ist mein Vorbild» ein naturgroßes Porträt von Disraeli, das über seinem Schreibtisch hing. Wir empfanden das damals (schon im Krieg) als tollkühn...»

(b) KAUFMANN ist von C.S. nicht desavouiert worden. Während seines ersten Verhörs in Nürnberg am 3. April 1947 bezeichnete C.S. seinen emigrierten Kollegen als «Militarist und Bellizist» und führte in diesem Zusammenhang einen Satz aus dessen *opus magnum* vom Jahre 1911 aus dem Stegreif an (83), ohne, wie er hinzufügte, «den Eindruck [zu] erwecken, diesen Mann zu belasten» (84). Er konnte nicht wissen, daß KEMPNER als stellvertretender Hauptankläger ausgerechnet diese Aussage in seinem Kreuzverhör des von der Verteidigung des angeklagten Staatssekretärs Ernst Freiherr VON WEIZSÄCKER (1882-1951) geladenen Zeugen Erich KAUFMANN vollauf ausnützen würde und C.S. deswegen *post festum* «ein so lieber Mensch für die Anklagebehörde» nennen sollte (85). Seine Darstellung in seinem Erinnerungsband ist ohnehin unvollständig und tendenziös. Es fehlt u.a. ein Hinweis auf den Brief, den C.S. im Anschluß an sein Antworttelegramm vom 28. Mai 1948 an ihn gerichtet hat, und in dem es heißt (86):

«... Soviel ich mich erinnere, geschah meine Erwähnung Kaufmanns *incidenter,* als ich zeigen wollte, daß sich die Völkerrechtswissenschaftler von Rechts bis Links, von Bellizismus bis Pazifismus auf allen Fronten verteilen. Im übrigen bin ich hier im allgemeinen zurückhaltend, weil Kaufmann seit fast 20 Jahren in einer offenen und heftigen Gegnerschaft gegen mich steht, bis auf den heutigen Tag. Das hat mich s.Zt. nicht gehindert, bei meinem Freund, dem preussischen Finanzminister Joh. Popitz, dafür einzutreten, daß Kaufmann mit allem Respekt emeritiert würde und sein Gehalt unbeanstandet weiter bezog. Ich empfinde die Gegnerschaft seit langem als eine sehr tiefgehende geistig-wissenschaftliche Spannung. Wie Kaufmann darüber denkt, weiß ich nicht...»

Ebenso verschweigt KEMPNER, daß er C.S. am 7. Juni 1948 das Vernehmungsprotokoll zugeleitet hat:

«In der Anlage übersende ich Ihnen mit bestem Dank das Buch. Ich füge Abschrift der Aussage von Prof. Kaufmann bei, die Sie sicher interessiert.»

(c) Es verstößt gegen die Regeln des wissenschaftlichen Anstandes, C.S. der Anbiederung an die russischen und amerikanischen Besatzer zu bezichtigen, ohne den Beweis anzutreten. Wahrscheinlich hat LIETZMANN sich von einer Aussage des Mitbegründers der Futurologie Ossip Kurt FLECHTHEIM (geb. 1909) inspirieren lassen (87). Diese Aussage wird in ANLAGE II von einem deutschen Juristen einer kritischen Prüfung unterzogen, so daß ich auf diesem Punkt nicht näher einzugehen brauche.

(d) C.S. hat KIESINGER tatsächlich nur einmal getroffen, und zwar in Anwesenheit seines bereits genannten Freundes KIRCHHOFF. Das von LIETZMANN ohne weiteres geglaubte und weiterkolportierte Märchen ist im Zuge einer Sitzung des Bundestags vom 16. Dezember 1966 (88) von der «Frankfurter Rundschau» in die Welt gesetzt worden. Sofort wurde es von anderen westdeutschen Zeitungen («Die Tat», «Kölner Stadt-Anzeiger», usw.) und in Ost-Berlin von der linientreuen SED-Zeitung «Neues Deutschland» übernommen und aufgebauscht (89). Es fand schließlich seine Kanonisierung in einem «Graubuch» der DDR (90) (91).

V. Bedenken zu der eigenwilligen C.S.-Deutung von N. SOMBART

1. Es will mir scheinen, daß Nicolaus SOMBART (geb. 1923) durch die Lektüre des Buches über die VON RICHTHOFEN-Schwestern von Martin GREEN (geb. 1927) (92) von einem Saulus zu einem Paulus geworden ist. Nicht nur fing er jetzt an, den Gegensatz von Berlin und München(-Schwabing) auf die Dychotomie von Vatergesellschaft und Matriarchatsmythos zurückzuführen, sondern obendrein maß er der Rehabilitierung von Otto GROSS (1877-1919) (93) plötzlich größere Bedeutung bei als der Demystifikation von Max WEBER (1864-1920). Es wurde ihm zur Gewißheit, daß die psychoanalytische Methode unentbehrlich sei zur Aufarbeitung der deutschen politischen und Geistesgeschichte des letzten Jahrhunderts. Seine Rezension des GREEN-Buches endete mit einer unerwarteten Klimax (94):

«... Trotz seiner politischen Option für die Vatergesellschaft, was konkret hieß: Preussen – sie mußte gleichzeitig auch eine Option gegen die Psychoanalyse sein -, hat der Antagonist von Otto Groß aus dem geschichtsphilosophischen Magma Schwabings den metaphysischen Antisemitismus in seiner ganzen Virulenz übernommen... Sollen wir seinen Namen nennen? Es mag sinnvoll erscheinen, die Besprechung eines Buches von Enthüllungen mit der Evokation eines Namens zu beschließen, der Tabu ist: *Carl Schmitt*».

2. Seitdem hat SOMBART nicht aufgehört, in dasselbe Horn zu blasen (95). Dennoch bildet der sogenannte C.S.-Kristall (96) das Rückgrat seiner großen Kehre in Sachen C.S. Er hat ihn zum ersten Mal in Gummersbach hinter dem Rücken eines Redners an der Wandtafel zusammengebastelt. Er hat die Hörerschaft in Staunen gesetzt und begreiflicherweise Gegenstimmen auf den Plan gerufen. Während des C.S.-Kolloquiums am Wissen-

schaftskolleg zu Berlin (15./16. Juni 1987) hat SOMBART von diesem Kristall eine korrigierte und erweiterte Ausführung vorgelegt. Weder der erste noch der zweite Entwurf liegen bisher gedruckt vor. Daß der Kristall im Gummersbacher Tagungsband fehlt und durch einen weniger revolutionären Text ersetzt worden ist (GT, S. 19-25), ist bedauerlich. Wie ich höre, darf jedoch im angezeigten neuen Buch von SOMBART mit der Veröffentlichung des Kristalls gerechnet werden.

3. Der von C.S. in einem Buch erwähnte und in Briefen behandelte Otto GROSS (97) hat übrigens im Gedankengang SOMBARTs dem angeblichen Einfluß des skurrilen Alfred SCHULER (1865-1923) weichen müssen (98), wobei eine Jugenderinnerung als Erklärung in Betracht kommt (99). Dieser Perspektivenwechsel beeinträchtigt nicht unbedingt die psychoanalytische Annäherung, ermöglicht aber alternative Deutungsversuche, z.B. im Sinne der von Gilbert DURAND (geb. 1921) betriebenen Mythenanalyse (100) oder der von der Redaktion des neuen Jahrbuchs «Politica hermetica» geförderten Forschung (101). Inzwischen haben wir von Ernst JÜNGER (geb. 1895) erfahren, daß er in seiner Bibliothek das von C.S. geschenkte Exemplar des von Ludwig KLAGES (1872-1956) edierten SCHULER-Nachlasses verwahrt. Angesichts der Tatsache, daß ausgerechnet dieser Edition in der Konstruktion SOMBARTs die Funktion eines *deus ex machina* zufällt, lohnt es sich, die von JÜNGER mitgeteilte Widmung C.S.s zu berücksichtigen (102):

«... Die Einführung ist umfangreich, beinahe ein Buch für sich. Auf sie, also auf Klages, bezieht sich die Widmung Carl Schmitts: «An Ernst Jünger übersende ich dieses in dreifachem Fieber wütende Buch, die dreifache Anstrengung eines neiderfüllten Deutschen, eines giftgeschwollenen Heilbringers und eines Disraeli-gläubigen Judenfeindes zwecks Einverleibung in die Magazine unseres Gesprächs-Archivs. 26.12.1941».
Darunter: «Du reste, quant à la victime de cette triple fureur, Mr. Schuler lui-même, son œuvre me rappelle le mot de Léon Bloy: J'ai fait mes plus beaux voyages sur des routes mal éclairées».»

4. Von meiner Warte aus betrachtet, belegt das C.S.-Kapitel im Memoirenband SOMBARTs weniger den Einfluß SCHULERs auf C.S. und seine vermeintliche matriarchalische Disposition, als seine Rolle eines Fremdkörpers in den bürgerlichen Kreisen des Berlin des Interbellums. Daher wird vielleicht begreiflich, weswegen er von seinem Freund Johannes POPITZ (1884-1945) nicht zu den Sitzungen der Mittwochsgesellschaft (103) eingeladen wurde? Um jedoch beim Thema SCHULER zu bleiben, SOMBART läßt uns im unklaren hinsichtlich wichtiger Fragen: Dürfen wir aus den Augen lassen, daß C.S. nicht nur von SCHULER, sondern auch von Otto WEININGER (1880-1903) (104) gehört hatte? Fühlte er sich von der matriarchalischen Sehnsucht SCHULERs oder von seinem anti-semitischen Duktus angezogen? Inwiefern hatte er die Interpretation von KLAGES

richtig bewertet? Davon abgesehen gibt es Querverbindungen, die SOMBART nicht ins Auge faßt und die dennoch in eine Rekonstruktion des geistigen Habitus des Gelehrten hineingehören. So empfahl C.S. mir eines Tages aufs dringlichste das Studium eines Aufsatzes des mir bis dahin völlig unbekannten Otfried EBERZ (1878-1958) (105). Ich bedauere sehr, spätere Gelegenheiten nicht genutzt zu haben, um über die Hintergründe und die Art des Interesses C.S.s an den Schriften von EBERZ Näheres zu erfahren. Anfang der Zwanziger Jahre hielt dieser EBERZ in einem Münchner Kreis von katholischen Wissenschaftlern Vorträge, die dann im «Hochland» veröffentlicht wurden. Daher vermutet die Witwe des vernachlässigten Geschichts- und Religionsphilosophen wohl mit Recht, daß die beiden sich über Carl MUTH (1867-1944), den Gründer der Zeitschrift, persönlich kennengelernt haben. In ihrem Brief vom 21. September 1987 ergänzt sie (106):

«... Carl Schmitt und mein Mann haben sich gegenseitig sehr hochgeschätzt, als originelle, scharfe Denker, und beide hielten auch besonders viel von Donoso Cortés. – Es ist mir bekannt, daß Carl Schmitt auch anderen das Schrifttum meines Mannes empfahl...»

5. Die von SOMBART praktizierte Verdrängungstheorie (107) ist heute in psychoanalytischen Deutungsversuchen gang und gäbe (108), aber trotzdem bringe ich sie noch einmal kurz zur Sprache. Nicht um sie als völlig unwissenschaftlich abzulehnen, was verwegen wäre und meiner Ueberzeugung widersprechen würde, sondern um klarzustellen, daß es für das Problem der Geschlechterdifferenz noch andere Erklärungsmodelle gibt. Kürzlich hat z.B. eine Schweizerin hochinteressante Gedanken zu diesem Fragenkomplex entwickelt (109). Das postume Werk von Walter SCHUBART (1897-verschollen 1941) kann weitere Einsichten vermitteln (110). Aber es gilt nicht nur, andere Erklärungsmodelle heranzuziehen, es gilt ebensosehr, andere Autoren zu beachten. Ich lenke die Aufmerksamkeit auf den Denker Adrien TUREL (1890-1957), Autor vergessener Bücher wie «Bachofen — Freud zur Emanzipation des Mannes vom Reich der Mütter» (111). Er stand mit C.S. in Verbindung, was der nachstehende Auszug aus seinem Brief vom 27. April 1931 belegt (112):

«Wenn Sie die Güte haben, die beiliegenden 4 «Gedichte» und den Aufsatz: «Der Mensch in der Zange» durchzusehen, so werden Sie sehen, daß Ihnen nicht zugemutet wird, ästhetische Leistungen zur Kenntnis zu nehmen, welche ganz einfach «schön» beschreiben, was schon da ist...»

Kurzum, ich glaube, daß SOMBART gut daran täte, auch diese und ähnliche Annäherungen seines Zentralproblems zu berücksichtigen; sofern es ihm dabei gelingen sollte, ihre Beweisführungen und Argumente zu entkräften, würde seine eigene Deutung an Ueberzeugungskraft gewinnen.

VI. Adnoten zur amerikanischen C.S.-Rezeption

Mit dem Fazit des Vortrags von Dieter HASELBACH (geb. 1954) konnte ich mich in Gummersbach nur schwer abfinden. Nach der Lektüre der gedruckten Neufassung seines Exposés (GT, S. 119-140) bleibt ein Gefühl dieses Unbehagens haften. Ich habe allerdings nicht vor, die Analysen und Schlußfolgerungen des Autors zu kritisieren; diese Aufgabe überlasse ich kompetenteren Lesern (113). Meine Ambition ist die Information: Ich möchte lediglich einige bio-bibliographische Lücken schließen.

1. Dankenswerterweise erörtert HASELBACH in einigen Fußnoten Rezeptionsprobleme spezieller Natur. Folgendes ist nachzutragen:

(a) S. 134 FN 7: Henry Alfred KISSINGER (geb. 1923) richtete am 23. September 1953 ein Schreiben an C.S. in seiner Eigenschaft als Herausgeber der amerikanischen Zeitschrift «Confluence» (114):

«I am writing to you at the suggestion of Hans Egon Holthusen to explore the possibility of your collaborating with CONFLUENCE, a quarterly designed to give European and American intellectuals an opportunity to exchange views on contemporary problems in politics, philosophy, and the humanities...»

Auf den Einfluß C.S.scher Thesen auf KISSINGER hat nicht nur Stanley HOFFMANN (geb. 1928) (115), sondern haben gleichfalls Garry L. ULMEN (geb. 1939) (116) und andere Autoren hingewiesen.

(b) S. 135-136 FN 25: Der Abbruch der Beziehungen zwischen C.S. und Otto KIRCHHEIMER (vgl. IV.3.) war nicht allein die notwendige Konsequenz der Scherereien, die SCHWAB mit seinem ersten Dissertationsthema hatte (117), sondern hing auch zusammen mit einer Information, die C.S. erst recht spät zu Ohren kam. Gemeint ist die Urheberschaft einer unter dem Pseudonym Dr. Hermann SEITZ 1935 in Paris redigierten Broschüre, die illegal nach Deutschland hineingeschmuggelt und dort verbreitet wurde und die C.S. unter Umständen hätte gefährden können (118). Vorsichtshalber brachte die vom Gelehrten damals herausgegebene «Deutsche Juristenzeitung» (119) eine scharfe Reaktion, woraus ich diese Stelle zitiere (120):

«... Ebenso tief wie das intellektuelle ist auch das moralische Niveau dieses Unternehmens, bedient sich doch diese «Enthüllungsschrift» selbst einer Tarnung, die eine glatte Fälschung und einen verbrecherischen Missbrauch der allgemein anerkannten Herausgeber-, Druck- und Verlagsrechte darstellt. In der äußeren Aufmachung gibt sie sich nämlich als «Heft 12» der vom Herausgeber der DJZ veröffentlichten Schriftenreihe «Der deutsche Staat der Gegenwart» (Hanseatische Verlagsanstalt, Hamburg) und trägt den vielversprechenden Titel «Staatsgefüge und Recht des dritten Reiches»...»

Dem ansonsten gut informierten Volker NEUMANN (geb. 1947) scheint diese Reaktion entgangen zu sein (121). Daß sich hinter dem Pseudonym SEITZ kein geringerer als KIRCHHEIMER versteckte, hat C.S. indes sehr verletzt.

2. In bibliographischer Hinsicht sind interessante Tatsachen zu verzeichnen, darunter einige, die erst nach der Einlieferung des Typoskripts von HASELBACH stattfanden, bzw. noch stattzufinden haben. Simona DRAGHICI (geb. 1937) gründete eigens einen kleinen Verlag, um einen Neudruck der englischen Uebersetzung der Schrift über den Römischen Katholizismus zu ermöglichen (122). Die Monographie von George SCHWAB (geb. 1931) erschien neulich in zweiter Auflage, aber um eine «Introduction to the Second Edition» vermehrt (123). Weitere Uebersetzungen von C.S.-Büchern sind vorgesehen, bzw. angezeigt (124). Und ferner gibt es Studien und Artikel, die sich ganz oder teilweise mit dem Gelehrten befassen. Nur informationshalber lege ich eine gewiß unvollständige Liste von Texten vor, die seit 1980 in englischer Sprache erschienen sind, unter Ausserachtlassung der hinlänglich bekannt geworden Nummern 71, 72, 73 und 78 der amerikanischen (linken) Zeitschrift «Telos» (125):

- BOOKBINDER, Paul (geb. 1939), «Roots of Totalitarian Law: The Early Works of Carl Schmitt», *Social Science* (Winfield), 56. Jahrg. Nr.3, 1981, S. 133-145 (126)
- BOHM, Arnd, Rezension der Uebersetzung «Political Romanticism», *Canadian Philosophical Reviews,* 7. Jahrg., August 1987, S. 324-326
- CRISTI, F.R., «Hayek and Schmitt on the Rule of Law», *Canadian Journal of Political Science,* 17. Jahrg. Nr.3, September 1984, S. 521-535
- DRISCHLER, William P., «Carl Schmitt's Philosophy of Law, 1912-1932: Some Introductory Aspects», *Lincoln Law Review,* 13. Jahrg. Nr. 2, 1982, S. 113-120
- GOTTFRIED, Paul (geb. 1941), «Legality, Legitimacy, and Carl Schmitt», *National Review,* 28. August 1987, S. 52-54
- GOTTFRIED, Paul, «Comment: Sartori on Carl Schmitt», *Journal of Theoretical Politics,* 1. Jahrg. Nr. 3, 1989, S. 365-367
- HARTTMANN, Dieter (?-1956), «Political Romanticism. From «Volk» to «Nomos»: Carl Schmitt», *Tulane Law Review,* 30. Jahrg., 1956., S. 581-588
- HERF, Jeffrey (geb. 1947), «Reactionary Modernism. Some Ideological Origins of the Primacy of Politics in the Third Reich», *New German Critique,* 10. Jahrg., November 1981, S. 805-832 (vgl. S. 817)
- HERF, Jeffrey, *Reactionary Modernism. Technology, Culture, and Politics in Weimar and the Third Reich,* Cambridge/New York: Cambridge University Press, (1984) 1986, XII-251 S. (vgl. S. 44-46, 108, 115-121)
- HIGGINSON, Richard: «From Carl Schmitt to Dorothee Solle: Has Political Theology Turned Full Circle?», *The Churchmann,* 97. Jahrg. Nr. 2, 1983, S. 132-140
- HIRST, Paul (geb. 1946), «Socialism, Pluralism, and Law», *International Journal of the Sociology of Law,* 13. Jahrg., 1985, S. 173-190; vgl.

S. 180-182, 186, 189 FN 5
– HIRST, Paul, «Peace and Political Theory», *Economy and Society,* 16. Jahrg. Nr. 2, Mai 1987, S. 204-219 (vgl. S. 206)
– HIRST, Paul, «Carl Schmitt.-Decisionism and Politics», *Economy and Society,* 17. Jahrg. Nr. 2, Mai 1988, S. 272-281
– HOLMES, Stephen, «The Scourge of Liberalism», *The New Republic,* 22. August 1988, S. 31-36
– KLUBACK, William, «The Political Faith of Schmuel Hugo Bergman», *International Problems. Society & Politics,* 28. Jahrg. Nr. 1-2, 1989, S. 38-45
– LEASE, Gary, «Hitler's National Socialism as a Religious Movement», *Journal of the American Academy of Religion,* 45. Jahrg. Nr. 3, September 1977, S. 793-838 (vgl. S. 800-804, 830-831 FN 5)
– LEVY, David J., «The Relevance of Carl Schmitt», *The World and I,* März 1987, S. 619-632
– LEVY, David J., «A Hobbes For Our Times», *The Salisbury Review,* April 1987, S. 60-61
– ORR, John, «German Social Theory and the Hidden Face of Technology», *Archives européennes de sociologie,* 15. Jahrg., 1974, S. 312-336; vgl. S. 312-314, 318
– PALONEN, Kari (geb. 1947), «On the Intelligibility of Oligarchy and Dictatorship», S. 127-144 in Dag ANCKAR und Erkki BERNDTSON (Hrsg.), *Essays on Democratic Theory,* Helsinki: The Finnish Political Science Association, 1984; vgl. S. 136-139 («Schmitt on Sovereign Dictatorship»), 143 (127)
– SARTORI, Giovanni (geb. 1926), «The Essence of the Political in Carl Schmitt», *Journal of Theoretical Politics,* 1. Jahrg. Nr. 1, 1989, S. 63-75
– SARTORI, Giovanni, «Comment: A Response to Paul Gottfried», *Journal of Theoretical Politics,* 1. Jahrg. Nr. 3, 1989, S. 369-370
– SCHWAB, George, «Schmitt Scholarship», *Canadian Journal of Political and Social Theory,* 4. Jahrg. Nr. 2, Frühling-Sommer 1980, S. 149-155
– SLAGSTAD, Rune (geb. 1945), «Liberal Constitutionalism and Its Critics: Carl Schmitt and Max Weber», S. 103-129 in Jon ELSTER (geb. 1940) und R. SLAGSTAD (Hrsg.), *Constitutionalism and Democracy,* Cambridge/New York: Cambridge University Press, 1988, VII-395 S., in der Reihe «Studies in Rationality and Social Change»
– STROUP, John, «Political Theology and Secularization Theory in Germany, 1918-1939: Emanuel Hirsch as a Phenomenen of His Time», *Harvard Theological Review,* 80. Jahrg. Nr. 3, 1987, S. 321-368; vgl. S. 331-338, 357-359 («Appendix D: Carl Schmitt: A Bibliographical Note»)
– TURNER, Stephen and FACTOR, Regis, «Decisionism and Politics: Weber as Constitutional Theorist», S. 334-354, vgl. S. 350-353, 354 FN 8 und 9; LASH, Scott, «Modernity or Modernism?- Weber and Comtemporary Social Theory», S. 355-377 (vgl. S. 375) - beide in S. LASH und Sam WHIMSTER (geb. 1947) (Hrsg.), *Max Weber, Rationality, and Modernity,* London: Allen & Unwin, 1987, XVII-394 S.
– ULMEN, Gary L., «The Sociology of the State: Carl Schmitt and Max

Weber», *State, Culture, and Society,* 1. Jahrg. Nr. 2, Winter 1985, S. 3-57 (128)

*
* *

Der Mitherausgeber des Tagungsbandes Klaus HANSEN rundet seinen einführenden Aufsatz mit einer gescheiten Pointe ab (GT, S. 13-14):

«... Die über Schmitt verhängte Nachkriegsquarantäne scheint gefallen... Heute nimmt man Carl Schmitt über seine Sündenbock-Rolle hinaus wahr. Vorbei scheint auch die Tendenz, Schmitt dadurch zu entpolitisieren, daß man ihn zur Geschmackssache und Herzensangelegenheit verkleinert... – Ueber Geschmack läßt sich nicht streiten, über Carl Schmitt nach wie vor mit Gewinn.»

Es bleibt dabei offen, weswegen die Situation so und nicht anders ist. Aber unbeirrt von dieser Fragestellung hat Bernard WILLMS (geb. 1931) nicht gezögert, die Frage aufzuwerfen, ob und inwiefern C.S. den Ehrentitel eines «Klassikers des politischen Denkens» verdiene (129). Indem Dolf STERNBERGER (1907-1989) diese Frage mittelbar verneinend beantwortete, blieb er sich freilich treu (130). Schade, daß weder WILLMS noch STERNBERGER bei Charles SAINTE-BEUVE (1804-1869) in die Lehre gegangen sind. Denn der französische Schriftsteller hat in seinen «Causeries du Lundi» über des Wesen eines literarischen Klassikers nachgedacht und sich zu einer einleuchtenden Konklusion durchgerungen. Stark vereinfacht lautet sie (131):

«... un vrai classique, comme j'aimerais à l'entendre définir, c'est un auteur qui a enrichi l'esprit humain, qui en a réellement augmenté le trésor, qui lui a fait faire un pas de plus, ...»,

bedarf jedoch einer Präzisierung (132):

«Le classique, ..., a cela, au nombre de ses caractères, d'aimer sa patrie, son temps, de ne voir rien de plus désirable ni de plus beau; il en a le légitime orgueil».

Unbeschadet seiner Orientierung an Literatur und Kunst wirft dieser Klassiker-Begriff Licht auf die von HANSEN in seinem Schlußsatz auf eine einfache Formel gebrachte Wahrheit, die übrigens der Gummersbacher Initiative zu Grunde gelegen haben muß.

*
* *

Anlagen

I. CARL SCHMITT: PROLOG ZUR SPANISCHEN AUSGABE VON «EX CAPTIVITATE SALUS» (übersetzt von Günter MASCHKE)

Es handelt sich um den bislang nicht in deutscher Sprache vorliegenden «Prologo a la edición española», S. 9-12 in: C.S., «Ex captivitate salus. Experiencias de los años 1945-47», Santiago de Compostela: Porto y Cia., 1960, 100 S. Im Lichte der im Gummersbacher Tagungsband zum Ausdruck kommenden Herabsetzung dieses Buches (vgl. FN 38) dürfte der Abdruck an dieser Stelle der von Günter MASCHKE vorgenommenen Uebersetzung nicht fehl am Platze sein. Für die gewährte Abdruckgenehmigung des Prologs sei Herrn Kollege Joseph H. KAISER herzlichst bedankt.

P.T.

Im Frühjahr 1945, als Deutschland besiegt und zerstört war, führten nicht nur die Russen, sondern auch die Amerikaner auf dem von ihnen okkupierten Territorien Internierungen großen Ausmaßes durch und betrieben die soziale Zerstörung ganzer Gruppen der deutschen Bevölkerung. Die Amerikaner nannten ihre Methode *automatischer Arrest.* Das bedeutete für tausende und sogar hunderttausende von Mitgliedern bestimmter sozialer Stände - z.B. aller höheren Funktionäre - daß sie, ohne irgendwelche Rücksichten, ihrer Rechte beraubt und in Konzentrationslagern interniert wurden. Das war die logische Konsequenz der Kriminalisierung eines ganzes Volkes und des auf traurige Weise berühmten Morgenthau-Planes.

Ich habe, kraft des automatischen Arrests, das Jahr 1945-46 in einem dieser Konzentrationslager zugebracht. Im März 1947 wurde ich für zwei Monate in das Gefängnis von Nürnberg verlegt, als Zeuge und *möglicher Angeklagter,* als *possible defendant,* wie sich dieses interessante Institut des amerikanischen Strafprozeßrechtes nannte, das die Festnahme des Zeugen ermöglichte. Weder während des automatischen Arrestes, noch während der Monate im Gefängnis zu Nürnberg, noch später kam es zu irgendeiner formalen Anklage gegen mich. Ebensowenig wurde mir irgendeine strafbare Handlung nachgewiesen. Doch gerade diese Erfahrung der modernen Methoden der Kriminalisierung, dieser konkrete Zusammenstoß mit den Konsequenzen der Theorie des gerechten Krieges mußte einen Kenner und Lehrer der juristischen Wissenschaft im allgemeinen und des Völkerrechts im besonderen tief beeindrucken.

Fast alle hier veröffentlichten Aufsätze wurden während des automatischen Arrestes geschrieben, im Konzentrationslager von Berlin-Lichterfelde/Süd, unter außerordentlich harten Bedingungen im Herbst und Winter 1945-46, und unter striktem Schreibverbot. Dort fand sich aber ein human denkender amerikanischer Arzt, der, aus Mitgefühl, uns die Möglichkeit verschaffte,

Notizen zu machen und uns sogar dabei half, Briefe und Notizen aus dem Lager herauszuschaffen, an der Kontrolle der Autoritäten vorbei. Ihm gebührt das Hauptverdienst an der Realisierung dieses Buches und aus diesem Grunde soll er hier erwähnt werden. Sein Name war CHARLES, er war aus Boston gebürtig; für uns retteten seine Kultur und seine Menschlichkeit die Ehre Nordamerikas. Sein Verstand und sein Herz hatten sich von der Psychose befreit, die von der schrecklichen Kriegspropaganda geschaffen worden war. Es versteht sich, daß die amerikanischen Behörden ihn einer anderen Bestimmung zuführten. Aber er hatte seine providentielle Aufgabe erfüllt. Ich weiß nicht, was aus ihm geworden ist. Gott schütze und segne ihn, wo er auch sein möge.

Den Leser bitte ich, dieses Buch so zu lesen, als stelle es eine Reihe von Briefen dar, die persönlich an ihn gerichtet sind. Nur so rechtfertigt und erklärt sich die Form der Darstellung. Dieses Buch rührt aus einer Situation der Massen her, die charakteristisch ist für die modernen Methoden, Krieg zu führen. Es handelt sich hier weder um romantische oder heroische Gefängnisliteratur, weder um Klagen noch um rhetorische Ergüsse im Stile von Silvio PELLICOs *Miei Prigioni,* noch um lyrisch-subjektive Bekenntnisse wie *Mes Prisons* von Paul VERLAINE, geschweige denn um solche, wie die der *Ballad of Reading Gaol* von Oscar WILDE. Heute beherrscht der Fortschritt der modernen Technik alles. Er hat eine neue Form der Unbarmherzigkeit und Grausamkeit geschaffen, der harten und grausamen Kälte, die sich nicht nur in der modernen Erfindung des Kalten Krieges manifestiert. Denn der Fortschritt ist, vor allem anderen, ein gleichzeitig erfolgender Fortschritt in der Beseitigung des romantischen Subjektivismus, in der Betriebnahme des menschlichen Individuums und in der Kriminalisierung und Automatisierung der Massen. Eine gigantische Maschinerie verschlingt, ohne Unterschiede zu machen, hunderttausende von Menschen. Neben ihr wirkt der alte Leviathan, das große Ungeheuer, fast wie ein Beschützer und das Gefängnis von einst beinahe wie ein Idyll.

Wenn das Opfer einer derartigen Maschinerie in einem Buche zu solchem Thema spricht, dann ist es weniger wichtiger, daß es sagt, was es *fühlt*; wichtig ist vor allem, daß es sagt, was es unter dem Zwang dieser Situation *denkt*. Alle Würde des Menschen faßt sich in seinem Denken zusammen. Die Situation des Zwangs, der Vergewaltigung, geschaffen von der Automatisierung, ist derartig heftig, daß jeder impressionistische Aphorismus bedeutungslos anmutet. Aber auch jede Systematik versagt und erschöpft sich, weil sie anderen Situationen entstammt. Ich wünschte, daß dieses Buch als eine gut überlegte Information über authentische Einsichten gelesen werde, Einsichten, die in einer neuartigen Situation entstanden. Ein bedeutender Kritiker nannte es das moderne *De Consolatione*. Das ist ein großes Lob, aber wir dürfen nicht vergessen, daß hier der Trost seinen Weg nur mittels der Reflexion und der Meditation gefunden hat.

Casalonga, Santiage de Compostela
Sommer 1958

II. BEMERKUNGEN ZUM VERHÖHR CARL SCHMITTS DURCH OSSIP K. FLECHTHEIM (von einem deutschen Juristen)

Ueber die oben (vgl. IV.6.Punkt C und dazu FN 87) erwähnte Vernehmung von C.S. durch FLECHTHEIM existieren mehrere Versionen. Es kann heute nicht mehr festgestellt werden, welche Version zutrifft, vor allem, ob FLECHTHEIMs Bericht, 36 Jahre später geschrieben, die Tatsachen objektiv richtig wiedergibt. Die gleichsam innere Glaubwürdigkeit seines Berichts untersucht hierunter ein deutscher Jurist, der mich gebeten hat, wegen des spekulativen Charakters seiner Ueberlegungen von einer Namensnennung abzusehen.

P.T.

I. Allgemeines

Ueber das Verhör existieren, soweit mir bekannt, drei Versionen.

1. Version Niekisch
In den Erinnerungen von Ernst NIEKISCH, *Gewagtes Leben,* Köln/Berlin: Verlag Kiepenheuer & Witsch, 1958, S. 244-45, heißt es:

«Nach dem Zusammenbruch 1945 kam Schmitt bei den Amerikanern in die sog. automatische Haft. 1946 gelangte Schmitt auf freien Fuß, wurde aber 1947 neuerdings verhaftet, nach Nürnberg gebracht und in ein Verfahren einbezogen. [Diese Angaben sind, obgleich sehr allgemein gehalten, korrekt.] Der amerikanische Untersuchungsrichter, ein jüdischer Emigrant Flechtheim, habe, so erzählte mir dessen juristischer Gehilfe, Schmitt vernommen. Schmitt habe gefragt, ob Flechtheim unter ähnlich gearteten Umständen auch Rousseau, den Theoretiker der Französischen Revolution, verhaftet hätte. Diese Frage gefiel Flechtheim so ausnehmend gut, daß er Schmitt aus der Haft entließ. Ob der milden Haft, die er bei den Amerikanern erlitt, beweinte sich Schmitt in seiner Schrift Ex Captivitate Salus als bejammerungswürdigen Hiob.»

Wie «milde» die Haft in amerikanischen Internierungslagern war, konnte N. nicht beurteilen. Eigenheiten und Einzelheiten der Internierungslager kann man z.B. bei Ernst VON SALOMON, *Der Fragebogen,* Hamburg: Rowohlt Verlag, 1951, S. 541-806, nachlesen. Die Charakterisierung des Autors von «Ex Captivitate Salus» spricht nicht für die Urteilsfähigkeit NIEKISCHs.

2. Version Ossip K. Flechtheim
FLECHTHEIM hat zu der oben mitgeteilten Stelle von NIEKISCH in ei-

nem Brief an Klaus C. Dietrich WIELAND vom 24.2.1983 bemerkt: «Der Text von Niekisch ist total falsch» *(1999, Zeitschrift für Sozialgeschichte des 20. u. 21. Jahrhunderts,* 2. Jg. Heft 1, Januar 1987, S. 96 ff., 108 FN 12).
FLECHTHEIM selbst hat sein Verhör am 27.03.1947 in dem Brief an WIELAND 1983 so dargestellt (Wieland, a. a. O., S. 108-109):

«Ich habe als Attorney im Stab des amerikanischen Anklägers für Kriegsverbrechen, Telford Taylor, in Berlin Schmitt vernommen. Er befand sich damals in einem Internierungslager. Ich ließ ihn vorführen, obwohl ich wußte, daß nichts gegen ihn unternommen werden würde. (...) Wir stellten ihm einige Fragen und baten ihn, uns seinen Lebenslauf vorzutragen. Er tat das mit sichtlicher Freude und sehr eindrucksvoll. Natürlich suchte er seine Beteiligung an dem Mordregime zu verhüllen. So behauptete er, er sei immer ein gläubiger Katholik gewesen und die Dinge dieser Welt hätten nie eine große Rolle für ihn gespielt. Nach Rousseau habe ich ihn wohl kaum gefragt. Er selber bezog sich aber auf Hobbes, der sich ja auch jedem Regime zur Verfügung gestellt hätte. Er erklärte auch, daß er überrascht war, daß die Russen ihn nicht sofort als Berater herangezogen hätten! Als ich ihm vorhielt, daß ich 1933 in Köln bei ihm über Donoso Cortés promovieren wollte und er zunächst sehr positiv reagiert hatte, mir dann aber einen Brief schrieb, der ungefähr lautete: «Sehr geehrter Herr! Das von Ihnen vorgeschlagene Thema kann nur unter Bedingungen bearbeitet werden, von denen ich annehmen muß, daß sie bei Ihnen nicht vorliegen. Hochachtungsvoll...» (das konnte sich nur auf meine sogenannte rassische Abkunft beziehen), wollte er von diesem Brief nichts mehr wissen. Entweder hat er ihn wirklich vergessen oder besser, verdrängt, oder er schwindelte (...). Zum Schluß bat er mich noch um einen Gefallen: Wir möchten ihn doch aus dem Lager mit den schrecklichen SS-Leuten befreien, mit denen er doch nie in seinem Leben etwas zu tun gehabt hätte! Ich sagte ihm, daß wir dieser Bitte wohl kaum entsprechen würden.»

3. Version der Staatsrechtslehrer
Ich bezeichne die Version so, weil mir ein älterer Staatsrechtslehrer, der C.S. in Nürnberg begegnete, über die Vernehmung C.S.s durch FLECHTHEIM so berichtete:

FLECHTHEIM hielt C.S. vor, er habe ihn nicht als Doktoranden angenommen, weil er Jude gewesen sei. C.S. konnte sich nicht erinnern, fragte FLECHTHEIM aber, worüber er denn bei ihm habe promovieren wollen. FLECHTHEIM habe geantwortet: «Ueber Donoso Cortés». Daraufhin C.S.: «Sind Sie katholisch?» FLECHTHEIM: «Nein». C.S.: «Können sie spanisch?» FLECHTHEIM: «Nein». C.S.: «Dann würde ich Sie auch heute nicht als Doktoranden annehmen».

Diese Version des Verhörs habe ich häufiger gehört, so wird sie offenbar unter Staatsrechtslehrern erzählt. Sie beruht vermutlich auf einem Bericht C.S.s.

Die drei Versionen schließen sich entweder ganz oder in Teilen gegenseitig aus. Welche Version richtig ist, ließe sich mit Sicherheit nur feststellen, wenn über die Vernehmung ein Wortprotokoll vorläge, dessen Richtigkeit C.S. durch seine Unterschrift bestätigt hätte. Dergleichen existiert offenbar nicht. Wer FLECHTHEIM *per se* für glaubwürdiger hält als C.S. (oder umgekehrt), läßt Sympathie und Antipathie walten. Das aber ist, wie man weiß, ein brüchiges Fundament für die Feststellung von Tatsachen. In einem solchen Fall kann nur mit Wahrscheinlichkeiten gearbeitet werden, die sich aus der Logik der Situation ergeben. In diesem Sinne sind die nachfolgenden Ueberlegungen zu verstehen.

II. Zur Glaubwürdigkeit der verschiedenen Versionen

1. Version Niekisch
NIEKISCH beruft sich auf den juristischen Gehilfen von FLECHTHEIM, nennt aber nicht dessen Namen. Ob NIEKISCH FLECHTHEIM mit KEMPNER verwechselte, wie WIELAND vermutet, weil in den Kempner-Protokollen einmal kurz von ROUSSEAU die Rede ist, ist nicht sicher. Die Version Niekisch kann nicht mehr nachgeprüft werden, es sei denn, der «juristische Gehilfe» FLECHTHEIMs lebte noch und könnte sich äußern.

2. Version Flechtheim
Zwei Punkte erscheinen mir der Ueberprüfung und der Ueberlegung wert. Nach FLECHTHEIM habe C.S. erklärt, er sei überrascht gewesen, daß die Russen ihn nicht sofort als Berater herangezogen hätten! Das erscheint mir wenig wahrscheinlich. Nach der wohl zutreffenden Darstellung von WIELAND war C.S. 1945 (Mai?) in Berlin von sowjetischen Truppen vorübergehend festgenommen und einige Stunden verhört worden. Daß man ihn danach wieder freiließ, muß angesichts der bekannten Verhaftungspraktiken der Sowjets darauf beruhen, daß sie nicht wußten, wer dieser Professor C.S. war. Hätten sie C.S.s Veröffentlichungen nach 1933 gekannt, würden sie ihn mit Sicherheit ebenso inhaftiert und z.B. in das Internierungslager Buchenwald (vorher KZ Buchenwald) eingeliefert haben, wie das mit den Reichsgerichtsräten geschehen ist, deren sie in Leipzig habhaft wurden. Schließlich haben sie auch den Schauspieler Heinrich GEORGE in Buchenwald eingesperrt und dort sterben lassen (von den in Mühlberg und Buchenwald inhaftierten Mitgliedern des Reichsgerichts sind 34, d. h. fast alle, im Lager zugrundegegangen, s. Fritz HARTUNG, *Jurist unter vier Reichen,* Köln: Carl Heymanns Verlag, 1971, S. 146). Daß C.S. sich den Russen als Berater angeboten haben soll, ist kaum glaubhaft. C.S. mußte doch damit rechnen, daß andere Deutsche die Russen über seine Tätigkeit im Dritten Reich unterrichten würden, sobald sie C.S. als «Berater der Russen» ansichtig würden. Was ihm dann geblüht hätte, konnte er sich an fünf Fingern abzählen.

Selbst wenn er so naiv gewesen sein sollte, seine Dienste (welche denn und wozu?) den Russen anzubieten, so ist es unwahrscheinlich, daß er ausgerechnet FLECHTHEIM, der ihm bei den Amerikanern als jüdischer Emigrant und «Attorney im Stab des amerikanischen Anklägers für Kriegsverbrechen» gegenübertrat, diese peinliche Angelegenheit erzählt hätte. Im März 1947 sollte er von allen etwaigen Illusionen geheilt gewesen sein. FLECHTHEIMs Gedächtnis kann die angebliche Aussage C.S.s nach 36 Jahren hervorgebracht haben, um beweisen zu können, daß C.S. jedem Regime zu Diensten war oder doch zu Diensten sein wollte. Wer sich mit Zeugenaussagen nach so langer Zeit auskennt, weiß, daß der Zeuge auch bei objektiv falschen Aussagen subjektiv fest von der Wahrheit seines Berichtes überzeugt ist.
FLECHTHEIM berichtet ebenfalls, er habe Schmitt vorgehalten, daß er 1933 in Köln bei ihm über DONOSO CORTES promovieren wollte. Er schreibt weiterhin von einem Brief C.S.s, dessen entscheidender Satz gelautet habe soll: «Das von Ihnen vorgeschlagene Thema kann nur unter Bedingungen bearbeitet werden, von denen ich annehmen muß, daß sie bei Ihnen nicht vorliegen.» Betrachtet man nur diesen einen Satz, so kann der Text sowohl die Version Flechtheim (Ablehnung wegen Antisemitismus) wie auch die Version Staatsrechtslehrer stützen (Ablehnung, weil nicht katholisch und nicht des Spanischen mächtig).

Zunächst wäre zu fragen, ob denn FLECHTHEIM wirklich 1933 in Köln zu C.S. gegangen ist, um bei ihm über DONOSO CORTES zu promovieren; C.S. hat sich daran nicht und auch nicht an seinen angeblichen Brief an FLECHTHEIM erinnern können. Nach den Angaben im Emigranten-Lexikon *(International Biographical Dictionary of Central European Emigrés 1933-1945,* Vol. II, München/New York/ London/ Paris, 1983, S. 303) studierte FLECHTHEIM 1927-1931 Rechtswissenschaft an den Universitäten Freiburg, Paris, Heidelberg, Berlin und Köln. 1931 bestand er sein Referendarexamen (FLECHTHEIM ist am 5. Mai 1909 geboren). Nach dem Universitäts-Schriftenverzeichnis absolvierte er am 9. Februar 1935 in Köln das Rigorosum, seine Doktorarbeit lautete: *Hegels Strafrechtstheorie,* veröffentl. komplett wie als Teildruck bei Rohrer 1936 (Rom, Prag, Leipzig, Wien), vgl. *Verzeichnis der Universitätsschriften,* S. 427. Daraus ergibt sich: Die Angabe, er habe 1934 den Dr. iur. an der Universität Köln erworben, ist nicht ganz korrekt, aber vielleicht soll diese Jahresangabe übereinstimmen mit der Angabe, er sei 1935 zeitweise verhaftet worden und dann nach Belgien emigriert (Emigranten-Lexikon). FLECHTHEIM hat seine Doktorarbeit 1975 bei Duncker & Humblot erneut erscheinen lassen (Schriften zur Rechtstheorie, Heft 42: *Hegels Strafrechtstheorie*). In seinem Nachwort berichtet er von der Publikation «in erweiterter Fassung 1936 in dem altrenommierten Verlag Rudolf M. Rohrer in Brünn» und davon, er habe damals manches «Subversive» nur andeuten können (118). Die Doktorwürde sei ihm nach seiner Ausbürgerung 1938 entzogen und erst nach 1945 wieder zurückgegeben worden. Seinen Doktorvater und Referenten COENDERS und den Korreferenten BOHNE erwähnt er nicht.

Auf jeden Fall muß man sich fragen: Wenn FLECHTHEIM 1931 sein Referendarexamen gemacht hat, weshalb hat er dann bis 1933 gewartet, um sich einen Doktorvater zu suchen? Mögliche Antwort: Nach dem Verbot legaler politischer Arbeit der Linken und Entlassung aus dem Vorbereitungsdienst hatte er für eine wissenschaftliche Arbeit Zeit.

Fernerhin: Warum mußte es denn 1933 ausgerechnet der im Sommersemester erstmals an der Universität Köln lehrende C.S. sein, der die Rolle des Doktorvaters für Ossip K. FLECHTHEIM übernehmen sollte? FLECHTHEIM war von 1928-1932 Mitglied der KPD, er verließ diese Partei wegen «Stalinismus». 1933 wurde er als Jude aus dem Referendardienst entfernt und Mitglied der illegalen Linksgruppe «Neu Beginnen» unter Walter LOEWENHEIM (Emigranten-Lexikon). Paßt dazu ein Doktorvater C.S.? Sollte dem politisch aktiven FLECHTHEIM entgangen sein, daß C.S. seit Jahren als «rechtsstehend» angesehen wurde? Wieso wollte der Kommunist bzw. Linksaußen-Sozialist FLECHTHEIM ausgerechnet über DONOSO CORTES promovieren? Aus den Veröffentlichungen C.S.s war seine positive Einstellung zu DONOSO CORTES deutlich zu erkennen. Es klingt nicht gerade überzeugend, daß ein linksextremer Referendar über einen extremen Reaktionär und Katholiken bei einem Professor promovieren will, der für diesen Reaktionär offenkundige Sympathien zeigte. HEGEL lag dem Marxisten FLECHTHEIM doch wohl sehr viel näher! Jedenfalls klingt das Promotionsprojekt Donoso Cortés aus dem Munde von FLECHTHEIM nicht sehr überzeugend.

Für FLECHTHEIM war die Zurückweisung durch C.S. diejenige Handlung C.S.s, die er ihm offenbar in der Vernehmung im März 1947 am meisten vorwarf. Geschah diese Zurückweisung ausschließlich aus antisemitischen Gründen, so ist sein Zorn verstehbar. Dann ist es aber eigentlich kaum nachzuvollziehen, daß FLECHTHEIM seine Dissertation über HEGELs Strafrechtstheorie mit einer Anrufung C.S.s als eines großen Meisters beginnt:

«I. Einleitung. Die Forderung von Schmitt-Dorotic [FN 1: Politische Romantik (1919), S. 47], die Darstellung jeder wichtigen Situation der modernen Geistesgeschichte müßte mit Descartes beginnen, trifft auch für die Behandlung von Hegels Strafrechtstheorie zu. Deren wahre Bedeutung enthüllt sich erst dann, wenn man sie aus der Problemstellung der klassischen Idealphilosophie heraus zu verstehen sucht. Schmitt-Dorotic selbst weist auf die interessante Gegenbewegung hin, die seit dem Planetensystem des Kopernikus und dem Cogito ergo sum des Descartes Naturwissenschaft und Philosophie vollziehen: Während das naturwissenschaftliche Denken aufhört, geozentrisch zu sein, wird das philosophische Denken egozentrisch...» (S. 7).

Vom Thema her wäre diese Bezugnahme nicht nötig gewesen. C.S. war auch seit dem Wintersemester 1933/34 an der Universität Berlin, nicht mehr in Köln. Welchen Anlaß hatte FLECHTHEIM, C.S. so zu preisen? Oder sollte das Zitieren der ersten Auflage mit dem Namen «Schmitt-Dorotic» statt des Zitierens der zweiten Auflage 1925 mit dem Namen «Schmitt» als subversiver Akt gewertet werden? Das ist bei dieser positiven Bezugnahme nicht anzunehmen. Jedenfalls spricht der Anfang seiner Dissertation ebenfalls gegen seine Behauptung, er sei von C.S. 1933 aus antisemitischen Gründen zurückgewiesen worden.

FLECHTHEIM stellt sich in seiner Darstellung der Vernehmung als überlegen und «im Recht» dar, während C.S. dummes Zeug erzählt (Angebot, die Russen zu beraten) oder Ausflüchte macht. Das Vernehmungsprotokoll KEMPNERs zeigt jedoch, daß C.S. keineswegs bei solcher Gelegenheit der Unterlegene gewesen ist, selbst wenn man berücksichtigt, daß sich KEMPNER in Sachen C.S. bemerkenswert schlecht informiert zeigte, auch manche seiner Fragen und Unterstellungen wirklich töricht waren.

3. Die Version der Staatsrechtslehrer

Wie glaubhaft ist dieser Bericht? Handelt es sich nur um eine Anekdote? Es ist nicht ausgeschlossen, daß irgendein Doktorvater einen Doktoranden über einen spanischen Diplomaten und theologischen Politiker des 19. Jahrhunderts promovieren läßt, wenn dieser Doktorand weder in Sprache und Geschichte Spaniens zu Hause ist, noch einen Zugang zum spanischen Katholizismus der ersten Hälfte des 19. Jahrhunderts besitzt. Professoren mit durchschnittlichen Niveau-Ansprüchen wird das aber auch heute nicht einfallen. DONOSO CORTES ist einer der schwierigsten Fälle der europäischen Geistesgeschichte der ersten Hälfte des 19. Jahrhunderts. Vorarbeiten fehlten damals ganz. Welche Anforderungen die Befassung mit DONOSO CORTES stellt, wird anhand der gerade erschienenen kommentierten Uebersetzung durch Günter MASCHKE deutlich (Juan DONOSO CORTES, *Essay über den Katholizismus, den Liberalismus und den Sozialismus usw.*, Weinheim 1989).
C.S. war als Doktorvater nicht nur durchschnittlich anspruchsvoll - im Hinblick auf DONOSO CORTES schon gar nicht. Weshalb hätte er 1933 auf die «jüdische Abstammung» FLECHTHEIMs zurückgreifen sollen, wenn doch sachliche Gründe auf der Hand, zumindest sehr viel näher lagen? Insofern erscheint mir die (anekdotisch verdichtete) Version der Staatsrechtslehrer plausibel zu sein.

III. Ergebnis

Der einzige noch lebende Zeuge des Gesprächs zwischen Ossip Kurt FLECHTHEIM und C.S. ist FLECHTHEIM selbst. Da FLECHTHEIM sicher nicht *per se* glaubwürdiger ist als C.S., muß die Feststellung dessen, was damals wirklich gesprochen worden ist, auf Umstände zurückgreifen, die die eine oder andere Version als wahrscheinlich erscheinen lassen. Mir scheint aus den oben angeführten Gründen die Version Flechtheims mehr seinen Vorstellungen von C.S. zu entsprechen als dem tatsächlichen Geschehen. Sicher feststellen läßt sich das aber nicht. Auf jeden Fall ist es der seriösen historischen Forschung nicht möglich, die Version Flechtheims als feststehende Tatsache zugrunde zu legen.

III. PIET TOMMISSEN: ERGÄNZUNGEN MEINES ERSTEN BIOGRAPHISCHEN BEITRAGS (1988)

Am Schluß meines Speyerer Beitrags versprach ich, Ergänzungen «gelegentlich andernorts zu veröffentlichen» (133). Ich erlaube mir, sie jetzt mitzuteilen. Im Gegensatz zu den kärglichen bibliographischen Informationen im Tagungsband werden die Hinweise diesmal - wie oben - vollständig erfasst, aber im Text, um keine komplizierte Numerierung der Fußnoten ins Auge fassen zu müssen. Der Leserlichkeit wegen und einem Vorschlag des Kollegen H. QUARITSCH entsprechend fasse ich die Ergänzungen (und die etwaigen Berichtigungen) thematisch zusammen. Der Titel des Tagungsbandes (vgl. FN 7) wird CO (= Complexio oppositorum) abgekürzt.

1. Biographische Ergänzungen

Ueber einige im Text erwähnte Personen war ich in Speyer nicht oder ungenügend informiert, aber es ist mir gelungen, diese Lücken weitgehend zu schließen, dank dem guten Willen mehrerer Auskunfsstellen und einiger Freunde:

a) CO, S. 75 FN 15: Karl BUSEMANN (1894-1966), der Verfasser des Briefes, war seit 1929 Wirtschaftsjournalist der «Frankfurter Zeitung», die ihn 1935 als ihren Wirtschafts- und Finanzkorrespondenten nach Paris schickte. Nach dem zweiten Weltkrieg gründete er «Die neue Stadt», eine Zeitschrift für Wiederaufbau und Raumordnung (1946-49), und leitete dann 1950-59 die Wirtschaftsredaktion der «Frankfurter Neuen Presse» (133). Er soll irrtümlicherweise zum Kern des Kreises um die katholische «Rhein-Mainische Volkszeitung» gezählt worden sein; vgl. Bruno LOWITSCH, *Der Kreis um die Rhein-Mainische Volkszeitung,* Wiesbaden: Steiner + Frankfurt a.M.: Knecht, 1980, IX-143 S. (dort S. 30);
b) CO, S. 83 FN 43: Der Historiker Paul JOACHIMSEN (1867-1930) lehrte ab 1911 in München; sein Arbeitsgebiet erstreckte sich auf den gesamten Bereich der Neuzeit. Vgl. den Nekrolog von Albert REHM, «Paul Joachimsen», *Bayerische Blätter für den Gymnasialschulwesen,* 66. Jahrg., 1930, S. 161-169 (134);
c) CO, S. 89: Nach einem recht bewegten Leben (so war er 1913-14 Direktor einer Erdölgesellschaft in Moskau und 1916-18 Dolmetscher-Offizier an der Ostfront) wurde Dr. phil. Walter CROLL (1885-1946) Redakteur und später sogar Leiter der Berliner Redaktion der «Kölnischer Volkszeitung» (1925-33) (135). Im zweiten Weltkrieg verfasste er zeitgemässe Schriften, u.a. *Bankerott der englischen Wirtschaftpolitik,* Berlin: Junker und Dünnhaupt, 1940, 54 S., Nr. 31 in der Reihe «Schriften des Deutschen Instituts für ausländische Forschung», und: *Außenhandel im Kriege,* Leip-

zig: Glockner, 1940, 99 S.;
d) CO, S. 95: Wilhelm HAMACHER (1883-1951) war damals Oberstudiendirektor und Reichsrat. Nach 1945 war er Bürgermeister seiner Heimatgemeinde Troisdorf (bei Köln), Bundestagsabgeordneter, Kultusminister des Landes Nordrhein-Westfalen; vgl. den Nachruf in: *Rheinischer Merkur,* 6. Jahrg. Nr. 33, 10. August 1951, S. 2;
e) CO, S. 96: Bei dem «noch nicht identifizierten Herrn EPPERT» handelt es sich um den damaligen Dekan der Bonner Juristischen Fakultät.

2. Sachliche Ergänzungen

Zu einzelnen Punkten ist Folgendes nachzutragen:

a) CO, S. 75: Der gemeinte Zeitzeuge war der Dichter Henri ADRIAN (1885-1969), dem Julien FREUND (geb. 1921) einen schönen Artikel gewidmet hat: «Henri Adrian, poète intimiste», *Revue alsacienne de littérature,* Nr. 19-20, 1987, S. 113-117. Die Literatenvereinigung, die sich «Der Stürmer» nannte und zu der auch Otto FLAKE (1880-1963) gehörte, soll Publikationsmöglichkeiten gehabt haben in der 1898 vom Maler Charles SPINDLER (1865-1938) gegründeten und damals vom Arzt Pierre BUCHER (1869-1921) geleiteten «Illustrierten Elsässischen Rundschau»; vgl. dazu Fritz KIENER (1874-1942), «Werner Wittich und das Elsass», *Schweizer Monatshefte,* 17. Jahrg. Nr. 7, Oktober 1937, S. 1-7. Es ist zu beachten, daß C.S. mit dem Nationalökonomen und Historiker Werner WITTICH (1867-1937) und dem Historiker Fritz KIENER (über ihn Ch.-Edmond PERRIN, «Fritz Kiener», S. 99-117 in: Jacques ROOS und G. MANGAIN, *Mémorial des années 1939-1945. La vie de la Faculté des Lettres de 1939 à 1945,* Paris: Les Belles Lettres, 1947, 254 S., Nr. 103 in der Reihe 'Publications de la Faculté des Lettres de l'Université de Strasbourg') befreundet war und korrespondierte (136);
b) CO, S. 75 FN 15: C.S. zitierte die Dissertation seines Neffen in seinem Buch über die Diktatur, S. 178 FN 1;
c) CO, S. 76 FN 18: Die Begebenheit, die C.S. den Frontdienst ersparte, wird auch erwähnt in dem Aufsatz: «Carl Schmitt. Ein Lehrer der Politik und des revolutionären Staatsrechts», *Münchner Neueste Nachrichten,* Nr. 201 vom 24. Juli 1933; m.E. ist außerdem eine spätere Aeusserung C.S.s zu beachten: vgl. E. KENNEDY, *art. cit. (infra* Punkt k), S. 151 FN 25;
d) CO, S. 77: Die Probevorlesung fand am 16. Febuar 1916 statt und liegt gedruckt vor (mit bibliographischen Ergänzungen): «Die Einwirkungen des Kriegszustandes auf das ordentliche strafprozessuale Verfahren», *Zeitschrift für die gesamte Strafrechtswissenschaft,* 38. Jahrg., 1916-17, S. 783-797. Als Habilitationsschrift wurde sein Buch aus dem Jahre 1914 angenommen: *Der Wert des Staates und die Bedeutung des Einzelnen,* Hellerau: Hegner, 1917, VII-110 S. (vgl. *Deutsches Bücherverzeichnis 1915-1920,* S. 2479, wo übrigens behauptet wird, «Karl Schmitt» sei das Pseudonym von «Carl Schmitt-Dorotic»). Das Strassburger Vorlesungsverzeichnis des Sommerse-

mesters 1916 führt C.S. als Privatdozent für Strafprozessrecht auf, allerdings mit dem einschränkenden Vermerk «zum Kriegsdienste eingezogen» (137);
e) CO, S. 77 FN 20: Daß C.S.s Freundschaft mit Max STEFL (1888-1973) lange gewährt hat, geht aus dem Umstand hervor, daß dieser ihn noch im Dezember 1942 durch Wilhelm STAPEL (1882-1954), dem Herausgeber des «Deutschen Volkstums», Grüße bestellen ließ (Brief von STAPEL an C.S. vom 16. Dezember 1942);
f) CO, S. 78: Es muß hinzugefügt werden, daß C.S. im Dozentenseminar WEBERs die MACHIAVELLI betreffenden Abschnitte seines Diktaturbuches vorgetragen hat;
g) CO, S. 81: In Greifswald entstand das Buch über die Politische Theologie (vgl. FN 31). Der Bonner Lehrauftrag ging «auf das gesamte Gebiet des öffentlichen Rechts, also auf Staatsrecht, Verwaltungsrecht, Kirchenrecht und Völkerrecht»;
h) CO, S. 83: Die Verhandlungen mit der Handels-Hochschule Berlin begannen im Februar 1927 und wurden letzten Endes vom Minister für Handel und Gewerbe entschieden;
i) CO, S. 85: Ueber die Lage in Wien wurde C.S. von dem Nationalökonomen Hans MAYER (1879-1955) auf dem Laufenden gehalten;
j) CO, S. 86: Den erbetenen Festvortrag hat C.S. tatsächlich gehalten, wie sich ergibt aus einem Hinweis in seinem Buch: *Positionen und Begriffe im Kampf mit Weimer - Genf - Versailles, 1923-1939,* Berlin: Duncker & Humblot, (1940) ^{2}1988, 211 S. (dort S. 316);
k) CO, S. 88: Ueber die Entstehungsgeschichte der Dissertation der K. MURRAY, vgl. R. NAGEL, *art. cit.* (FN 76). Für Kurzinformationen über diese Doktorandin, vgl. Ellen KENNEDY, «Carl Schmitt und Hugo Ball: Ein Beitrag zum Thema «Politischer Expressionismus», *Zeitschrift für Politik,* 35. Jahrg. Nr. 2, 1988, S. 143-162; dort S. 151-152 FN 26;
l) CO, S. 91: Angesichts der Tatsache, daß Frau SCHMITT im April 1947 eine Rheinreise gemacht hat, ist es vielleicht richtiger und jedenfalls vorsichtiger, das NEUSS-Gutachten als ein «möglicherweise» unaufgefordert zur Verfügung gestelltes Dokument zu betrachten;
m) CO, S. 96: Die Universitätsarchive von Göttingen und Halle besitzen allerdings keine derartigen Berufungsvorschläge (138);
n) CO, S. 99: LOEWENSTEINs Buch wird von C.S. noch erwähnt in seiner *Verfassungslehre,* S. 253.

3. Bibliographische Ergänzungen

Ich fasse mich absichtlich kurz und weise nur auf einige Titel hin:

a) CO, S. 78: Ueber ROTHENBÜCHER, vgl. den Nachruf von K. LOEWENSTEIN, «Karl Rothenbücher †», *Die Justiz,* 8. Jahrg. Nr. 2-3, 1933;
b) CO, S. 86 FN 52: Inzwischen ist das Buch von F. GOLCZEWSKI erschienen: *Kölner Universitätslehrer und der Nationalsozialismus. Personengeschichtliche Ansätze,* Köln/Wien: Böhlau, 1988, VIII-481 S., Nr. 8 in der

Reihe 'Studien zur Geschichte der Universität zu Köln' (dort S. 117-118); c) CO, S. 96 FN 74: Interessant ist weiterhin das Buch von SCHEFFER: *Sieben Jahre Sowjetunion,* Leipzig: Bibliographisches Institut, 1930, VII-451 S.; vgl. die Rezension von H.G. in: *Der Ring,* 3. Jahrg. Nr. 36, 7. September 1930, S. 612.

---

(1) K. HANSEN und H. LIETZMANN (Hrsg.), *Carl Schmitt und die Liberalismuskritik,* Opladen: Leske + Budrich, 1988, 195 S. Der Band wird im Text GT (= Gummersbacher Tagungsband) abgekürzt.

(2) R. ERD, «Wer tötet, ist – und Sein ist das Gebot», *Frankfurter Rundschau,* 13. Mai 1987. Dazu eine Erwiderung von K. HANSEN, «Die Kritiker Karl Schmitts», *Frankfurter Rundschau,* Nr. 115 vom 19. Mai 1987, S. 5.

(3) Von drei Referenten erhielt ich allerdings Briefe mit der Bitte um Auskunft, die ich im Rahmen des Möglichen gegeben habe.

(4) Eine eingehende, kritische Besprechung liegt jetzt vor; vgl. Joseph W. BENDERSKY (geb. 1946), «Carl Schmitt as Occasio», *Telos,* Nr. 78, Winter 1988-89, S. 191-208. Nützlich ist ausserdem die Rezension von Kentaro MOTO (Ps. von Andreas RAITHEL), *Zweite Etappe,* Oktober 1988, S. 124-127. Eher deskriptiv angelegt sind hingegen die Besprechungen von G.F.M. (= Gonzalo FERNANDEZ DE LA MORA), *Razon Española,* Nr. 30, Januar-Februar 1989, S. 118-120; von Eike HENNIG (geb. 1943) in einer Sammelrezension «Carl Schmitt – Prophet der 'Unentrinnbarkeit des Politischen'», *Das Parlament*, Nr. 23, 2. Juni 1989, S. 15; und von Peter RÖMER (geb. 1936), *Annotierte Bibliographie für die politische Bildung,* Jahrg. 1989 Nr. 2, S. 42.

(5) A. MOHLER, «Links-Schmittisten, Rechts-Schmittisten und Establishment-Schmittisten. Über das erste Carl-Schmitt-Symposium (Speyer, 1. bis 3. Oktober 1986)», *Criticón,* 16. Jahrg., Nr. 98, Nov.-Dez. 1986, S. 265-267.

(6) H. QUARITSCH, *Positionen und Begriffe Carl Schmitts,* Berlin: Duncker & Humblot, 1989, 119 S.

(7) Vgl. P. TOMMISSEN, «Bausteine zu einer wissenschaftlichen Biographie (Periode: 1888-1933)», S. 76-106 in: H. QUARITSCH (Hrsg.), *Complexio oppositorum. Über Carl Schmitt* (Vorträge und Diskussionsbeiträge des 28. Sonderseminars 1986 der Hochschulde für Verwaltungswissenschaften Speyer), Berlin: Duncker & Humblot, 1988, 610 S., Nr. 102 in der 'Schriftenreihe der Hochschule Speyer'.

(8) Dieser Abschnitt ergänzt den Abschnitt II meines in FN 7 angezeigten Artikels.

(9) Wiedergegeben von Hans-Rainer PICHINOT (geb. 1946), *Die Akademie für Deutsches Recht. Aufbau und Entwicklung einer öffentlich-rechtlichen Körperschaft des Dritten Reichs,* Kieler Juristische Dissertation, 1981, I 182 S. (dort S. 101); schon übernommen von H. QUARITSCH, *op. cit.* (FN 6), S. 57 FN 102. Der persönliche Charakter dieser Stelle im Brief KOELLREUTTERs wird gleichfalls hervorgehoben in der Dissertation von Dennis LeRoy ANDERSON, *The Academy for German Law, 1933-1944,* University of Michigan, 1982, 2 Bände = XII-655 S.; dort S. 366 FN 72.

(10) H. QUARITSCH schreibt: «... Freiwilligenmeldung (vernünftigerweise) bis zum bestandenen Assessorexamen Anfang 1915 gewartet»; vgl. *op. cit.* (FN 6), S. 57.

(11) Oberst z.D. KLEEMANN (Hrsg.), *Geschäftsordnung des stellvertretenden Generalkommandos I. Armeekorps vom 28.1.1918,* München: s.n., 31 S.; dort. S 17.

(12) Ich habe die Unterlagen im Juli 1987 im Münchner Kriegsarchiv studiert und bin Herrn Archivdirektor Dr. G. HEYL sehr dankbar für die gewährte Hilfeleistung.

(13) Dass es sich um ein geschickt an den Mann gebrachtes Machwerk handelte, ergibt sich aus der diesbezüglichen Schilderung der Fakten von Louise WEISS (1893-1983), *Mémoire d'une Européenne. Tome I (1893-1919),* Paris: Fayot, 1968, 316 S.; dort S. 265-268. Über BARBUSSE, vgl. die Tagungsreferate und -Diskusionen im Sonderheft der Zeitschrift *Europe,* 52. Jahrg., September 1974, 241 S.

(14) Über ihn vgl. die Dissertation von Alfred GUTH, *Rudolf Pannwitz. Un Européen, penseur et poète allemand en quête de totalité 1881-1969,* Paris: Klincksieck, 1973, 799 S. und Bilderanhang. C.S. traf PANNWITZ im August 1925 in Dubrovnik.

(15) P. ZUDEICK, *Der Hintern des Teufels. Ernst Bloch, Leben und Werk,* Baden-Baden: Elster Verlag, 1985, 375 S.; dort S. 68-70 und 72-73.
(16) C.S. «Recht und Macht», und E. BLOCH, «Der Alexanderzug», *Summa,* Nr. 1, 1917, S. 37-52 und 137-144.
(17) G. MASCHKE, *op. cit.* (FN 7), S. 103.
(17a) P. TOMMISSEN, *art. cit.* (FN 7), S. 83.
(18) Ich setze als bekannt voraus, dass BLOCH sich, gelinde gesagt, negativ über C.S. geäussert hat in seinem Buch: *Naturrecht und menschliche Würde,* Frankfurt a.M.: Suhrkamp, (1961) 1972, 367 S., Nr. 49 in der Reihe 'Suhrkamp Taschenbuch'; dort S. 62, 171, 208, 307 und vor allem 172-174. Demgegenüber hat C.S. die BLOCH-Schrift: *Avicenna und die aristotelische Linke* (Düsseldorf/München: Progress Verlag, 1952, 47 S.) sorgfältig gelesen und am Schluss handschriftlich konkludiert: «Avicenna verdiente das Grossverdienstkreuz». – Dem Verleger Günther NESKE verdanken wir das hübsche Selbstbekenntnis BLOCHs: «Heidegger ist auf Hitler hereingefallen und ich auf Stalin» («Nachwort des Mitherausgebers Günther Neske», S. 281-284 in: G. NESKE und Emil KETTERING (geb. 1957), *Antwort. Martin Heidegger im Gespräch,* Pfullingen: Neske, 1988, 289 S.; dort S. 281). Man kann nur bedauern, dass er C.S. gegenüber nicht ebenso grosszügig verfahren ist.
(19) a) Diese Kopie befindet sich im Nachlass C.S.s im Hauptstaatsarchiv Düsseldorf: RW 265 K 59.
b) Später amtierte ROTH noch als Generalstaatsanwalt.
c) Der im offenen Brief erwähnte Otto THOMAS war Herausgeber des Münchner kommunistischen Tageblattes «Neue Zeitung. Organ für das arbeitende Volk», das nach seiner zeitweiligen Absetzung wegen nationalistischer Abweichungen am 1. Juli 1922 in «Neue Zeitung. Organ der KPD (Sektion der Komintern)» umbenannt wurde. Über diese Episode, vgl. Louis DUPEUX, *Stratégie communiste et dynamique conservatrice. Essai sur les différents sens de l'expression 'National-bolchévisme' en Allemagne, sous la République de Weimar (1919-1933),* Paris: Champion, 1976, II-IX-627 S. (dazu die lobende Besprechung von A. MOHLER, «Ein französisches Standardwerk zur 'Konservativen Revolution' in Deutschland», *Das Historisch-Politische Buch,* 27. Jahrg. Nr. 5, 1979, S. 129-130); dort S. 184-191 («2. L'affaire Thomas-Graf: nationalisme dans le communisme»).
(20) MÜNCH meinte das gedruckte Gutachten von C.S.: *Unabhängigkeit der Richter, Gleichheit vor dem Gesetze und Gewährleistung des Privateigentums nach der Weimarer Verfassung. – Ein Rechtsgutachten zu den Gesetzentwürfen über die Vermögensauseindersetzung mit den früher regierenden Fürstenhäusern,* Berlin/Leipzig: Walter de Gruyter, 1926, 27 S. Vgl. dazu die noch zwei andere Veröffentlichungen zum Thema berücksichtigende Rezension von W. SCHELCHER in: *Fischers Zeitschrift für Verwaltungsrecht,* 59. Jahrg. Nr. 4-6, 1926, S. 266-270. – Zum gleichen Thema gibt es noch einen älteren Zeitungsartikel von C.S., «Die Auseinandersetzung zwischen dem Hause Wittelsbach und dem Freistaat Bayern», *Kölnische Volkszeitung,* 63. Jahrg. Nr. 436, 6. Juni 1922, S. 1.
(21) P. TOMMISSEN, *Over en in zake Carl Schmitt,* Brüssel: EHSAL, 1975, 174 S., Nr. 21-22-23 in der Reihe 'Eclectica'; dort S. 106 (Aussage von C.S.: «Jetzt begann die Mitarbeit – am Samstag, dem 1. April 1933»).
(22) Die in diesem Abschnitt verwerteten Unterlagen befinden sich im Stadtarchiv Reutlingen: 'Friedlich List-Gesellschaft Bü 12'. Ich danke Herrn Stadtarchivoberrat Dr. GEHEIMHARDT für die Überlassung von Photokopien und für die Abdruckerlaubnis (Brief vom 24. Juni 1987).
(23) Vgl. aber bereits Lutz-Arwed BENTIN (1940-1986), *Johannes Popitz und Carl Schmitt. Zur wirtschaftlichen Theorie des totalen Staates,* München: Beck, 1972, X-186 S., Nr. 19 in der Reihe 'Münchener Studien zur Politik'; dort S. 85 FN 40. Der Titel dieses Buches ist beanstandet worden, u.a. von Gerhard SCHULZ (geb. 1924), «Über Johannes Popitz (1884-1945)», *Der Staat,* 24. Jahrg. Nr. 4, 1985, S. 485-511; dort S. 485 FN 1.
(24) Vgl. Hermann BRÜGELMANN, *Politische Oekonomie in kritischen Jahren. Die Friedrich-List-Gesellschaft e.V. von 1925-1935,* Tübingen: Mohr, 1956, XIX-192 S.; dort

S. 120-131 («Der Nationalsozialismus»): Meine Ausführungen passen selbstverständlich in diesen breiteren Rahmen hinein.

(25) B. HARMS gründete 1914 in Kiel das Königliche Institut für Seeverkehr und Weltwirtschaft, das er bis 1933 leitete und das seit 1934 als Institut für Weltwirtschaft firmiert (vgl. den anonymen Artikel: «75 Jahre Institut für Weltwirtschaft in Kiel», *Frankfurter Allgemeine Zeitung,* Nr. 42 vom 18. Februar 1989, S. 14).

(26) Fr. SAEMISCH stand 1922-38 als Präsident dem Rechnungshof des Deutschen Reiches vor und war ausserdem 1922-34 Reichssparkommissar. Vgl. Hermann A. DOMMACH, «Der Reichsrechnunghof während der Amtszeit seines Präsidenten Saemisch (1922-1938)», S. 65-114 in Heinz Günter ZAVELBERG (Hrsg.), *Die Kontrolle der Staatsfinanzen. Geschichte und Gegenwart, 1714-1989. (Festschrift zur 275. Wiederkehr der Errichtung der Preussischen General-Rechen-Kammer),* Berlin: Duncker & Humblot, 1989, 528 S.

(27) a) Dieser Brief wirft Licht auf den Habitus von C.S. Ein weiteres Beispiel hat H. QUARITSCH mitgeteilt: *op. cit.* (FN 6), S. 75.
b) Es handelt sich um den bereits erwähnten Staatsrechtler Otto KOELLREUTTER (vgl. I.1.).

(28) R. MUSIL, *Tagebücher* (hrsg. von A. FRISE), Reinbek: Rowohlt, 1976, Band 2 = XV-1434 S.; dort S. 1199 FN m.

(29) A.U., «Zeitschriftenrundschau», *Kölnische Volkszeitung,* 65. Jahrg. Nr. 491, 29. Juni 1924, S. 1 (der Abschnitt ist überschrieben: «Carl Schmitt»).

(30) Der lange Brief berichtet weiter über die bereits stattgefundenen Vorträge von Eduard SPRANGER (1882-1963) und Ernst TROELTSCH (1865-1923).

(31) C.S., «Die Staatsphilosophie der Gegenrevolution», *Archiv für Rechts- und Wirtschaftsphilosophie,* 16. Band, 1922, S. 121-131. Übernommen in: *Politische Theologie,* München/Leipzig: Duncker & Humblot, (1922) [4]1985, 84 S.; dort S. 67-84.

(32) a) Briefe von SALOMON an C.S. und von C.S. an SALOMON befinden sich im Internationalen Institut für Sozialgeschichte in Amsterdam (Nr. 1042 – Salomon-Archiv); sie werden herangezogen von Chryssoula KAMBAS, «Walter Benjamin an Gottfried Salomon. Bericht über eine unveröffentlichte Korrespondenz», *Deutsche Vierteljahresschrift für Literaturwissenschaft und Geistesgeschichte,* 56. Jahrg. Nr. 4, Dez. 1982, S. 601-621 (vgl. S. 609-612). Informationshalber weise ich darauf hin, dass mich SALOMON aufmerksam gemacht hat (Brief vom 20. Januar 1963) auf seinen Aufsatz: «Staatsrecht in Deutschland», S. 174-189 in: Emil Julius GUMBEL (1891-1966) (Hrsg.), *Freie Wissenschaft. Ein Sammelbuch aus der deutschen Emigration,* Strassburg: Sebastian Brant Verlag, 1938, 285 S.; zu C.S. dort S. 182-189 («Sacrificio del intelletto»).
b) Gemeint sind C.S., *Die Rheinlande als Objekt internationaler Politik,* Köln: Verlag der Rheinischen Zentrumspartei, 1925, 30 S., Folge 2 Heft 4 in der Reihe 'Flugschriften zum Rheinproblem', und John Rogers COMMONS (1862-1945), *Legal Foundations of Capitalism,* Fairfield (N.J.): Augustus M. Kelley, (1924) [2]1975, 11-X-394 S.

(33) Der gelernte Jurist Elias HURWICZ betätigte sich u.a. als Völkerpsychologe; vgl. sein Buch: *Die Seelen der Völker. Ihre Eigenarten und Bedeutung im Völkerleben. Ideen zu einer Völkerpsychologie,* Gotha: Perthes, 1920, IX-164 S. Im «Hochland» veröffentlichte er 1932-33 unter dem Pseudonym F. MURALT mehrere Beiträge über nationalistische Figuren und Strömungen in der Republik von Weimar: Ernst JÜNGER, den Tat-Kreis, usw.

(34) E. HURWICZ, «Erinnerungen eines Abseitigen», *Hochland,* 45 Jahrg. Nr. 5, Juni 1953, S. 446-454; dort S. 452-453. Aus dem schön ausgestatteten 63-seitigen Programm der im Frühjahr durchgeführten Davoser Hochschulkurse geht hervor, dass C.S. Vorträge über das Thema «Moderne Verfassungslehre» gehalten hat (S. 59).

(34a) H. BERKING, *Masse und Geist. Studien zur Soziologie in der Weimarer Republik,* Berlin: Wissenschaftlicher Autoren-Verlag, 1984, 213 S., in der Reihe 'Studien zur Soziologie in Deutschland'; dort S. 159 FN 146. Vgl. die Mitteilung in: *Kölner Vierteljahrshefte für Soziologie,* 8. Jahrg., 1929-30, S. 270. Für die Überlassung einer Photokopie dieser Mitteilung bin ich dem Kollegen Dirk KÄSLER (geb. 1944) zu Dank verpflichtet (Sendung vom 18. Juni 1989). Die Tatsache an sich erklärt vielleicht die Mitarbeit C.S.s am 7. Deutschen Soziologentag (Berlin, September 1930); vgl. sein Diskussionsbeitrag

«Presse und öffentliche Meinung», S. 56-58 im Tagungsband, Tübingen: Mohr, 1931, Nr. 7 in der Reihe 'Schriften der deutschen Gesellschaft für Soziologie'.

(35) Es wird Bezug genommen auf E. ROSENSTOCK, *Die europäischen Revolutionen und der Charakter der Nationen*, Stuttgart: Kohlhammer, (1931) ^{2}1951, 584 S.

(36) a) P.R. ROHDEN, *Joseph de Maistre als politischer Theoretiker. Ein Beitrag zur Geschichte des konservativen Staatsgedankens in Frankreich*, München: Verlag der Münchner Drucke, 1929, VI-280 S., Nr. 2 in der Reihe 'Forschungen zur mittelalterlichen und neueren Geschichte'. Das Buch wurde rezensiert von Carl BRINKMANN (1885-1954) in: *Deutsche Literaturzeitung*, 50. Jahrg. Nr. 44, 1929, Sp. 2111-2114.
b) Über ROHDEN, vgl. René KÖNIG (geb. 1906), «Soziologie in Berlin um 1930», S. 24-58 in M. Rainer LEPSIUS (geb. 1928) (Hrsg.), *Soziologie in Deutschland und Österreich 1918-1945, Materialien zur Entwicklung, Emigration und Wirkungsgeschichte*, Opladen: Westdeutscher Verlag, 1981, 500 S., Sonderheft 23 der 'Kölner Zeitschrift für Soziologie und Sozialpsychologie'; dort S. 58 FN 90. ROHDEN hatte früher die von Friedrich VON OPPELN-BRONIKOWSKI (1873-1936) besorgte deutsche Übersetzung der «Observations sur la France» (1796) von Joseph DE MAISTRE (1753-1821) neu herausgegeben (1924); in seiner Rezension (in: *Zeitschrift für die gesamte Staatswissenschaft*, 79. Jahrg. Nr. 4, 1925, S. 727-728) ging C.S. vor allem mit der «Einführung» ROHDENs scharf ins Gericht und so ist es wohl zur Diskussion gekommen, von der im Brief die Rede ist.

(37) K. MANNHEIM, *Wissenssoziologie. Auswahl aus dem Werk* (hrsg. von Kurt H. WOLFF, geb. 1912), Neuwied: Luchterhand, 1964, 750 S., Nr. 28 in der Reihe 'Soziologische Texte'; der erstmals 1927 erschienene Aufsatz «Das konservative Denken. Soziologische Beiträge zum Werden des politisch-historischen Denkens in Deutschland» ist dort S. 408-508 nachgedruckt (vgl. S. 442 FN 55 den Irrtum, S. 452-453 die Verwechslung der FN 69 und 70).

(38) Auskunft über weitere Kontakte zwischen C.S. und MANNHEIM wären nützlich. Man denke nur an C.S. *Ex captivitate salus. Erfahrungen der Zeit 1945/47*, Köln: Greven Verlag, 1950, 95 S.; dort S. 13-24 («Antwortende Bemerkungen zu einem Rundfunkvortrag von Karl Mannheim»). Angesichts der Tatsache, dass dieser schlichte Memoirenband nicht nur von LIETZMANN hämisch kommentiert worden ist, möchte ich die Aufmerksamkeit auf eine frühe lobende Rezension lenken, und zwar auf -er, «Tröstende Philosophie. Zu Aufzeichnungen von Carl Schmitt», *Christ und Welt*, 3. Jahrg., 14. September 1950. Vgl. auch ANLAGE 1.

(39) O. GESSLER, *Die Träger der Reichsgewalt*, Hamburg: Hanseatische Verlagsanstalt, 1931, 149 S. Auf das Buch hat mich Herr Günter MASCHKE aufmerksam gemacht.

(40) Über ihn, vgl. *op. cit.* (FN 7), S. 83 (TOMMISSEN) und 104 (QUARITSCH).

(41) W. Ritter VON SCHRAMM, *Radikale Politik. – Die Welt diesseits und jenseits des Bolschewismus*, München/Leipzig: Duncker & Humblot, 1932, 108 S. Dank der Grosszügigkeit von Herrn G. MASCHKE konnte ich mir dieses Buch näher anschauen.

(42) E. HÜSMERT, «Die letzten Jahre von Carl Schmitt», S. 40-54 in P. TOMMISSEN (Hrsg.), *Schmittiana – I*, Brüssel: EHSAL, 1988, 130 S., Nr. 71-72 in der Reihe 'Eclectica'; vgl. S. 52. Angesichts solcher Vorfälle rief C.S. Freunden gelegentlich einen Ausspruch von GOETHE an RIEMER ins Gedächtnis («Die lieben Deutschen kenne ich schon: / erst schweigen sie, / dan mäkeln sie, / dann beseitigen sie, / dann bestehlen und verschweigen sie»), mir gegenüber z.B. wegen des Titels, den der spätere Kardinal Hans Urs VON BALTHASAR (1905-1988) gewählt hatte: *Der antirömische Affekt*, Freiburg i.Br.: Herder Verlag, 1974, 303 S., Nr. 492 in der 'Herderbücherei'.

(43) H. MARR, *Klasse und Partei in der modernen Demokratie*, Frankfurt a.M.: Verlag Englert & Schlosser, 1925, 30 S., Nr. 4 in der Reihe 'Frankfurter Gelehrte Reden und Abhandlungen'. Ich bin Frau Prof. Dr. Ingeborg MAUS sehr erkenntlich für die Zustellung einer Ablichtung dieser Rede (Sendung vom 12. November 1988).

(44) Über ihn vgl. P. TOMMISSEN, *art. cit.* (FN 7), S. 84 FN 47a).

(45) E. ROSENBAUM hat sich in der Tat mit Ferdinand TÖNNIES (1855-1936) befasst: «Ferdinand Tönnies' Werk», *Schmollers Jahrbuch für Gesetzgebung, Verwaltung und Volkswirtschaft im Deutschen Reich*, 38. Jahrg., 1914, S. 2149-2196.

(46) Die Rezension erschien in: *Wirtschaftsdienst*, Nr. 8 vom 26. Februar 1926, S. 280.

(47) Wilhelm GERLOFF (1880-1954) trat vor allem als Finanzwissenschaftler hervor. Friedrich GIESE (1882-1958) hat u.a. einen Kommentar zur Reichsverfassung (1919-1931) und einen Kommentar zum Grundgesetz (1949-[9]1976) geschrieben.

(48) P. TOMMISSEN, *art. cit.* (FN 7), S. 72-73.

(49) Über die Entstehungsgeschichte des Amnestie-Aufsatzes ist mir nichts bekannt.

(50) E. JÜNGER, *Strahlungen,* Tübingen: Heliopolis-Verlag, 1949, 648 S.; dort S. 397, Eintragung vom 30. August 1943: «C.S. schreibt, dass sein schönes Berliner Haus in Trümmern liegt.» Unter dem 29. Dezember 1950 berichtete der Kunsthistoriker Wilhelm FRAENGER (1890-1964) seinem Freund Wolfgang FROMMEL (1902-1986) Folgendes: «... Am gleichen Tag bekam ich die Todesanzeige Frau Duschka Schmitts, die Anfang des Monats in einer Heidelberger Klinik starb. Ich habe sie sehr verehrt. Unvergesslich bleibt mir, wie ich sie tags nach der Zerstörung ihres schönen Hauses in Dahlem besuchte. Das Haus war durch eine Luftmine samt den Nachbarhäusern glatt weggefegt. Sie aber traf ich – Carl Sch[mitt] war zu Vortragsreisen unterwegs – in einem schon wieder volleingerichteten Winkel des Souterrains beim Kaffee mit der Nachbarfamilie und auf meine bestürzte Frage: was denn zu tun und zu helfen sei, sagte sie nur ganz einfach: 'Gar nichts. Sie sehen, was verblieben ist, ist wieder in Ordnung'. Eine grossartig tapfere Frau. Ach, mein Lieber, unser Wald wird lichter!» (*Castrum Peregrini,* 39. Jahrg., Nr. 191-192, 1990, S. 75-76).

(51) E. JÜNGER, *op. cit.* (FN 50), S. 615, Eintragung vom 6. Februar 1945: «... Als Absender: Volkssturmmann S., Albrechtsteerofen...»

(52) a) Josef PIEPER (geb. 1904), *Noch wusste es niemand. Autobiographische Aufzeichnungen 1904-1945,* München: Kösel-Verlag, 1976, 256 S.; dort S. 198. Der bekannte Denker lässt in der Schwebe, ob es sich um einen apokryphen Bericht handelt.
b) Max VON PETTENKOFER (1818-1901) verhalf der Hygiene zum Range einer experimentellen Wissenschaft.

(53) Die Operation hat sich in die Länge gezogen, denn Frau SCHMITT trat erst Mitte Oktober 1947 die Rückreise an. Sie war gezwungen gewesen, zahlreiche Unterlagen der Müllabfuhr zu überlassen, konnte aber viele Bücher und Dokumente (u.a. Briefschaften) nach Plettenberg verschicken.

(54) Die Deutsche Forschungsgemeinschaft teilte mit, dass keine Unterlagen archiviert sind (Brief vom 30. Juni 1989).

(55) Die Emigrationsmöglichkeit ist sogar in einer Zeitung erwähnt worden von dem Anonymus P.N., «Das geistige Lennetal / Ein Besuch bei Prof. Carl Schmitt in Plettenberg», *Westfalenpost,* 5. Jahrg. Nr. 155, 6. Juli 1950, S. 5 (teilweise übernommen in: *Deutsches Zeit-Archiv,* Ausgabe B, 5. Jahrg. Nr. 54, 11. Juli 1950, S. 1-2).

(56) Vgl. Rainer ECKERTZ, «Die Verfassung zwischen Legalität und Legitimität – ein Provisorium», *Neue Juristische Wochenschrift,* 36. Jahrg. Nr. 14, 1983, S. 724-726; vgl. S. 726. Auch Hans SCHNEIDER, «Das Ermächtigungsgesetz vom 24. März 1933. – Bericht über das Zustandekommen und die Anwendung des Gesetzes», *Vierteljahrshefte für Zeitgeschichte,* 1. Jahrg. Nr. 3, Juli 1953, S. 197-221; dort S. 216 (ausgezeichnet diese Stelle stand im Mittelpunkt des Artikels von F., «Weimarer Reminiszenzen», *Die Zeit,* Nr. 28 vom 9. Juli 1953, S. 3).

(57) Hans BARION, *Kirche und Kirchenrecht. Gesammelte Aufsätze* (hrsg. von Werner BÖCKENFÖRDE), Paderborn: Schöningh, 1984, VII-712 S.; dort S. 2 über die von BARION gemachten Versuche, die Rückkehr auf seinen Lehrstuhl auf dem Rechtswege zu erzwingen.

(58) a) Auszug aus einem langen Brief C.S.s an seine Frau vom 29. November 1949.
b) *Ex captivitate salus:* vgl. FN 38; Vitoria-Aufsatz: vgl. FN 66.

(59) a) C.S. hat für KIRCHHOFF, der zuerst Bürgermeister von Werdohl war und im September 1952 als CDU-Abgeordneter in den Bundestag gewählt wurde, mindestens einen Wahltext (mit-)verfasst: Herr Johannes GROSS (geb. 1932) hat mir freundlicherweise die Autorschaft des Dokuments bestätigt (Brief vom 12. Februar 1987). In der Wohnung KIRCHHOFFs sahen sich C.S. und Ernst JÜNGER nach Kriegsende erstmals wieder (am 3. November 1949). Der Adoptivsohn KIRCHHOFFs, Herr Dr. Lothar KIRCHHOFF-STEWENS, hat mir dankenswerterweise mitgeteilt, dass die in einem Zusammenhang mit C.S. stehenden Dokumente bei der Auflösung des Hausstandes nach dem Tod

von Frau KIRCHHOFF verloren gegangen sind (Brief vom 30. September 1989).
b) Nicht von ungefähr hat C.S. ein *in memoriam* geschrieben: «Zum Gedächtnis von Serge Maiwald», *Zeitschrift für Geopolitik,* 23. Jahrg. Nr. 7, Juli 1952, S. 447-448. MAIWALD hatte C.S. u.a. die Mitarbeit an der Zeitschrift «Universitas» ermöglicht (die drei ersten Rezensionen erschienen bezeichnenderweise anonym) und für die Drucklegung der Rede über die Lage der europäischen Rechtswissenschaft (1950) Sorge getragen: Es war C.S.s erste Nachkriegsveröffentlichung, die in Deutschland unter seinem Namen erschien, weswegen es sofort zu der üblichen Ablehnung kam; vgl. «Kein Bundesgenosse», *Deutsche Universitätszeitung,* 5. Jahrg. Nr. 9, 12. Mai 1950, S. 7 (auf dem Titelblatt des Heftes lautete der Titel: «Wiedersehen mit Carl Schmitt»). Uebrigens ist dem Briefwechsel Fraenger-Frommel zu entnehmen, dass für die geplante neue Zeitschrift *Castrum Peregrini* mit der Mitarbeit C.S.s gerechnet wurde (vgl. den Brief vom 10. Juli 1950, *Castrum Peregrini,* 39. Jahrg., Nr. 191-192, 1990, S. 46).

(60) Über diesen informellen Freundeskreis, der bereits vor der Haftentlassung C.S.s zustande kam und funktionierte, hätte Günther KRAUSS, der Motor der Initiative, Bericht erstatten können. Leider ist er zu früh gestorben. Ich hoffe, einen anderen Zeitzeugen zur Abfassung entsprechender Erinnerungen bewegen zu können.

(61) C.S., *Der Nomos der Erde im Völkerrecht des Jus Publicum Europaeum,* Berlin: Dunker & Humblot, (1950) ^{3}1988, 308 S.

(62) C.S., *Ex captivitate salus:* vgl. FN 38; *Donoso Cortés in gesamteuropäischer Interpretation. Vier Aufsätze,* Köln: Greven Verlag, 1950, 114 S.

(63) U.a. von seinen ehemaligen Doktoranden G. KRAUSS (Köln) und S. MAIWALD (Freudenstadt).

(64) Über ihn vgl. Wolfgang OCKENFELS O.P. (geb. 1947), «Eberhard Welty (1902-1965)», S. 240-249 in: *Zeitgeschichte in Lebensbildern. Aus dem deutschen Katholizismus des 19. und 20. Jahrhunderts. Band 4,* Mainz: Grünewald, 1980, 286 S. – WELTY hat ein Semester lang Vorlesungen C.S.s in Köln beigewohnt und ihn auch einmal in seiner Wohnung aufgesucht (vgl. seinen Brief an C.S. vom 22. Dezember 1948). – Pater OCKENFELS veröffentlichte seine für das C.S.-Studium nicht unerhebliche Habilitationsschrift: *Politisierter Glaube? Zum Spannungsverhältnis zwischen katholischer Soziallehre und politischer Theologie,* Bonn: IfG Verlagsgesellschaft, 1987, 346 S., Nr. 33 in der 'Sammlung Politeia'.

(65) a) C.S., «Donoso Cortés in gesamteuropäischer Interpretation», *Die neue Ordnung,* 3. Jahrg. Nr. 1, 1949, S. 1-15; übernommen in: op. cit. (FN 62), S. 80-114.
b) Der von einem gewissen Dr. LUTH eingesandte Text wurde abgelehnt, wohl auf Grund des ihm anhaftenden Plagiatverdachts. Einem Brief WELTYs an C.S. vom 18. Juni 1949 zufolge soll es sich bei diesem Text nicht um einen Gegensatz, sondern eher um eine Ergänzung gehandelt haben.

(66) C.S., «Francisco de Vitoria und die Geschichte seines Ruhmes», *Die neue Ordnung,* 3. Jahrg. Nr. 4, 1949, S. 289-313.

(67) F.A. Freiherr VON DER HEYDTE, «Francisco de Vitoria und die Geschichte seines Ruhmes. Eine Entgegnung», *Die Friedenswarte,* 49. Jahrg. Nr. 4-5, 1949, S. 190-197. Nicht nur mir gegenüber hat C.S. die Möglichkeit geäussert, der Autor habe sich mit diesem Aufsatz bei Erich KAUFMANN beliebt machen und sich die Chancen auf eine Dozentur sichern wollen. Wie dem auch sei, C.S. hat in seinem anonymen Artikel (art. cit. [FN 66], S. 306 FN 16 und FN 18) gebührend auf einen älteren Aufsatz des Freiherrn hingewiesen; gemeint ist: «Francisco de Vitoria und sein Völkerrecht», *Zeitschrift für öffentliches Recht,* 13. Jahrg., 1933, S. 239-268.

(69) *Frankfurter Hefte,* 4. Jahrg. Nr. 11, November 1949, S. 985. C.S. empfand diese redaktionelle Notiz als üble Nachrede. Übrigens hatte die Zeitschrift schon früher eine Buchrezension gebracht, die einen Seitenhieb enthielt; vgl. Wolfgang PFEIFFER-BELLI (1900-1980), «Der nationalsozialistische Leviathan», *Frankfurter Hefte,* 2. Jahrg. Nr. 10, Oktober 1947, S. 1066-1067 (anlässlich des Buches von Fritz VON HIPPEL (geb. 1897), *Die nationalsozialistische Herrschaftsordnung als Warnung und Lehre,* Tübingen: Mohr, 1947, 129 S., in der Reihe 'Recht und Staat in Geschichte und Gegenwart'), dort S. 1067. Erwähnenswert ist noch die Tatsache, dass die Redaktion der Zeitschrift die Besprechung des C.S.-Buches über die Lage … (FN 59, b) «kühl und höflich abgelehnt»

hat (Brief von S. MAIWALD an C.S. vom 5. Juni 1950).

(69) *Die neue Ordnung,* 3. Jahrg. Nr. 6, Dezember 1949, S. 540.

(70) Selbstverständlich kann ich nur Vermutungen äussern. Vorsorglich habe ich sie Pater OCKENFELS (vgl. FN 64) zur Begutachtung vorgelegt; er schrieb mir am 27. August 1989: «..., ich glaube, Sie sehen die Sache richtig». Ich bin Pater OCKENFELS zu grossem Dank verpflichtet für Kopien der zugänglichen Korrespondenz C.S.-WELTY, sowie für die Abdruckgenehmigung (Sendung vom 27. August 1989).

(71) Vgl. über ihn Karl PRÜMM, *Walter Dirks und Eugen Kogon als katholische Publizisten der Weimarer Republik,* Heidelberg: Carl Winter, 1984, 432 S., Nr. 53 in der 'Reihe Siegen'.

(72) C.S., «La justificación de la ocupación de un nuevo mundo (Francisco de Vitoria)», *Revista española de derecho internacional,* 2. Jahrg. Nr. 1, 1949, S. 13-46. Einem Brief von C.S. vom 29. Oktober 1949 entnehme ich: «... Die schlauen Bösewichte wussten nicht, dass der Aufsatz gleichzeitig in der führenden spanischen Zeitschrift erschienen ist, und zwar mit meinem Namen.» – Die Gleichzeitigkeit des Erscheinens in deutscher und spanischer Sprache war allerdings reiner Zufall, denn in der spanischen Fassung heisst es S. 46 ganz unten: «(Traducción castellana del original aléman inédito, por Antionio Truyol y Serra)»; ein Vergleich der zwei Texte ergibt ausserdem, dass die deutsche Fassung ergänzt ist und mehr Fussnoten zählt.

(73) Der Konvertit THIEME, der sich bereits früher gegen C.S. gewendet hatte («Una Sancta Catholica: Rückblick und Ausblick 1933», *Religiöse Besinnung,* 5. Jahrg., 1933, S. 37-59; dort S. 46-47), schüttete seine Galle anderwärtig aus. Sein Leitartikel «Offensive des Gewissens. Gegen den Zynismus der Gestrigen. Ein Aufruf zum Widerstand», *Michael. Katholische Wochenzeitung,* Nr. 17 vom 27. April 1952, ist äusserst scharf. Unverblümt hat er auch seine Meinung gesagt in einem Brief an den Politologen Ludwig Yehuda OPPENHEIMER (1897-1979) vom Frühjahrsanfang 1952 (in: *Rundbrief zur Förderung der Freundschaft zwischen dem Alten und dem Neuen Gottesvolk – im Geiste der beiden Testamente,* 4. Folge 1951-52, Nr. 16, April 1952, S. 17-18).

(74) C.S., «Das Problem der Legalität»; *Die neue Ordnung,* 4. Jahrg. Nr. 3, 1950, S. 270-275, übernommen in: *Verfassungsrechtliche Aufsätze aus den Jahren 1924-1954. – Materialien zu einer Verfassungslehre,* Berlin: Duncker & Humblot, 1958, (1958) ^{3}1985, 517 S.; dort S. 440-448.

(75) E. HÜSMERT, *art. cit.* (FN 41), S. 47.

(76) C.S. und E.R. CURTIUS hatten sich früher sehr geschätzt; vgl. Rolf NAGEL (geb. 1938) (Hrsg.), «Briefe von Ernst Robert Curtius an Carl Schmitt (1921/22)», *Archiv für das Studium der neueren Sprachen und Literaturen,* 133. Jahrg. 1. Halbjahresband, 1981, S. 1-15. Zum Bruch ist es wohl gekommen infolge eines noch nicht eindeutig geklärten Vorfalls in Bonn; vgl. das Dokument, mitgeteilt von Heinz HÜRTEN (geb. 1928), *Waldemar Gurian. Ein Zeuge der Krise unserer Welt in der ersten Hälfte des 20. Jahrhunderts,* Mainz: Matthias-Grünewald-Verlag, 1972, XXV-182 S., Nr. 11 in der 'Reihe B: Forschungen; Veröffentlichungen der Kommission für Zeitgeschichte'; dort S. 45-46 FN 93.

(77) Diese Sätze sind einem Schreiben von Herrn PAESCHKE vom 3. Januar 1988 entnommen. Ich ergreife die Gelegenheit, um darauf hinzuweisen, dass die Anonymität kein einziges Mal von C.S. verlangt, sondern von Freunden befürwortet wurde. Auch in dieser Hinsicht irrt LIETZMANN.

(78) Da meine Briefe unbeantwortet blieben, nehme ich an, dass der Initiator noch nicht genannt werden möchte.

(79) Der gelernte Jurist W. HAUSTEIN stand seit 1922 im Dienst der Reichsbahn. Nach dem Krieg wohnte er zunächst in Bielefeld und stand dem Sozialamt vor, siedelte 1952 jedoch nach Frankfurt a.M. um, als er Leiter der Rechtsabteilung der Hauptverwaltung der Bundesbahn wurde. Er galt als Experte in Sachen Eisenbahnrecht. Ich danke der Bundesbahn für den tabellarischen Lebenslauf dieses Mannes (Sendung vom 8. August 1989) und Herrn Kollegen H. QUARITSCH für die Liste seiner Veröffentlichen (Sendung vom 4. September 1989). Erwähnenswert sind noch zwei Tatsachen: (a) C.S. machte die Bekanntschaft HAUSTEINs im Internierungslager (vgl. IV.2), denn HAUSTEIN war als Angehöriger des 'Höheren Dienstes' von den Amerikanern in *Automatic Arrest* genom-

men worden (schriftliche Mitteilung von Herrn QUARITSCH vom 12. Oktober 1989); (b) HAUSTEIN hat Transportprobleme der Frau SCHMITT (Möbel usw.) in entgegenkommender Weise gelöst.

(80) Ich schliesse die Existenz eines zweiten Aufsatzes im Jahre 1948 nicht aus, war aber bislang ausserstande, den Beweis zu erbringen.

(81) W. ABENDROTH, *Ein Leben in der Arbeiterbewegung* (Gespräche, aufgezeichnet und hrsg. von Barbara DIETRICH und Joachim PERELS, geb. 1942), Frankfurt a.M.: Suhrkamp, 1977, 288 S., Nr. 820 in der Reihe 'Edition Suhrkamp'; dort S. 212. In diesem Band findet sich auch eine Rechtfertigung der Nicht-Aufnahme C.S.s in die Vereinigung der Staatsrechtslehrer (S. 213); dazu Manfred LAUERMANN (geb. 1947): GT, S. 51 FN 13.

(82) a) Die 1890 gegründete «Neue Rundschau» wurde nach der Emigration des S. Fischer Verlags im Dritten Reich fortgeführt von Peter SUHRKAMP (1891-1959), aber nach dem 20. Juli 1944 verboten. Sie erscheint in der Bundesrepublik von neuem seit 1950.
b) Das Ehepaar C.S. förderte bekanntlich einige Maler, darunter Werner GILLES (1894-1961).
c) Über das Porträt des britischen Staatsmanns jüdischer Herkunft Benjamin DISRAELI, first Earl of Beaconsfield (1804-1881), vgl. N. SOMBART: *op. cit.* (FN 99), S. 253.

(83) E. KAUFMANN, *Das Wesen des Völkerrechts und die Clausula rebus sic stantibus. Eine rechtsphilosophische Studie zum Rechts-, Staats- und Vertragsbegriffe,* Aalen: Scientia, (1911) ^{2}1964, XII-231 S.; dort S. 146: «... Nicht die 'Gemeinschaft frei wollender Menschen', sondern der siegreiche Krieg ist das soziale Ideal: der siegreiche Krieg als das letzte Mittel zu jenem obersten Ziel...». Zu KAUFMANN, vgl. Emanuele CASTRUCCI (geb. 1952), *Tra organicismo e 'Rechtsidee'. Il pensiero giuridico di Erich Kaufmann,* Mailand: Giuffré, 1984, XV-201 S., Nr. 15 in der Reihe 'Per la storia del pensiero moderno'. Übrigens hatte C.S. die Sätze, wie gesagt, aus dem Stegreif frei zusammengefasst: «Das soziale Ideal ist der Sicherheitskrieg» (vgl. *art. cit.* [FN 84], S. 110-111).

(84) Claus-Dietrich WIELAND (geb. 1952), «Carl Schmitt in Nürnberg (1947)», *1999. Zeitschrift für Sozialgeschichte des 20. und 21. Jahrhunderts,* 2. Jahrg. Nr. 1, Januar 1987, S. 96-122; dort S. 111.

(85) R.M.W. KEMPNER, *Ankläger einer Epoche. Lebenserinnerungen* (in Zusammenarbeit mit Jörg FRIEDRICH), Frankfurt a.M/Berlin: Ullstein, 1983, 475 S.; dort S. 130.

(86) Es ist dies nicht die einzige Kuriosität des Memoirenbandes. Es fehlt z.B. ein Wort über die von Richard TÜNGEL (1893-1970), Franz Robert INGRIM (1895-1964) u.a. formulierte Kritik und seine eigene Erwiderung; vgl. *Die Zeit,* 22. Januar 1948, 12. Februar 1948, 17. Juni 1948, 14. Oktober 1948. Auch fehlt ein Hinweis auf seine für C.S. günstige Leserzuschrift in: *Christ und Welt,* Nr. 15 vom 13. April 1950, S. 5. – Ebenso wäre an seinem älteren Buch einiges auszusetzen (*Das Dritte Reich im Kreuzverhör. Aus den unveröffentlichten Vernehmungsprotokollen des Anklägers,* München/Esslingen: Bechtle Verlag, 1969, 300 S.): z.B. die ohne jeden Hinweis durchgeführte Verbindung von drei Verhören (dort S. 293-300). Dieses Schlusskapitel kommt übrigens nicht vor in der im Waschzettel als vollständig bezeichneten französischen Übersetzung des Buches (*Le Troisième Reich en procès. Procès et témoins,* Tournai: Casterman, 1972, 252 S.).

(87) C.-D. WIELAND, *art. cit.* (FN 84), S. 108-109 (Brief FLECHTHEIMs an WIELAND vom 24. Februar 1983).

(88) Für die genaue Quelle vgl.: *Deutscher Bundestag,* 5. Wahlperiode, 82. Sitzung vom 15. Dezember 1966, S. 3743-3735 (Wortführer war der FDF-Abgedordnete Thomas DEHLER, 1897-1967).

(89) Volkmar HOFFMANN, «Thomas Dehlers Worte wirkten wie ein Orkan», *Frankfurter Rundschau,* 16. Dezember 1966; Karl STANKIEWITZ, «Nazi-Jurist als Berater Kiesingers», *Die Tat,* Nr. 1 vom 7. Januar 1967, S.2.; «Einst propagierten sie ein Gedankengut der Nazis...», *Kölner Stadt-Anzeiger,* Nr. 26 vom 31. Januar 1967; «Kiesingers brauner Berater», *Neues Deutschland,* 21. Jahrg. Nr. 346, 17. Dezember 1966, S. 1.

(90) *Graubuch,* Berlin: Staatsverlag der DDR, ^{2}1967, 461 S.; dort S. 316.

(91) Vollständigkeitshalber weise ich noch darauf hin, dass KIESINGER, ebenso wie Hans-Joachim VON MERKATZ (1905-1982) und Erich MENDE (geb. 1916), der «Ersten Le-

gion» angehört hat und C.S. ihm eventuell damals hätte begegnen können. Dazu schrieb mir G. KRAUSS unter dem 3. September 1985: «In den Jahren ab 1950 gab es eine Vereinigung mit dem Namen 'Erste Legion'. Diese gab Mitteilungen heraus, die man aber kaum als Zeitschrift bezeichnen kann. Zu den Förderern gehörten einige Persönlichkeiten mit Ministerrang. Ich habe in dieser Organisation auch mitgearbeitet und auch Beiträge verfasst. Es ist richtig, dass die Mitteilungen unter dem Titel 'Der Deutsche' erschienen sind... C.S. ist von einem Mitglied der Vereinigung einmal aufgesucht worden, und es hat dort eine Unterhaltung stattgefunden, über deren Ergebnis ich aber nichts Wesentliches weiss. Ich weiss nur, dass einige persönliche Fragen besprochen worden sind. Von einer Mitarbeit von C.S. ist mir nichts bekannt. Ich halte sie aber auch für unwahrscheinlich.» Letzteres ist inzwischen geklärt: KRAUSS hat C.S. vergeblich zur Mitarbeit angespornt, wie er mir drei Tage vor seinem jähen Tode fernmündlich bestätigte; ich hatte mich auf seinen Brief an C.S. vom 14. August 1951 berufen.

(92) M. GREEN, *The von Richthofen Sisters. The Triumphant and the Tragic Modes of Love*, London: Weidenfeld and Nicolson, 1974, XVIII-396 S.

(93) Vgl. Emanuel HURWITZ (geb. 1935), *Otto Gross. 'Paradies'-Sucher zwischen Freud und Jung*, Frankfurt a.M.: Suhrkamp, 1979, 324 S. Auch die Dokumentensammlung: *Grosz/Jung/Grosz*, Berlin: Brinkmann & Bose, 1980, 255 S.

(94) N. SOMBART, «Gruppenbild mit zwei Damen. Zum Verhältnis von Wissenschaft, Politik und Eros im wilhelminischen Zeitalter», *Merkur*, 30. Jahrg. Nr. 10, Oktober 1976, S. 972-990; mit geändertem Haupttitel und leichten Retuschen übernommen in den Sammelband des Autors: *Nachdenken über Deutschland. Vom Historismus zur Psychoanalyse*, München/Zürich: Piper, 1987, 214 S., Nr. 596 in der 'Serie Piper'; dort S. 22-51. Der Aufsatz veranlasste eine Replik des Max-Weber-Kenners Eduard BAUMGARTEN (1898-1982), «Über Max Weber. Brief an Nicolaus Sombart», *Merkur*, 31. Jahrg. Nr. 3, März 1977, S. 296-300.

(95) N. SOMBART, «Politische Phantasmen und Obsessionen. Blutspuren bei Carl Schmitt», *Emile. Zeitschrift für Erziehungskultur*, 1. Jahrg. Nr. 1, 1988, S. 73-88; «Carl Schmitts Hamlet», *Politische Vierteljahresschrift*, 29. Jahrg. Nr. 3, September 1988; S. 474-486.

(96) Angeregt von dem von C.S. herausgearbeiteten Hobbes-Kristall; vgl. S. 122-123 in: *Der Begriff des Politischen. Text von 1932 mit einem Vorwort und drei Corollarien*, Berlin: Duncker & Humblot, (1963) 1980, 124 S.

(97) C.S., *op. cit.* (FN 30), S. 71. Sehr wichtig Hansjörg VIESEL, *Jawohl, der Schmitt. Zehn Briefe aus Plettenberg*, Berlin: Support Verlag, 1988, 70 S., Nr. 5 in der Reihe 'Lager-Schaden'; dort S. 9-11, 13, 20, 22, 25; diese Aussagen vermögen m.E. die These SOMBARTs nicht zu erhärten.

(98) Vgl. Gerhard PLUMPE (geb. 1946), *Alfred Schuler. Chaos und Neubeginn. Zur Funktion des Mythos in der Moderne*, Berlin: Agora Verlag, 1978, 267 S., Nr. 2 in der Reihe 'Canon. – Literaturwissenschaftliche Schriften'; Wolfgang FROMMEL (vgl. FN 50), Marita KEILSON-LAURITZ und Karl-Heinz SCHULER, *Alfred Schuler. Drei Annäherungen*, Amsterdam: Castrum Peregrini Presse, 1987, 68 S.; Roderich HUCH (1880-1944), *Alfred Schuler, Ludwig Klages und Stefan George. Erinnerungen an Kreise und Krisen der Jahrhundertwende in München-Schwabing*, Amsterdam: Castrum Peregrini Presse, 1973, 59 S.

(99) N. SOMBART, *Jugend in Berlin, 1933-1943. Ein Bericht*, Frankfurt a.M.: Fischer (1984) 2. ergänzte Ausg. = 1986, 290 S.; dort S. 260-262. Der Autor behauptet irrtümlicherweise (S. 90-91), C.S. habe der 1932 von Benito MUSSOLINI (1883-1945) zum sog. Volta Kongress eingeladenen «künftigen deutschen Führungsmannschaft» angehört; dazu Klaus-Peter HOEPKE, *Die deutsche Rechte und der italienische Faschismus. Ein Beitrag zum Selbstverständnis und zur Politik von Gruppen und Verbänden der deutschen Rechten*, Düsseldorf: Droste Verlag, 1968, 348 S., Nr. 38 in der Reihe 'Beiträge zur Geschichte des Parlamentarismus und der politischen Parteien'; dort S. 313 FN 214: «Absagen hatten erteilt: Werner Beumelburg, Karl Brandi, Gerhard Dobbert, Alfred Hugenberg, Ludwig Kaas, Hans Luther, Friedrich Meinecke und Carl Schmitt».

(100) G. DURAND, *Figures mythiques et visages de l'oeuvre. De la mythocritique à la mythanalyse*, Paris: Berg International, 1979, 280 S. Der französische Soziologe Michel

MAFFESOLI (geb. 1944) hat diese Methodik 'Tiefensoziologie' getauft.

(101) Am wichtigsten ist z.Zt. das 1. Jahrbuch, 1987, 204 S. Zu den Herausgebern gehört Pierre-André TAGUIEFF (geb. 1946), Verfasser des bedeutenden Werkes: *La force du préjugé. Essai sur le racisme et ses doubles,* Paris: Eds La Découverte, 1988, 645 S., in der Reihe 'Armillaire': dort S. 525-525 FN 61 über C.S.

(102) L. KLAGES (Hrsg.), *Alfred Schuler. Fragmente und Vorträge aus dem Nachlass,* Leipzig: Barth, 1940, IV-296 S.; dort S. 1-119 die Einführung von KLAGES. Für den Verleih eines Exemplars bin ich dem Ehepaar Dr. RUNTE-SCHRANZ zu grossem Dank verpflichtet. E. JÜNGER, «Autor und Autorschaft. Nachträge», *Scheidewege,* 17. Jahrg., 1987-88, S. 192-204; dort S. 192.

(103) a) Vgl. Klaus SCHOLDER (Hrsg.), *Die Mittwochsgesellschaft. Protokolle aus dem geistigen Deutschland 1932 bis 1944,* Berlin: Severin und Siedler, 1982, 383 S.
b) Ich zögere hinzuzufügen: «und in die Verschwörungspläne eingeweiht wurde». Vgl. Johanna BÖDEKER, «Johannes Popitz: Auf der Suche nach einer neuen Wirtschaftsordnung», *Der Staat,* 24. Jahrg. Nr. 4, 1985; S. 513-525; vgl. S. 524: «..., hielten Popitz und Beck, im Gegensatz zu Goerdeler, einen Umsturz aus volkspsychologischen Gründen für nicht mehr zu verantworten...»
c) Seine Meinung über POPITZ hat C.S. schon *in tempore non suspecto* formuliert, und zwar in seinem «Nachtwort» (S. 61-70) zu der von ihm neu herausgegebenen Schrift von Lorenz VON STEIN (1815-1890), *Zur Preussischen Verfassungsfrage,* Berlin: Keiper, (1941) ^{2}1943, 92 S., in der Reihe 'Dokumente zur Morphologie, Symbolik und Geschichte'; vgl. S. 67: «Ein Sachkenner ersten Ranges, Johannes Popitz, dessen grosse Autorität auf der seltenen Verbindung staatsmännischer Klugheit, verwaltungs- und finanzwissenschaftlicher Erfahrung und eines der besten deutschen Tradition entsprechenden Sinnes für echte Theorie begründet ist,...».

(104) Vgl. Jacques LE RIDER (geb. 1954) und Norbert LESER (geb. 1933) (Hrsg.), *Otto Weininger, Werk und Wirkung,* Wien: Österreichischer Bundesverlag, 1984, 216 S., Nr. 5 in der Reihe 'Quellen und Studien zur Österreichischen Geistesgeschichte im 19. und 20. Jahrhundert'. Wie Hans-Dietrich SANDER (geb. 1928) neuerdings hervorhob (*Die Auflösung aller Dinge. Zur geschichtlichen Lage des Judentums in den Metamorphosen der Moderne,* München: Castel del Monte, 1989, 212 S.; dort S. 22 FN 2), hat C.S. WEININGER zitiert in seinem Aufsatz «Recht und Raum» (entstanden 1940-44), S. 241-251 in: *Tymbos für Wilhelm Ahlmann,* Berlin: W. de Gruyter & Co., 1951, 326 S. (vgl. S. 244: «... Für Otto Weininger war der Raum das Paradies und die Zeit die Hölle.»).

(105) a) O. EBERZ, «Vom Wesen der Geschlechterliebe oder androgyne Erotologie», *Hochland,* 27. Jahrg. Nr. 4. Januar 1930, S. 289-309, übernommen im Sammelband des Autors: *Vom Aufgang und Niedergang des männlichen Weltalters. Gedanken über das Zweigeschlechterwesen,* Bonn: Bouvier, (1931) ^{3}1990 = angezeigt, Nr. 7 in der 'Reihe 'Bouviers Bibliothek'.
b) Über EBERZ, vgl. Franz X. SCHREDT, «Ein Geschichts- und Religionsphilosoph von Rang. Otfried Eberz und sein Werk», *Deutsche Tagespost,* Nr. 143 vom 29. November 1972, S. 10.

(106) C.S. hat EBERZ einmal erwähnt: *op. cit.* (VIESEL; FN 96), S. 11. Sein Name wird auch von H. QUARITSCH genannt: *op. cit.* (FN 6), S. 111.

(107) N. SOMBART, *op. cit.* (FN 98), S. 264: «... 'Le retour à la mer' war 'Le retour à la mère'».

(108) Ich empfehle nachdrücklich das Studium des Buches von Pascaline MOURIER-CASILE, *André Breton, explorateur de la Mère-Noire,* Paris: P.U.F., 1986, 230 S., in der Reihe 'Ecrivains'. Während der Lektüre wurde ich fortwährend an SOMBART erinnert.

(109) Claudia HONEGGER, «Weiblichkeit als Kulturform. Zur Deutung der Geschlechter in der Moderne«, *Neue Zürcher Zeitung,* Nr. 174 vom 30./31. Juli 1989, S. 24.

(110) W. SCHUBART, *Religion und Eros* (hrsg. von Friedrich SEIFERT), München: Beck, (1941) ^{3}1952, 246 S.; vgl. die Rezension von Fritz LEIST, «Sexus, Eros und Christentum», *Wort und Wahrheit,* 8. Jahrg. Nr. 1, Januar 1953, S. 57-58. Über SCHUBART gibt es karge Details in: E. JÜNGER, *op. cit.* (FN 50), S. 448-449 (Eintragung vom 20. November 1943). S. MAIWALD schrieb C.S. am 31. Januar 1951: «Zum Schluss

noch eine Anfrage: Wären Sie bereit, uns eine Besprechung von Schubarts Buch ('Europa und die Seele des Ostens') – Umfang= 3-3 1/2 Maschinenseiten – zu schreiben?».

(111) A. TUREL, *Bachofen – Freud zur Emanzipation des Mannes vom Reich der Mütter*, Bern: Verlag Hans Huber, 1939, 214 S., Nr. 11 in der Reihe 'Bücher des Werdenden'. Der schweizerische Dichterphilosoph trat zunächst in expressionistischen Zeitschriften und mit schmalen Gedichtsammlungen hervor, schrieb dann über diverse Themen, u.a. über die technokratische Problematik (*Technokratie, Autarkie, Genetokratie*, Berlin: W. Hoffmann Verlag, 1934, 62 S.) und über teleologische Fragen (*Eroberung des Jenseits*, Hamburg: Rowohlt, 1931, 200 S.), und war Mitarbeiter der Zeitschrift «Gegner», als sie von Harro SCHULZE-BOYSEN (1909-1942) geleitet wurde (1932-33) (vgl. L. DUPEUX, *op. cit.* [FN 19], S. 480-492 über: «Le 'Gegner' de Schulze-Boysen, janvier 1932-avril 1933»). Im Nachlass TURELs gibt es lediglich die Kopie des von mir teilweise mitgeteilten Briefes (schriftliche Bestätigung der Zentralbibliothek Zürich vom 7. Dezember 1989). Ueber TUREL vgl. u.a. Hugo EBERHARDT, *Experiment Uebermensch. Adrien Turels Aesthetik und deren literarische Verwirklichung*, Zürich: Edition Moderne, 1984, 143 S.

(112) C.S. hat TURELs Buch (FN 111) gekannt, denn er wies in Briefen (u.a. an den Arzt Franz SCHRANZ [1894-1961] am 8. April 1943) auf das Buch hin. Vgl. auch die Autobiographie TURELs: *Bilanz eines erfolglosen Lebens*, Hamburg: Edition Nautilus + Zürich: Edition Moderne, (1956) ^{2}1989, 287 S.; dort S. 258 über das Buch «Eroberung des Jenseits»: «Aber Oskar Loerke, Karl Korsch, der nationalsozialistische Kronjurist Carl Schmitt, Graf Keyserling, noch viele andere, waren stark beeindruckt...».

(113) Vgl. J.W. BENDERSKY, *art. cit.* (FN 4), S. 202-207. Ausserdem (ohne Bezug auf GT) Volker GRANSOW (geb. 1945) und Wayne MILLER (geb. 1959), «Carl Schmitt: Feind oder Fundgrube? – Zur neueren Rezeption in den USA», *Das Argument*, 31. Jahrg. Nr. 3, Mai-Juni 1989, S. 427-435.

(114) Gemeint ist selbstverständlich der deutsche Dichter und Essayist Hans Egon HOLTHUSEN (geb. 1913).

(115) S. HOFFMANN, «The Case of Dr. Kissinger», *New York Review of Books*, 6. Dezember 1979, S. 14-18, 21-25, 27-29; dort S. 22.

(116) G.L. ULMEN, «The New American Foreign Policy Debate», *American Foreign Policy Newsletter*, 5. Jahrg. Nr. 5, Oktober 1982, S. 2-7. ULMEN hat seine Auffassung wiederholt in seinen Aufsätzen: «Introduction», S. XIX-XXVII in: G. SCHWAB (Hrsg.), *United States Foreign Policy at the Crossroads*, Westport (Conn.)/London: Greenwood Press, 1982, XXVII-238 S. (dort S. XXVI FN 7 und FN 12); «Toward a New 'Leviathan': Power in the Postwar World», S. 17-36 in: Vojtech MASTNY (geb. 1936) (Hrsg.), *Power and Policy in Transition. Essays Presented on the Tenth Anniversary of the National Committee on American Foreign Policy in Honor of Its Founder, Hans J. Morgenthau*, Westport (Conn.)/London: Greenwood Press, 1984, 271 S. (dort S. 32 FN 5). Ueber etwaige C.S. Einflüsse findet man nichts in der ansonsten interessanten Dissertation von Edith J. FRESCO-KAUTSKY, *Henry A. Kissinger. Historiker und Staatsmann*, Köln/Wien: Böhlau, 1983, VIII-322 S., Nr. 13 in der Reihe 'Dissertationen zur neueren Geschichte'.

(117) G. SCHWAB, «Carl Schmitt Through A Glass Darkly», S. 70-87 in *op. cit.* (FN 41); vgl. S. 77-82.

(118) Der Text wurde nachgedruckt in: *Kritische Justiz*, 9. Jahrg. Nr. 1, 1976, S. 33-59, und übernommen in den von Wolfgang LUTHARDT zusammengestellten Sammelband von KIRCHHEIMER-Texten: *Von der Weimarer Republik zum Faschismus. Die Auflösung der demokratischen Rechtsordnung*, Frankfurt a.M.: Suhrkamp, 1976, 255 S., Nr. 821 in der Reihe 'Edition Suhrkamp' (dort S. 152-185). Diese 'Leistung' KIRCHHEIMERs wird nicht erwähnt von John Hans HERZ (geb. 1908), «Otto Kirchheimer, Leben und Werk», S. 11-23 in: W. LUTHARDT und Alfons SÖLLNER (geb. 1947), *Verfassungsstaat, Souveränität, Pluralismus. Otto Kirchheimer zum Gedächtnis*, Opladen: Westdeutscher Verlag, 1989, 238 S.

(119) Vgl. die kurzgefasste Darstellung von Heine GÖTZ-THOMAS, «Juristische Zeitschriften zur NS-Zeit», S. 272-293 in: Peter SALJE (Hrsg.), *Recht und Unrecht im Nationalsozialismus*, Münster: Regensberg & Biermann, 1985, 310 S.; dort S. 284-285.

(120) *Deutsche Juristen-Zeitung*, 40. Jahrg. Nr. 18, 15. September 1935, Sp. 1104-1105; vgl. Sp. 1105.

(121) Vgl. V. NEUMANN, «Verfassungstheorie politischer Antipoden: Otto Kirchheimer und Carl Schmitt», *Kritische Justiz*, 14. Jahrg. Nr. 3, 1981, S. 235-254.

(122) C.S., *The Idea of Representation. A Discussion*, Washington: Plutarch Press, 1988, 80 S.; S. 1 diese Widmung: «In memoriam Carl Schmitt on his 100th anniversary». Es handelt sich um den Nachdruck der vom britischen Historiker katholischer Observanz Christopher DAWSON (1889-1970) 1931 veröffentlichen Übersetzung von E.M. CODD (eine nicht-autorisierte Initiative).

(123) G. SCHWAB, *The Challenge of the Exception. An Introduction to the Political Ideas of Carl Schmitt Between 1921 and 1936*, Westport (Conn.)/London: Greenwood Press, (1970) ^{2}1989, XV-1745. Dieser Verlag veröffentlicht 1990 ein Buch von P. GOTTFRIED: *Carl Schmitt. The Theory and Practice of Politics*.

(124) U.a. von dem Leviathan-Buch.

(125) Ich kann der Versuchung nicht widerstehen, aus der älteren Ernte das unter dem Pseudonym Ulick VARANGE erschienene Buch von Francis Parker YOCKEY (1917-1960) zu erwähnen: *Imperium. – The Philosophy of History and Politics*, Sausalito (Cal.): The Noontide Press, (1948) ^{3}1963, LII-626 S. Die Kapitel «The Nature of Politics» (S. 127-136) und «The War-Politics Symbiosis» (S. 137-151) sind ganz und gar im Geiste C.S.s geschrieben, ohne seine Namensnennung. Es trifft zu, dass der Autor S. XLV zugibt: «There is nothing original in the content of this book, the book itself only is original.» Über diesen Autor und sein Schicksal, vgl. Giovanni MONASTRA, «L'anthropologie philosophique d'Arnold Gehlen», *Nouvelle Ecole*, 21. Jahrg., Nr. 45, Februar 1989, S. 99-103 (dort S. 100 FN 4 mit Bild).

(126) Dieser Autor hat noch einen anderen Aufsatz veröffentlicht, den ich bisher nicht finden konnte: «Carl Schmitt, Italian Fascism, and the Destruction of German Parliamentary Democracy», *Italian Quarterly*. Uebrigens hat er an der Brandeis University im Juni 1971 über C.S. promoviert: *From the Other Judge to the Other German. Carl Schmitt 1910-1936*, III-VIII-139 hektographierte S. (unveröffentlicht).

(127) Dieser finnische Forscher hat noch weitere Veröffentlichungen zu verzeichnen, die für die C.S.-Forschung wertvoll sind, vor allem: *Politik als 'chamäleonartiger' Begriff. Reflexionen und Fallstudien zum Begriffswandel der Politik*, Helsinki: Universität, 1985, VI-101 S., Nr. 68 in der Reihe 'Research. Reports of the Department of Political Science'.

(128) Es handelt sich um den ersten Teil einer umfangreicheren Studie, die voraussichtlich 1990 in deutscher Sprache erscheinen wird (Weinheim: VCH Verlagsgesellschaft).

(129) B. WILLMS, «Carl Schmitt – jüngster Klassiker des politischen Denkens?», in: *op. cit.* (FN 7), S. 577-597; vgl. 596.

(130) D. STERNBERGER, «Was ist ein politischer Klassiker?», *Frankfurter Allgemeine Zeitung*, Nr. 157 vom 9. Juli 1988.

(131) Ch. SAINTE-BEUVE, *Les meilleurs textes*, Paris: Desclée de Brouwer, 1936, LXXIII-541 S., in der Reihe 'Choisir'; dort S. 290.

(132) Ch. SAINTE-BEUVE, *op. cit.* (FN 131), S. 283.

(133) Ich danke dem Zentralarchiv der Frankfurter Societäts-Druckerei für die überlassenen Nachrufe (Sendung vom 2. Februar 1989).

(134) Ich bin meiner Kollegin Frau L. BOEHM, Vorstand des Archivs der Münchner Universität, zu grossem Dank verpflichtet für die zugeschickte Unterlage (Sendung vom 2. Februar 1988).

(135) Für diese Einzelheiten möchte ich sowohl dem Staatsarchiv Hamburg (Brief vom 7. Juli 1989) wie auch dem Standesamt Stade (Brief vom 21. Juli 1989) herzlich danken.

(136) Herr Kollege J. FREUND war mir in dieser Hinsicht sehr behilflich, wofür ich ihm gerne danke.

(137) Die Strassburger Bibliothèque Nationale et Universitaire teilte letztere Information mit (Brief vom 1. Juli 1988).

(138) Das Faktum ist mir von den beiden Universitätsarchiven bestätigt worden (Briefe vom 8. und 16. März 1988).

Zusammenfassung

Wie «Schmittiana I» (1988) enthält auch «Schmittiana II» nur Inedita von C.S., ein Zeugnis über C.S. und ein Dokument in Sachen C.S. Bei den Inedita handelt es sich um die Uebersetzung einer bislang nur in spanischer Sprache vorliegenden Rede, und um Briefe, die C.S. seinem französischen Kollegen Julien Freund schrieb. Das Zeugnis umfasst die Fortsetzungen 4 und 5 der Erinnerungen des vor kurzem gestorbenen Zeitzeugen Günther Krauss. Als Dokument werden bio-bibliographische Glossen abgedruckt, die ich zu einem Tagungsband zusammengestellt habe. Es sei darauf hingewiesen, dass bald ein weiterer Band herauskommen wird: Auch «Schmittiana III» wird nicht oder wenig bekannte Materialien enthalten.

Samenvatting

Net zoals «Schmittiana I» (1988) brengt ook «Schmittiana II» slechts inedita van, een getuigenis over en een document i.v.m. C.S. Wat de inedita betreft, gaat het om de Duitse vertaling van een tot nog toe enkel in het Spaans ter beschikking staande redevoering en om brieven die C.S. aan zijn Franse collega Julien Freund gericht heeft. Als getuigenis worden de fragmenten 4 en 5 van de herinneringen van de onlangs overleden medespeler Günther Krauss afgedrukt. Het document bestaat uit bio-bibliografische notities die ik *in margine* van een referatenbundel samengesteld heb. Er weze opgemerkt dat weldra met een verlengstuk mag gerekend worden: «Schmittiana III» zal op zijn beurt enkel weinig of helemaal niet bekende stukken bevatten.

Résumé

Tout comme «Schmittiana I» (1988), «Schmittiana II» ne contient que des inédits de, ainsi qu'un témoignage et un document se rapportant à C.S. Quant aux inédits, il s'agit de la traduction allemande d'une allocution n'existant jusqu'à présent qu'en espagnol, et de lettres que C.S. a adressées à son collègue français Julien Freund. En ce qui concerne le témoignage, les fragments 4 et 5 des souvenirs de Günther Krauss, récemment décédé, sont publiés. Le document est une suite de notices bio-bibliographiques que j'ai composée *in margine* des actes d'un colloque. Bientôt sortira un recueil «Schmittiana III» qui à son tour ne contiendra que des textes inconnus ou peu connus.

Summary

Just like «Schmittiana I» (1988), «Schmittiana II» offers only unpublished texts of C.S., a testimony about and a document concerning him. As far as the unpublished texts are concerned, they consist of the German translation of a speech that was available only in Spanish until now, and of letters by C.S. to his French colleague Julien Freund. As for the testimony, the fragments 4 and 5 from the memoirs of the late Günther Krauss have been chosen. Finally, the documents contains bio-bibliographical notes that I compiled *in margine* of a symposium on C.S. Soon a sequel to «Schmittiana I» and «Schmittiana II» will appear: «Schmittiana III» will also consist of some little known or even unknown texts.

Resumen

Igual que «Schmittiana I» (1988), «Schmittiana II» recoge sólo escritos inéditos de C.S., un testimonio sobre él y un documento a su respecto. En lo que toca a las piezas inéditas, se trata de una traducción alemana de un discurso hasta ahora únicamente disponible en español y de unas cartas que C.S. le dirigió a su colega francés Julien Freund. Como testimonio se imprimen los fragmentos 4 y 5 de los recuerdos del recién fallecido compañero de juego Günther Krauss. El documento consiste en apuntas de biografía y de bibliografía que he compuesto *in margine* de una coleccíon de informes. Cabe precisar que dentro de poco se podrá contar con una prolongacíon: «Schmittiana III» a su vez solo incluirá piezas de poca o de ninguna resonancia del todo.